과학적 비즈니스 성장 플랜

연결하라

The 29% Solution: 52 Weekly Networking Success Strategies by Ivan R. Misner

This Korean edition was published by Ollim in 2014 by arrangement with
Paradigm Publishing, Upland, California.

52 Weekly Networking Success Strategies

과학적 비즈니스 성장 플랜

연결하라

아이번 마이즈너 BNI 회장 외 지음
존윤 BNI코리아 대표 옮김

올림

서문

산타클로스는 온다!

산타클로스, 예수의 부활을 상징하는 알을 가져온다는 부활절 토끼, 그리고 여섯 다리만 건너면 누구와도 연결된다는 '분리의 여섯 단계 이론(six degrees of separation)' 사이의 공통점은 무엇일까? 답: 온 세상 사람들이 다 믿는다는 것.

잠깐만. 여기서 산타클로스가 실은 가상의 인물이라거나 세상에 알을 낳는 토끼는 없다고 폭로를 하려는 건 아니다. 우리가 지금 문제 삼고 싶은 것은 여섯 다리 어쩌구 하는 이론이다.

이 지구상에서 누구와 만나고 싶어 하든 그 사람과 당신은 불과 여섯 다리 이내로 연결되어 있다는 얘기를 한 번쯤은 들어봤을 것이다.

놀랍지 않은가?

그런데 이 말은 사실이 아니다.

이렇게 근사한 생각에 대한 환상을 깨뜨리고 싶지는 않지만 이 이론은 조그만 사실에서 부풀려진 루머일 뿐이다.

여섯 다리의 신화는 원래 1960년대와 70년대 스탠리 밀그램이 시행한 몇 건의 '좁은 세상' 실험에서 싹튼 것이다. 미국의 한 지역에 있는 일단의 사람들이 다른 지역에 있는 (그들이 모르는) 어떤 특정인에게 편지를 보내는 실험이었다. 참가자들은 최종 수취인을 알지도 모르는 사람을 알 수도 있는 사람에게 편지를 전달하라는 지시를 받았다. 이런 과정은 사람들을 잇는 연결고리를 형성하게 되었다.

이를 통해 최종 수취인에게 편지가 제대로 도착한 경우에는 평균적으로 5 내지 6번의 연줄 또는 다리가 필요하다는 것이 밝혀졌다. 이 부분은 사실이다. 그러나 자세히 들여다보면 '우리 모두는 여섯 다리만 건너면 다 연결되어 있다'고 싸잡아서 주장하는 데에는 몇 가지 문제가 있음을 발견하게 된다.

우선, 최종 수취인에게 편지를 전달하는 데 성공한 사람의 경우 평균 대여섯 번에 연결된 것은 맞지만 대부분 연결의 수가 2번에서 10번까지 다양했다. 이것은 대략 반은 여섯 번을 넘는 연결이 필요했고 반은 여섯 번 아래의 연결이 필요했다는 뜻이다. 물론 평균이란 것이 다 그런 것 아니냐고 말할 수도 있다. 우리도 평균치로 이 개념을 얘기하는 것이 크게 잘못되었다는 것은 아니라는 데 동의할 수 있지만, 작은 문제가 하나 있다. 모든 좁은 세상 연구에서 대다수의 사람들이 원래 의도한 최종 수취인에게 편지를 전달하는 데 실패했다는 사실이다!

밀그램의 연구 중 가장 성공적인 결과는 '217개의 연결고리로 시작했는데 64개 연결고리가 완성되었다. 성공률은 29%에 불과했다'는 것이다. 그렇다. 참가자의 3분의 1도 안 되는 성공률이다. 이것은 밀그램의 가장 성공적인 연구에 참가한 사람들 중 29%가 최종 수취인으로부터 평균 여섯 다리 건너에 있었다는 의미다. 그러나 나머지 71%는 전혀 연결되지 못했다는 의미이기도 하다.

잠깐, 더 나쁜 소식도 있다. 그것이 밀그램의 연구 중 가장 성공적인 연구 결과였다는 사실이다. 다른 연구에서는 연결을 완성한 사람이 겨우 5%에 불과했다. 95%는 연결되었어야 할 사람과 접촉조차 못한 것이다.

제발 우리를 원망하지 마라. 여섯 다리만 건너면 이 세상의 '모든' 사람들과 연결되는 것은 아니라는 걸 말하고 싶은 것이다. 우리 모두가 그런 건 아니라는 말이다. 그렇다면 네트워킹에 관한 책의 저자가 수많은 네트워킹 전문가들이 철석같이 믿고 있는 이 개념의 아킬레스건을 건드리는 이유는 무엇일까? 2가지 이유가 있다.

첫째, 우리는 이 신화가 자기만족감을 만들어낸다고 믿는다. 모든 사람이 지구상의 모든 사람들과 단지 여섯 다리만 거치면 반드시 연결된다는 생각은 사람들에게 잘못된 기대감을 준다. 그들의 행동과 상관없이 그런 연결이 조만간 생길 것이라는 그릇된 인상을 준다. 둘째, 더 중요한 것은 이 연구 결과는 세상에는 다른 사람들보다 훨씬 더 잘 연결되어 있는 사람들도 있다는 것을 분명하게 보여준다. 우리는 그것이 중요하다고 생각한다. '연결'이 습득될 수 있는 기술이라는 사실을 의미하기 때문이다. 읽고 훈련하고 코칭을 받으면 네트워킹 기술을 개발하고, 더 많은 사람들과 연결되고, 진짜로 나머지 세상과 단 여섯 다리 이하로 연결되어 있는 29% 안에 들어갈 수 있다.

<u>읽고 훈련하고 코칭을 받으면 네트워킹 기술을 개발하고, 더 많은 사람들과 연결되고, 진짜로 나머지 세상과 단 여섯 다리 이하로 연결되어 있는 29% 안에 들어갈 수 있다.</u>

밀그램의 연구는 확실히 혁명적이다. 그의 연구로 새로운 토론과 이해의 장이 열렸다. 하지만 그의 연구 결과는 그간 실제와 너무 동떨어져 근사하게 포장되었다. 그의 발견을 신화처럼 각색하는 것은 아무에게도 도움이 안 된다. 사람들로 하여금 터무니없이 안심하게 하거나 인간관계의 관점에서 세상을 잘못된 모습으로 이해하게 한다.

우리는 점점 더 작아지는 좁은 세상에 살고 있다는 것을 믿는다. 또 여섯 다리만 거치면 세상 누구와도 연결될 수 있다는 것도 믿는다. 단지 우리 '모두가' 여섯 다리만 거치면 연결된다고 믿지는 않는다. 밀그램의 연구도 그것을 보여준다.

한 가지 좋은 소식은 교육, 연습, 훈련을 통해서 29% 안에 들어가는 것이 가능하다는 사실이다. 네트워킹을 통해 누구와도 연결이 가능하다. 성공적인 인간관계를 만드는 능력은 타고나는 것이 아니라 개발할 수 있는 것이다.

우리는 당신도 그 29% 안에 들고 싶어 한다는 것을 안다. 왜? 당신이 네트워킹 기술을 개선시키길 원할 것이기 때문이다. 당연하지 않은가. 당신이 더 적은 수의 전화, 편지, 이메일, 점심식사, 방문으로 세상 어딘가에 있을 누군가의 꿈의 고객과 연결되어 있으면 있을수록 당신과 인맥으로 연결된 네트워킹 파트너에게 더 많은 가치를 제공할 수 있고, 그만큼 당신의 사업적인 관계들은 더 강력하고 풍요롭게 될 것이다.

이것이 당신이 이 책을 읽어야 할 한 가지 이유다. 또 다른 이유도 있다. BNI.com이 2,200명을 대상으로 실시한 조사에 따르면 대학에서 네트워킹을 조금이라도 다룬 수업을 들어본 적이 없었다고 말한 사람이

87%나 되었다. 네트워킹에 대해 전 과정을 할애한 수업을 말하는 게 아니다(그런 수업보다 용이 된 이무기의 숫자가 많을 것이다). 그 주제를 잠깐이라도 언급한 수업을 말하는 것이다. 전 세계 사업가 3,800명을 대상으로 한 또 다른 조사에서는 대부분의 사업을 네트워킹을 통해 한다고 말한 사람이 73%나 되는데도 말이다!

입소문마케팅을 도와주는 네트워킹은 사업가들이 비즈니스를 확장하는 데 가장 중요한 방법 중 하나다. 10명 중 8명 이상이 어떤 형태로든 네트워킹그룹에 속해 있다(BNI.com이 5,000명을 대상으로 실시한 조사 결과). 그럼에도 불구하고 실제로 그 주제를 다루는 강의를 제공하는 대학은 하나도 없다.

이런 일이 있을 수 있을까? 여섯 다리 이론은 허점투성이이고, 대학에서는 네트워킹을 가르치지 않는다니, 정말 감당하기 어려운 사실이다. 우리는 마케팅, 비즈니스, 기업가정신에 대해 학위를 주면서 모든 사업가들이 비즈니스에 엄청나게 중요하다고 인식하고 있는 주제에 대해서는 거의 아무것도 가르치지 않는다.

왜 비즈니스스쿨은 네트워킹이나 입소문마케팅을 가르치지 않는가? 우리는 이런 학교들이 대부분 평생에 한 번도 자기 사업을 해보지 않은 직업 교수들로만 강사진을 채워놓았기 때문이라고 생각한다.

그들이 사업에 관해 배운 것의 대부분은 책과 컨설팅에서 나온 것이다. 확실히, 실제 사업을 해보지 않은 교수들은 사업가들에게 네트워킹이 얼마나 중요한지 이해하지 못한다. 법률가가 아닌 사람이 가르치는 법학 과목, 직접적인 회계 경험이 없는 사람이 가르치는 회계학 과목을 상상할 수 있는가? 감히 주장하건대, 실제로 사업을 해본 적이 없는 사람이 기업가정신에 관한 과목을 가르치는 데는 장애가 있다.

전 세계의 비즈니스스쿨들은 이제라도 정신 차리고 이 과정을 가르치기 시작해야 한다. 비전과 통찰력과 신속하게 대처하는(경영학 교수들이 모름지기 비즈니스는 그래야 한다고 주장하는) 능력을 갖춘 학교라면 오늘날 기업가들의 필요를 이해하고 그에 부응함으로써 교육의 리더로 자리매김할 수 있을 것이다. 그러나 비즈니스스쿨들은 다른 거대 기관들과 마찬가지로 아주 관료적이어서 그런 일이 단시일에 일어날 것 같지는 않다. 대단히 유감이다. 왜?

입소문마케팅은 효과적이다. 인간관계 자본은 돈만큼이나 중요하다. 네트워킹은 이 2가지를 개발하는 방법이다. 마케팅 과목에 이 전략을 포함시키고자 하는 교수들에게 문호를 개방하는 대학들이 많아지면 많아질수록 비즈니스 교육환경에 중요한 변화가 생기게 될 것이다. 성공을 위한 또 하나의 전술로 무장한 신진 기업가들도 부상할 것이다. 네트워킹이 최대한 활용될 것이고, 사업가들이 사업에 중요하다고 말하는 과목을 실제로 가르치는 비즈니스스쿨들도 생기게 될 것이다.

이 글을 쓰고 있는 지금 우리가 알고 있기로 네트워킹과 사회적 자본에 관한 대학 수준의 정규 과정을 제공하는 학교는 두 곳이 있다. 첫 번째는 미시건대학교다. 앤아버에 있는 휴맥스 코퍼레이션 사의 공동 소유주인 웨인 베이커가 강의한다. 두 번째는 오하이오에 있는 데이비스 대학인데 우리 친구 데비 피터스가 가르친다. 데비는 리퍼럴 인스티튜트(www.ReferralInstitute.com)가 개발한 공인 네트워킹 전문가 프로그램

(www.certifiednetworker.com)이라는 이름의 네트워킹 과정을 사용한다.

전 세계 수천 개의 대학 중에서 오직 이 두 학교만 네트워킹을 주제로 한 정규 과정을 갖고 있다. 이런 형편이니 많은 사업가들이 어떻게 하면 이 부분을 개선하는 방법을 배울 수 있을지 애타게 찾고 있는 것도 놀랄 일이 아니다. 모든 대학들이 가르쳐야 할 것을 실제 현장에서 가르치고 있는 두 리더에게 박수를 보낸다.

이렇게 대학 과정이 거의 전무하고 앞으로도 그런 대학이 크게 늘어날 것 같지 않은 상황에서 좋은 네트워킹 훈련을 받으려면 어떤 선택이 가능할까? 성인들을 위한 평생교육 프로그램이 아마 유일한 대안일 것이다. 대학 밖에서 트레이닝을 받을 수 있는 곳이 꽤 있고, 좋은 책들도 많이 있다. 더 자세히 알고 싶은 사람은 이 책의 마지막 장 '평생학습이 더 많은 황금을 낳는다'를 참고하기 바란다. 이 장은 어떻게 당신 스스로 교수가 되어 비즈니스 네트워킹의 학문적 이해를 높이는 지속적인 교육과정을 디자인할 수 있는지 얘기한다.

그러나 우선, 출발점으로 이 책을 선택한 것에 축하를 보낸다. 왜냐하면 우리는 《연결하라(원제: The 29% Solution)》가 체계적이고 실질적이며 관찰 가능한 방법으로 당신의 네트워킹 능력을 끌어올려줄 훌륭한 방법이라고 믿기 때문이다. 한 번에 이것을 전부 소화하려고 할 필요는 없다. 이 책은 1년이라는 기간 동안 일주일에 하나씩으로 이루어진 일련의 미션을 통해 당신을 이끌어줄 것이다. 이런 미션을 수행하며 당신은 한 주 동안 각각의 네트워킹 활동을 자신의 비즈니스의 일상에 접목시킬 수 있을 것이다.

미션을 특별한 순서에 따라 해야 하는 것도 아니다. 앞으로 건너뛰거나 뒤로 돌아가거나, 그 주의 활동에 맞거나 당신의 기술에 빠져 있는 것을 채워주는 미션으로 바로 가도 된다. 그런 면에서 이 책은 바쁜 사회인들을 대상으로 지금까지 나온 책 중에서 독자의 편의를 가장 많이 고려한 책이라고 할 수 있다. 또 자기평가 리스트(서론 참조)를 작성해보면서 스스로 기특하다며 자신의 어깨를 토닥거려줄 수도(아니면 벽에 머리를 찧고 싶을 수도) 있을 것이다.

여러분들 중 상당수가 어떤 부분에선 이미 최고 수준에 올라 있다고 느끼고 있을지 모른다. 그런 경우에는 자신에게 가장 가치 있다고 판단되는 전략에만 집중해도 괜찮다. 그러나 이미 제법 잘하고 있는 주간 전략이라고 하더라도 최소한 읽고 생각해보거나 한 번쯤 미션을 수행해보아도 좋을 것이다. 당신의 생각이 맞는지 체크해봐서 나쁠 것이 없고, 네트워킹 근육을 키우는 데 좋은 운동이 될 것이다.

마지막으로, 연결되어 있지도 않으면서 아직 여섯 다리 이론을 믿고 있는 71%의 사람들에게 해주고 싶은 말이 있다. 믿음을 가지라는 것이다. 산타클로스도 믿는데 무언들 못 믿겠는가.

역자 서문

노예냐, **자유인이냐**

여러분은 네트워킹이 생존과 성공을 결정하는 시대를 잘 준비하고 있습니까?

얼마 전 스마트폰을 선물로 받은 초등학교 5학년 조카와 이런 대화를 나누었습니다.

"앞으로는 소수의 부자와 대다수의 노예들이 사는 시대가 될 거야. 그런데 그 노예들의 특징이 있단다."

"그게 뭔데 삼촌?"

"응, 많은 시간을 스마트폰을 들여다보며 보낸단다."

세상이 소수의 부자와 대다수의 노예들로 갈릴 것이라는 말은 조카가 스마트폰에 빠질 것을 염려해서 겁주려고 지어낸 말이 아닙니다. 2001년 미국의 노동부 장관이자 세계적인 노동문제 전문가인 로버트 라이시가 그의 저서 《부유한 노예(The Future of Success)》에서 했던 말입니다. 여러분이 지금 경험하고 있듯, 이 말은 더 이상 예언이 아닌 현실입니다. 그리고 그 현실이 점점 더 악화되고 있습니다.

그런 사회를 어떻게 바꿀 것이냐는 또 다른 중요한 문제이지만, 지금의 우리는 다만 자본주의 시장경제가 그런 방향으로 흘러가고 있다는 것을 알면 충분합니다. 현실 사회가 바뀌는 데는 오랜 시간이 걸리고, 언제 좋은 시절이 올지 모르는 상태에서는 우리가 가진 잠재력을 최대한 발휘하여 잘살기 위해 노력하는 것이 현명합니다.

자, 그럼 라이시가 말하는 노예들은 어떤 사람들일까요? 또 다른 세계적인 석학(제러미 리프킨)이 그에 대한 힌트를 줍니다.

"가진 사람과 못 가진 사람의 격차보다 연결된 사람과 연결되지 못한 사람의 격차가 더욱 커질 것이다."

한 대기업의 임원이 직장을 잃었습니다. 20년 넘게 꿈과 젊음을 바쳐 온 곳에서 나오게 되자 막막했습니다. 헤드헌팅회사에 등록하고 면접도 몇 군데 보았지만 결과는 좋지 않았습니다. 다니던 회사에서는 충성스러운 인재로 인정을 받으며 동료들과도 잘 어울리는 편이었지만, 막상 나오고 나서는 아무도 그를 찾지 않았습니다. 다른 회사에서 탐낼 만한 전문성이나 인맥을 갖추지 못했던 것입니다.

또 다른 대기업의 임원은 사정이 사뭇 달랐습니다. 대학 시절부터 사람들과 좋은 관계를 유지했던 그는 30대 중반에 임원이 되었습니다. 벤처붐이 한창일 때 구글 같은 회사의 창업 멤버가 되는 것을 꿈꾸며 직원이 10명도 안 되는 벤처회사로 자리를 옮겼습니다. 하지만 일이 뜻대로 되지 않아 새로 일자리를 구해야 하는 처지가 되었습니다. 그 사실을 알게 된 주변 사람들이 자기 회사로 오라고 러브콜을 보냈습니다. 20대부터 폭넓게 사귄 사람들이 각계에 포진해 있었고, 오랜 기간 시간을 투자해 그들에게 자신의 능력과 성품을 각인시킨 덕이었습니다. 결국 그는 더 좋은 조건으로 대기업 임원이 되어 현업에 복귀했습니다.

위의 두 사람이 업무 능력에서 얼마나 차이가 나는지는 잘 모릅니다. 하지만 그들의 '네트워킹 능력'에 하늘과 땅의 차이가 있다는 것은 압니다. 어떻게요? 위기에 처했을 때 어떻게 되었는지 결과가 말해주니까요. 한 사람은 대기업이라는 생업의 줄이 끊어졌을 때 잡아주는 그물, 즉 네트(Net)가 없어서 계속 추락했고, 다른 한 사람은 평소에 엮어두었던 튼튼한 그물이 잡아주었을 뿐 아니라 더 높은 곳으로 그를 튕겨 올려주었습니다.

세상은 "가진 사람과 못 가진 사람의 격차보다 연결된 사람과 연결되지 못한 사람의 격차가 더욱 커질 것이다"라는 제러미 리프킨의 말을 증명하는 사례를 우리는 매일매일 곳곳에서 목격할 수 있습니다. 네트워킹의 격차는 무서울 정도입니다.

'사람들과의 연결을 만드는 네트워킹의 중요성은 알았어요. 그러니 뜸들이지 말고 어떻게 그런 네트워크를 만들 수 있는지 알려주세요!'

이렇게 생각하셨다면 여러분은 탁월한 결정을 한 겁니다. 왜냐고요? 여러분이 찾는 노하우가, 그것도 52주(1년) 동안 써먹을 노하우가 여러분이 쥐고 있는 이 책에 들어 있으니까요.

내용으로 들어가기에 앞서 비즈니스 네트워킹을 업으로 하는 전문가로서 직장과 사업에서 네트워킹으로 성공할 수 있는 비결을 살짝 알려드릴까 합니다. 구미가 당기시나요? 그렇다면 계속 읽으세요!

비즈니스 네트워킹으로 성공하는 비결은 3가지입니다.

1 헌터(hunter)가 되지 말고 파머(farmer)가 되라.

2 '기버스 게인(Givers Gain, 주는 자가 받는다)'을 믿고 먼저 상대방을 도와주라.

3 다양한 사람(당신의 경쟁자를 포함해서)과 협업 시스템을 구축하라.

1. 사냥꾼이 아니라 농사꾼이 되라

왜 영업하는 사람들은 대부분 조급할까? 많은 분들을 만나면서 들었던 의문입니다. 조찬 모임에서 명함을 주고받으면 그날 바로 홍보성 문자가 날아옵니다. 페이스북 친구 신청을 받아주면 바로 광고성 메시지를 보냅니다. 같이 밥을 먹기는커녕 전화기를 두드리는 수고 한 번 하지 않고 5,000만 원짜리 외제차를 사달라고 합니다. 그런 세일즈맨들에게 제가 차를 팔아드렸을까요? 짐작하시는 대로, 팔아드리지 않았습니다. 돈이 없어 못 산 거 아니냐고요? 예리한 지적입니다만 그것은 여기서 중요한 포인트가 아닙니다.

BNI의 모임에서는 다양한 분야의 훌륭한 사업가 수십 명이 팔을 걷어붙이고 서로의 사업을 도와줍니다. 그래서 영업하는 분들이 오면 눈이 휘둥그레집니다. '와, 저 사람은 도대체 고객 소개를 몇 건이나 받은 거야? 저 사장님은 대기업 구매팀장을 소개받았네. 잠재 고객과 미팅 한 번 잡으려면 몇 달도 걸리는데, 여기 있는 사람들은 스스로 나서서 아는 사람과 미팅까지 잡아주네' 하며 놀라워합니다.

보험회사에 다니는 한 분이 당장 모임에 가입하겠다고 지원서를 냈습니다. 하지만 이미 보험을 하는 멤버가 있었고, 한 분야에 한 명만 가입하도록 되어 있는 모임의 규정상 그 모임에 들어갈 수 없었습니다. "이미 보험 분야는 대기자 명단에도 몇 분 계셔서 들어가시기 어려울 것 같습니다. 다만, 선생님께서 이 모임과 비슷한 팀을 만들고 싶으시다면 도와드릴 수 있습니다. 대략 3~4개월 정도 걸립니다"라고 말씀드렸더니 그 분의 얼굴이 어두워집니다. 며칠 후 전화가 왔습니다. "존윤 디렉터님, 저는 만들어진 모임에 들어가고 싶습니다. 솔직히 차려진 밥상에 숟가락 하나 더 얹고 싶지, 누가 고생해서 이런 모임을 만들고 싶겠습니까? 그러니 새로운 모임이 만들어지면 연락주세요!"

저희는 이런 분들을 '헌터(hunter)'라고 부릅니다. 새로운 고객이라는 먹잇감만 노리는 사냥꾼 말입니다. 대부분의 영업인들이 그렇습니다. 만나는 사람마다 우선 팔려고만 듭니다. 그들에게 시간을 두고 신뢰관계를 만들어야 한다고 설명하면 비현실적인 얘기라고 외면합니다. "당장 이번 달 실적을 채워야 한다고요!" 물에 빠져 허우적대는 사람에게 수영하는 법을 배우라고 이야기하지 말라는 듯한 표정을 짓습니다. 그들의 다급한 마음이 안쓰러우면서도 안타깝습니다. 그런 식의 영업 방법이 효과적이지 않다는 것을 아니까요. 다급한 세일즈맨은 실적이 나쁩니다. 나쁜 실적 때문에 더 다급해집니다. 더 다급해지니까 실적은 더 나빠집니다. 악순환입니다.

이 악순환을 끊는 2가지 방법이 있습니다. 하나는 갑자기 어떤 모임에서 엄청난 재력과 영향력을 가진 귀인을 만나고, 어떤 이유에서인지 그 귀인이 자신을 너무 좋아해서 발 벗고 도와주는 겁니다. "그래서 제가 대학의 최고경영자과정, 상공회의소, 봉사단체, 동문회 같은 모임을 열심히 다니는 거예요. 그런 귀인을 만나려고." 혹시 이렇게 말씀하시는 분이 있다면 나쁜 소식이 있습니다. 제가 지금껏 수천 명을 만나봤지만 이런 귀인을 만나 팔자를 고친 분은 없었습니다. 다른 하나는 정공법을 택하는 겁니다. 한 사람 한 사람과 차근차근 신뢰를 쌓아가는 겁니다. 지금의 다급한 상황은 미리 준비하지 못한 긴 과거가 만들어놓은 '결과'입니다. 그것을 한 방에 바꾸려고 무리하면 더 깊은 늪에 빠져버립니다. 그동안 인간관계에 저축해둔 돈이 없다고 해서 다급한 나머지 인간관계의 사채를 썼다가는 영영 훅 갈 수 있습니다. 그럴 때는 '당분간은 힘들 테니 과거를 반성하며 나를 단련하는 시간으로 삼자'라는 마음가짐으로 힘든 상황을 묵묵히 견뎌내는 것이 답입니다. 소나기를 피하려 이리 뛰고 저리 뛰고 하지 말고 마음을 비우고 비를 맞아야 합니다. 그리고 미래를 준비하는 것입니다. 바로 사람들과의 관계에 저축을 시작하는 겁니다. '급할수록 돌아가라'는 말은 고리타분해 보이지만, 신은 가장 소중한 비밀을 누구에게나 가장 빤히 보이는 곳에 숨겨두는 장난꾸러기입니다. 돌아가는 길이 실은 가장 빠른 길입니다.

학사장교(ROTC) 출신인 어떤 분이 네트워킹을 위해 ROTC 모임에 열심히 나갔습니다. 처음에는 대선배님들이 아는 척도 안 했답니다. 1년 정도 지나니까 이름을 불러주더랍니다. 그러더니 3년이 지나서야 "너 무슨 일 하냐?"라며 자신의 사업에 관심을 갖더랍니다. 지금 학사장교 모임은 그에게 가장 중요한 고객이 되었습니다. 그는 시간을 두고 관계에 투자하면 나중에 몇 배로 받는다는 것을 잘 아는 사람이었습니다.

기억하십시오. 비즈니스 네트워킹은 '사냥'이 아니라 '농사'입니다. 오늘 씨를 뿌리고 내일 아침에 "제기랄, 아직 열매가 안 열렸잖아!"라며 한탄하는 바보 같은 농부는 없을 겁니다. 현명한 농부는 시간과 노력을 투자해 열매가 익어가길 기다립니다. 마찬가지로 비즈니스 네트워킹의 고수가 되길 원한다면 시간을 두고 사람들과의 연결을 가꿔나가야 합니다.

2. '기버스 게인'을 믿고 먼저 상대방을 도와라

BNI의 멤버들은 사람들을 만나면 "제가 도와드릴 일이 있으면 좋겠는데, 혹시 어떤 도움이 필요하십니까?"라고 묻습니다. 그러면 사람들이 흠칫 놀랍니다. 이유는 대략 두 가지입니다. 첫째는 '사기꾼일지 모른다'라는 경고음이 그들의 머릿속에서 요란하게 돌아간 겁니다. 그만큼 사기꾼들이 많다는 뜻일 것입니다. 저도 눈 하나 깜짝하지 않고 거짓말하는 사람들을 보고 놀란 적이 한두 번이 아니었습니다. 그러니 경계를 하는 것이 당연하지요. 2013년의 한 조사에 따르면 OECD국가 중에서 신뢰가 가장 낮은 나라가 우리나라라고 합니다. 북유럽국가에서는 대략 10명 중 7명이 모르는 사람을 신뢰하는 데 반해 우리나라에서는 반 이상의 사람들이 남을 믿지 않습니다.

어떤 도움이 필요하냐는 질문에 사람들이 놀라는 또 하나의 이유는 먼저 도움을 자청하는 사람들을 만나본 적이 없기 때문입니다. 우리가 평소에 만나는 사람들은 우리에게 무언가를 팔려고 하거나, 이용하려고 하거나, 어떤 식으로든 '자신을 위해' 접근하는 경우가 대부분입니다. 심지어 '도와주겠다'는 사람들도 사실은 도와주는 것이 아닌 경우가 태반입니다. "계산을 도와드릴게요", "주문을 도와드릴게요" 이런 말을 들으면 저는 아직도 누가 누구를 도와주는 것인지 헷갈립니다.

그런데 진심으로 "어떻게 도와드릴까요?"라고 묻는 사람이 있다면 어떨까요? 자신의 이익을 위해 접근하는 사람보다 훨씬 신뢰하지 않을까요? "나 먹고 살기도 어려운데 남을 도와줄 여유가 어딨어요!"라고 말하는 분이 있을 수 있습니다. 하지만 남을 먼저 도와주는 것이 내가 더 잘 사는 길입니다.

얼마 전에 사업가 한 분을 만났습니다. 오래전 캐나다로 이민 갔다가 이런저런 사업에 실패하고 마지막으로 승부를 걸기 위해 홀로 한국에 와서 캐나다 영양제를 수입하는 사업을 시작했는데, 다시 큰 곤경에 처하고 말았습니다. 제품을 수입하느라 돈은 꼬박꼬박 나가는데 수금이 안 되어 어려움을 겪었습니다. 그래서 '이번에도 망하는구나' 하고 좌절했습니다. 여러분이라면 이렇게 다급한 상황에서 어떻게 하시겠습니까? 대부분 술로 고민을 달래거나 자금을 마련하느라 허둥댔을 겁니다. 그런데 이분은 달랐습니다. 노숙자들에게 식사를 제공하는 곳에 가서 봉사를 시작했어요. 사업은 다 망하게 생겼는데 봉사를 하다니, 도무지 제정신이라고 할 수 없을 겁니다. 하지만 이분은 '위기는 원래의 제정신으로는 해결할 수 없다'는 것을 잘 이해한 현명한 분이었습니다. 다른 사람을 도와주다 보니까 이분의 마음에 여유가 생기기 시작했습니다. 그러면서 희한하게 도와주겠다는 사람들이 나타나기 시작했습니다. 봉사를 함께 하면서 훌륭한 분들과 연결되었고, 대기업으로부터 납품해달라는 요청을 받았습니다. 자신의 힘이 아닌, 보이지 않는 손이 사업을 다시 일으켜주는 것 같았습니다.

우리는 이것을 '기버스 게인(Givers Gain, 주는 자가 얻는다)'이라는 말로 표현합니다. 세상은 주는 것이 몇 배가 되어 되돌아오도록 디자인되어 있습니다. 이것은 고상한 철학이 아니라 세상이 작동하는 원리입니다. "남을 도와준다고 해서 그가 나를 도와준다는 보장이 없잖아요? 설령 준 것이 돌아온다 해도 오랜 시간이 걸릴 텐데, 저는 너무 급해요!"라고 말하는 사람들이 있습니다. 맞습니다. 도움을 받은 사람이 반드시 되갚는다는 보장은 없습니다. 이에 대한 보완책은 잠시 후에 말씀드리겠습니다. 여기서는 우선 도움의 실효성에 의문을 갖고 있는 분들께 역으로 이렇게 묻고 싶습니다. "좋은 사람들과 연결하기 위해 '기버스 게인'보다 더 효과적인 방법을 알고 계신가요?"

현대 심리학은 다양한 실험과 검증을 통해 자신이 받은 호의를 돌려주려는 것이 인간의 본능이라는 사실을 밝혀냈습니다. 이것은 사회생활을 잘해야 살아남을 수 있었던 인간의 조상들이 진화 과정에서 유전자 속에 장착한 강력한 프로그램입니다. 받기만 하고 주지 않는 얌체가 많으면 집단은 유지되지 않습니다. 집단을 유지하기 위해 그런 얌체들을 응징하는 다양한 수단들이 생겨났고, 개인은 그러한 응징을 당하지 않기 위해 받은 것 이상을 돌려주려는 노력을 하게 되었습니다.

도와주면 돌아오게 됩니다. 보통의 사람이라면 당신에게 받은 도움 그 이상을 돌려주기 위해 노력하게 됩니다. 그러면 당신은 다시 그에게 받은 것 이상을 되돌려줍니다. 그렇게 도움을 주고받는 과정에서 두 사람은 튼튼히 '연결'됩니다. 자연스레 강한 신뢰의 '관계'가 형성됩니다. 그런 사람들이 당신이 추락하는 것을 잡아주고, 당신이 그토록 바라던 성공을 잡아줄 그물의 한 코가 되는 것입니다.

3. 다양한 사람(당신의 경쟁자를 포함해서)과 협업 시스템을 구축하라

대형 로펌에서 일하는 변호사들에게 가장 큰 고민은 고객 확보입니다. 서비스의 질이 평준화되어 법률지식과 노하우만으로는 고객의 마음을 얻기가 어렵기 때문입니다. 이는 비단 로펌만의 문제가 아닙니다. 인테리어 디자이너, 사진가, 회계사 등도 마찬가지입니다. 하지만 다양한 분야에 네트워크가 있어 문제를 해결할 '적절한' 사람과 연결해줄 수 있는 로펌은 고객이 알아서 찾아옵니다.

더 이상 세상은 한 분야의 전문성만을 원치 않습니다. 복잡하게 얽혀 있는 문제를 해결하려면 다양한 분야의 전문성을 필요로 하기 때문입니다. 서양 속담에 '망치를 들면 모든 것이 못으로 보인다'는 말이 있습니다. 배가 아프다고 하면 외과의사는 우선 째보고 싶어 합니다. 실은 스트레스가 원인인데도 말입니다. 자기 분야에 갇힌 좁은 시각과 전문성으로는 좋은 서비스를 제공할 수 없는 세상입니다. 다른 분야의 전문가들과 협업해야 사업에 성공할 수 있는 시대입니다.

이런 정도는 알고 있다고요? 그렇습니다. 상생이니, 협업이니, 융합이니 하는 말들이 흔히 쓰이고 있고, 어느 분야든 성공을 위해 콜라보레이션(collaboration)이 필수적이라는 생각에 많은 사람들이 공감하고 있습니다. 그런데 실제로는 어떨까요?

이제까지 여러 시도들이 있었습니다. 지방자치단체, 비영리재단 등 다양한 곳에서 사업가들을 모아 연결해주고 협업을 유도하려는 움직임들이 있었습니다. 하지만 의도한 결과를 이루지 못했습니다. 왜일까요? 서울의 한 구청에서 주도하는 조찬 모임을 보겠습니다. 한 달에 한 번씩 구청에서 지정한 장소로 회사 사장님들이 모입니다. 이번 달에는 유명한 강사가 와서 '협업'에 대해 강연하고, 구청장님이 함께하여 자리를 빛내준답니다. 혹시나 사업에 도움이 될 사람과 네트워킹할 수 있을까 하는 기대에 참석합니다. 접수대의 공무원과 어색한 인사를 나누고 정해진 자리에 앉습니다. 테이블 위에 놓인 그날의 자료를 물끄러미 보다 보면 이내 구청장이 단상에 올라 협업의 중요성에 대해 일장연설을 하고 내려갑니다. 맛없는 식사를 꾸역꾸역 하면서 우스갯소리와 호통이 가미된 유명 강사의 강연을 듣습니다. 끝나면 모두가 다음 일정을 위해 서둘러 자리를 뜹니다. 협업의 중요성을 새삼 확인했고 강연도 나름 재밌었다고 자위해보지만 왠지 허무합니다. 협업이 중요하다고 외치는 사람은 많지만 실제로 하려면 만만치 않은 일이라는 것을 곧 깨닫습니다. 사업에 도움을 받으려고 지역의 봉사단체에 가입하지만, 사업 얘기를 하면 속물 취급을 받기 때문에 입을 꼭 다물고 있어야 합니다. 같은 종교를 믿는 사업가들도 모임을 갖지만 함께 기도하는 것 외에는 지자체에서 주최하는 모임과 다를 바 없습니다.

협업팀을 잘 운영하는 분도 있습니다. 투자 전문가인 어떤 분은 회계사, 변호사, 다른 투자자와 거의 매주 골프를 합니다. 얼핏 봐서는 맨날 놀기만 하는 한심한 사람들처럼 보입니다. 하지만 그들은 단순히 골프를 같이하는 사람들이 아닙니다. 단단한 협업체입니다. 함께 골프를 하면서 현재 어떤 분야의 투자가 유망한지 각자 수집한 정보를 교환합니다. 투자하려는 회사의 회계와 법률 문제를 해결합니다. 회계사와 변호사도 자신의 네트워크를 통해 알게 된 투자 기회를 그분에게 소개합니다. 그들은 함께 돈을 많이 벌었습니다. 매주 함께 골프를 하면서 돈을 아주 많이 벌었습니다. 이것이 협업의 파워입니다.

효과적인 협업팀을 구축하기 위해서는 몇 가지 조건이 있습니다. 첫째, 한 분야에 한 명만 참여해서 안전한 환경을 만들어야 하고, 둘째, 모든 멤버가 팀 미팅에 반드시 참석하도록 하고, 셋째, 서로의 능력을 잘 알고 상대방에게 적극적인 도움을 주어야 하고, 넷째 함께 성과 목표를 정하고 팀으로서 목표 달성을 위해 노력해야 합니다. 이 외에도 능력이나 노력 부족으로 기여가 적은 멤버는 팀에서 나가도록 해야 하며, 헌터보다 파머, 기버스 게인을 실천하는 사람들을 멤버로 삼아야 합니다. 만약 강력한 협업팀을 구축하기 어렵다면 협업하기에 좋은 환경과 시스템을 제공해주는 단체를 선별하여 가입하면 됩니다.

한 마리의 돌고래는 큰 상어의 먹잇감이 되지만 여러 마리가 힘을 합치면 상어로부터 자신을 지킬 수 있습니다. 협업은 이제 선택이 아니라 필수가 되었습니다.

앞에서 소개한 로버트 라이시와 제러미 리프킨의 말을 기억하시죠? 대단한 변화가 없는 한 세상의 흐름은 극소수의 부자와 대다수의 빈민으로 나뉘는 방향으로 갈 것입니다. 이런 흐름에서 살아남고 성공하는 비결은 '연결'을 통한 '협업'이 핵심입니다.

전철에서, 버스에서, 거리에서, 엘리베이터에서 고개를 돌려 주위를 둘러보세요. 로버트 라이시가 말한 노예들이 눈에 띌 것입니다. 고개를 푹 숙인 채 스마트폰을 뚫어지게 쳐다보며 그 속에서 일면식도 없는 사람들과 '친구'가 되고, 그들에게 자랑하려고 맛있는 음식 사진을 올리고, 그들이 '좋아요'를 눌러주면 기뻐하고, 몇 시간을 뒤져 알지도 못하는 회사로부터 더 싼 물건을 샀다고 좋아합니다. 하지만 실직했을 때, 당장 5,000만 원이 없어 사업이 망할 때, 중요한 거래처를 뺏겼을 때 인터넷의 그 '친구'들이 그들을 도와줄까요?

저는 이 책을 만나서 너무 행운이라고 느꼈습니다. 사업에 도움이 되는 과학적이고 구체적인 전략과 인사이트를 얻었으니까요. 여러분도 곧 그렇게 느끼시게 될 겁니다. 저자인 아이번 마이즈너 박사님은 비즈니스를 위한 네트워킹, 즉 '연결'에 관한 한 세계 최고의 전문가입니다. 30년 동안 수십만 명이 그의 제안을 따라 네트워킹 능력을 높이고, 더 많은 돈을 벌고, 더 행복해졌습니다.

이 책을 단지 재미로 훑어보고 책장에 처박아둘 것이냐, 한 주 한 주 함께 실천하면서 52주 동안 인생과 비즈니스의 흐름을 바꾸는 중대한 행동을 할 것이냐는 여러분에게 달려 있습니다. 그에 따라 여러분은 가난한 노예의 삶과 자신의 꿈을 펼치는 자유인의 삶 중 하나를 살게 될 것입니다. 여러분은 어느 쪽을 선택하겠습니까?

여러분의 선택과 행동은 여러분 자신과 가족의 삶뿐 아니라 사람들이 연결되는 방식을 바꾸고, '세상이 비즈니스하는 방식을 바꾸게' 될 것입니다. 그렇게 되면 우리는 씩 웃으며 로버트 라이시에게 말해줄 수 있을 것입니다.

"당신 예언은 틀렸어!"

BNI코리아 대표 존윤 드림

차례

서론

네트워킹은 **소극적인 전략이다?**

네트워킹은 인간관계의 네트, 즉 그물을 짜는 일이다. 멀뚱히 앉아서 하는 네트싯(NET-SIT), 밥이나 꾸역꾸역 먹는 네트이트(NET-EAT)가 아니라, 그물을 짜기 위해 워크(NETWORK), 즉 일을 해야 한다는 말이다. 성공적인 네트워킹은 어떻게 네트워킹 과정을 '작동시키는가'를 배우는 것이지, 그냥 손 놓고 기다리는 것이 아니다.

네트워킹에 성공한다는 것은 여러 가지 면에서 상식의 비상식적인 적용의 완벽한 예다. 성공에 네트워킹이 중요하다는 사실은 많은 사람들이 알고 있다. 단지 원하는 결과에 이르는 단계적 과정을 갖고 있지 않을 뿐이다. 네트워킹을 통해 비즈니스를 키울 수 있는 종합적인 방법을 실제로 사용하고 있는 사람은 거의 없다. 그래서 네트워크의 필요성은 '상식'이고, 네트워킹의 성공에 필요한 방법론을 개발하는 것은 '비상식적 적용'이다.

이 책을 읽음으로써 당신은 네트워킹의 진정한 요체와 의미를 경험하게 될 것이다. 《연결하라》는 우선 사업가나 영업사원이 매일 맞닥뜨리는 2개의 모순되는 질문을 다룬다. 기존 고객을 잘 관리하면서 어떻게 동시에 밖으로 나가서 새로운 고객 확보를 위해 네트워킹을 할 수 있는가. 그리고 현재의 고객과 미래의 고객 중 어느 쪽에 더 높은 가치를 두어야 하는가.

네트워킹이란 단어는 너무도 많이 사용되어 이제는 그것이 무엇을 의미하는지조차 모를 지경이 되었다. 많은 사람들이 네트워킹을 업무시간 후 사교나 사업상 모임에 참석해 사람들과 악수하고 명함을 뿌리는 일쯤으로 생각한다. 슬프지만 사람들은 그것이 네트워킹의 전부라고 믿는다. 좀 더 너그럽게 생각하면 그들은 사교 네트워킹에 참여하고 있는 것이라고 말할 수 있겠다. 그러나 절대로 그것을 비즈니스 네트워킹과 혼동해서는 안 된다. 이 책을 계속 읽다 보면 왜 그런지 알게 될 것이다.

사업가들은 네트워킹에 관한 견해에서 대충 두 그룹 중 하나에 속한다. 많은 사람들은 네트워킹은 소극적 비즈니스 전략이지 적극적인 마케팅 수단은 아니라는 사고방식을 갖고 있다. 이런 태도는 단편적이고 비효율적인 네트워킹 접근이라는 결과를 낳고, 결국 시간과 돈을 낭비하게 된다.

많은 사람들은 네트워킹은 소극적 비즈니스 전략이지 적극적인 마케팅 수단이 아니라는 사고방식을 갖고 있다.

한편 일부 사업가들은 네트워킹을 비즈니스의 적극적 마케팅 수단으로 간주한다. 그들을 어떻게 구별할 수 있을까? 그들은 네트워킹을 마케팅과 비즈니스 계획의 중요한 한 부분으로 삼는다. 그리고 네트워킹의 목표를 세운다. 재무제표에 네트워킹을 위한 예산 항목도 갖고 있다. 가장 중요한 것은 그들이 매일 그것을 실천하고 생활의 일부로 삼고 있다는 사실이다.

당신은 어떤 견해를 취하겠는가? 첫 번째 사고방식(소극적인 그룹)을 취한다면 네트워킹 모임에 참석하는 것만으로 충분하기를 바랄 것이다. 바로 거기에 문제가 있다. 그러나 장담하건대 당신은 이 책 《연결하라》를 다 읽기도 전에 두 번째 그룹(적극적인 그룹)의 열렬한 멤버가 될 것이다.

당신의 현재 생각이 어떻든 이 책을 산 것만으로도 당신은 이미 다른 사업가들과는 다른 출발을 한 셈이다. 《연결하라》를 읽으려는 의지만으로도 당신은 비즈니스를 위해 네트워킹의 가능성을 최대한으로 실현시키겠다는 자신의 포부를 증명한 것이다.

《연결하라》는 네트워킹을 비즈니스 방법에 주 단위로 통합시키도록 디자인된 최초의 책이다. 이런 접근법이야말로 네트워킹을 당신의 비즈니스에 적극적 마케팅 수단으로 접목시킨다. 책을 넘기다 보면 52개의 빠르고 명쾌한 네트워킹 전략을 만나게 될 것이다. 각각의 전략은 1년에 걸쳐 매주 구체적인 집중 포인트를 제공한다. 이 증명된 전략들을 스마트폰이나 주간 플래너와 같은 일정관리 도구에 통합해서 사용할 것을 권한다.

이 증명된 전략들을 당신의 위클리 플래너에 집어넣어라!

이런 전략들을 생활화하면 새로운 수익원을 찾아내야 하는 평소의 바쁜 비즈니스 활동 중에도 계속해서 네트워킹에 집중할 수 있게 된다. 당신이 미처 깨닫기도 전에 새로운 비즈니스를 창출할 의욕이 생기고, 그 의욕을 충족시킬 네트워킹 도구를 갖게 될 것이다.

비즈니스 네트워킹이란 무엇인가?

네트워킹이란 비즈니스를 키우고, 지식을 넓히고, 영향력을 증진시키거나 사회에 봉사하기 위해 인맥과 관계를 개발하는 과정이다. 가장 기본적인 형태로서 '비즈니스 네트워킹'이란 사업적, 개인적 인맥을 이용하여 지속적으로 새로운 비즈니스를 가져오는 것이다. 이 개념이 너무 단순해 보이는가? 하지만 이에 속아 넘어가서는 안 된다. 비즈니스 네트워킹은 관계 쌓기와 관련이 있기 때문에 믿기 어려울 정도로 복잡한 프로세스가 될 수도 있다.

생각해보라. 당신은 얼마나 많은 사람을 알고 있는가? 그 사람들 중 몇 명이 당신이 하는 일을 제대로 이해하는가? 그중 몇 명이 당신에게 잠재고객을 소개해주었는가?

비즈니스 네트워킹은 단순히 네트워킹 행사에 참석해서 사람들과 악수하고 명함을 한 다발 수집해오는 것 이상의 활동이다. 무슨 말인지 예를 하나 들어보자.

행사장에 들어선 두 사람이 홀을 대충 둘러본 다음 한가운데에다 상상의 선을 긋는다고 생각해보자. 두 사람은 헤어져 각각 행사장의 반을 차지한다. 이벤트가 끝난 후 다시 만나 누가 더 많은 명함을 받았는지 비교해본다.

이런 사람들을 만난 적이 있는가? 물론 있을 것이다. 우리 모두 그런 경험이 있다. 그래서 그들은 무엇을 얻었을까? 그들은 그 많은 명함을 선반이나 서랍, 쓰레기통에 처박아두거나, 방금 만난 사람들에게 스팸메일을 뿌리기 위해 컴퓨터에 스캔해두기도 한다. 그 시점에서 명함은 그들에게 글자와 이미지가 찍힌 종잇조각에 불과하다. 아직 어떤 관계도 성립되지 않았다. 이런 네트워킹 전략은 그 자체로 시간, 돈, 에너지의 낭비다.

네트워킹에 심한 좌절감을 느끼는 사람들도 있다. 마치 후륜구동차를 타고 얼어붙은 언덕을 올라가는 것처럼 진전이 더디기 때문이다. 30cm 전진했다 3m 뒤로 미끌어져 아무 데도 못 갈 것 같은 느낌을 받는다.

비즈니스를 키우기 위한 네트워킹은 전략적이고 집중적이어야 한다. 만나는 사람 모두가 당신의 비즈니스를 도와주지는 않을 것이다. 하지만 모든 일을 비즈니스를 키우겠다는 뚜렷한 목적의식을 갖고 할 수는 있다. 누구를 만날지, 어디서 만날지, 상호 이익을 위해 어떻게 관계를 개발하고 이용할 것인지는 완전히 당신한테 달려 있다. 단지 여섯 다리 건너에 있는 특별한 29%의 집단에 들어갈지, 그곳에 남아 있을 수 있을지, 아니면 결코 들어가지 못할지는 전적으로 당신한테 달려 있다.

비즈니스 네트워킹을 한다는 것은 당신이 적극적으로 움직여야 한다는 의미다. 우리가 네트싯(net-SIT)도 네트이트(net-EAT)도 아니고 네트워크(net-WORK)라고 말하는 이유다.

이 책이 제시하고 있는 52주 전략은 효과적인 비즈니스 네트워킹의 성과를 누리기 위해 노력을 집중할 수 있도록 도와줄 것이다. '1장 당신에게 맞는 미래를 창조하라'부터 시작하길 권한다. 유익한 네트워킹으로 나아갈 수 있게 안내해주는 출발점으로 디자인된 장이다. 그러나 1장 이후는 순서대로 할 필요가 없다. 뒤의 장이 특별히 더 당신의 비즈니스에 도움이 되고 시의적절하다고 생각되면 그 장으로 건너뛰어도 좋다. 기억하라. 이것은 당신의 플랜이고 바로 당신이 이 활동을 이끄는 리더다.

최고가 될 수 있는데 왜 괜찮은 정도에 만족하는가?

저서 《좋은 기업을 넘어 위대한 기업으로(Good to Great)》에서 짐 콜린스는 최고의 회사들이 좋은 회사들과 어떻게 다른지 많은 사례를 제시하고 있다. 차이는 사소한 일들을 굉장히 잘하는 데 있었다. 당신의 비즈니스 네트워킹도 마찬가지다. 29%에 드는 최고의 네트워커들은 탁월한 결과를 생산한다. 일단 최고가 되기로 결정하면 괜찮은 정도에 머무를 수 없다.

최고의 네트워커들은 비즈니스를 앞으로 밀고 나가지만 그것을 혼자 하지 않는다. 그들은 플랜을 세우고, 네트워크를 넓히기 위해 노력하고, 남들보다 한 걸음 더 나아가고, 시간을 최대한 가치 있게 쓰는 법을 알고, 메시지를 효과적으로 전달하고, 전문가가 되며, 최고의 성공 스토리를 찾아내고, 남들이 하지 않는 일을 한다. 사람들은 그들에게 끌린다. 새로운 고객이 그들에게 제 발로 찾아간다. 너무나 많은 사람들로부터 그들에 대해 얘기를 들었기 때문이다. 그래서 최고의 네트워커들은 팔려고 노력하지 않아도 된다. 많은 사람들이 살 준비가 된 상태로 그들을 찾기 때문이다.

최고의 네트워커들은 팔려고 노력하지 않아도 된다. 많은 사람들이 살 준비가 된 상태로 그들을 찾기 때문이다.

상상해보라! 사람들이 살 준비가 된 상태로 당신에게로 온다! 저절로 미소가 지어지는가? 당연히 그럴 것이다. 당신도 위대한 네트워커가 될 수 있다. 당신의 수익은 비즈니스 성장을 위해 네트워킹하는 당신의 능력과 직결되어 있다. 출발 준비가 되었는가? 입소문으로 당신의 비즈니스를 성장시킬 결심을 했는가? 지금이 바로 괜찮은 것에서 최고의 것으로 나아갈 적기라고 결정했는가?

준비가 되었다면 바로 지금 당신이 얼마나 네트워킹을 잘하고 있는지 알아보는 것으로부터 시작하자. 잘하는 것은 무엇이고 잘하지 못하는 것은 무엇인가? 어디로 가야 할지 알기 위해서는 이것부터 이해해야 한다.

힘들 수도 있다는 걸 안다. 거울 속의 자신을 들여다보고, 다른 사람한테도 함께 보자고 하는 것이 그리 편한 일은 아닐 수 있다. 하지만 괜찮다. 네트워킹의 프로인 우리도 그랬으니까. 그런 경험 덕분에 우리는 더 발전했고 현명해졌다. 당신도 그렇게 될 것이다.

그 과정을 좀 더 쉽게 만들기 위해 체계적인 자기평가 수단을 제공한다. 다음에 나와 있는 간단한 체크리스트로 당신의 장단점을 진단하라. 솔직해야 한다. 가혹할 정도로 솔직해야 한다. 다른 사람들에게 그들이 당신을 어떻게 보는지도 물어보라.

평가리스트에 열거된 모든 항목을 이 책에서 다룰 것이다. 따라서 이 자기평가 리스트를 작성하는 것이 《연결하라》를 가장 효과적으로 사용하는 방법이 될 것이다. 그것이 구체적인 목표와 책임에 집중할 수 있도록 도와줄 것이며 당신을 진정한 의미의 비즈니스 네트워킹에 집중할 수 있게 만들어줄 수단임을 우리는 믿어 의심치 않는다.

자기평가 리스트

각 문항에 1에서 5(1=전혀 하지 않는다, 5=항상 한다)로 답하라

자기평가	점수
1. 장기적인 네트워킹 목표를 세웠다.	
2. 정기적인 네트워킹 활동을 위해 주간 스케줄에 일정 시간을 잡아놓았다.	
3. 목표 고객의 특징을 TV에 나오는 용의자의 인상착의 묘사만큼 정확히 말할 수 있다.	
4. 리퍼럴(referral), 즉 비즈니스 소개를 주고받을 수 있는 강력한 파트너들을 갖고 있다.	
5. '주는 자가 얻는다'는 철학을 실천한다(남들이 내게 비즈니스 기회를 줄 것을 기대하기 전에 내가 남들에게 먼저 준다).	
6. 효과적으로 사용할 수 있도록 잘 체계화된 연락처 관리 시스템이 있다.	
7. 최고의 네트워커들의 특징 10가지를 알고 있다.	
8. 매우 다양한 개인적인 네트워크를 갖고 있다(직업, 인종, 나이, 교육, 성별 등이 다른 사람들).	
9. 내가 목표하는 시장에 누가 나를 연결해줄 수 있는지 알고 있다.	
10. 전에 속했던 조직의 사람들과 계속 연락을 취한다.	
11. 형제 · 자매 · 부모 · 가족이 내가 무슨 일을 하는지 정확하게 설명할 수 있도록 만들었다.	
12. 일주일에 적어도 두 번 네트워킹 행사나 활동에 참여한다.	
13. 온라인 네트워킹그룹에 속해 있다.	
14. 도움이 필요한 사람들이 나를 찾는다.	
15. 내가 아는 사람들에게 개인적으로 기여한다.	
16. 나는 네트워킹 관계에서 주로 먼저 행동을 취하는 사람이다.	

자기평가	점수
17. 네트워킹에서 계획한 것을 실행하는지 확인해주는 파트너가 있다.	
18. 내 인생에 의미 있는 일에 대해 자원봉사하는 사람이다.	
19. 정기적으로 감사카드를 보낸다.	
20. 리퍼럴을 받으면 24시간 안에 항상 팔로업한다.	
21. 마트나 엘리베이터 안에서도 네트워킹할 때가 있다.	
22. 취미활동을 이용해서 사람들을 만난다.	
23. 점심식사 모임에서 어떻게 다른 사람들을 도울 수 있을지에 초점을 맞춘다.	
24. 새로운 사람을 만나서도 관계를 잘 맺는다.	
25. 리퍼럴을 주고받는 네트워킹그룹에서 활발하게 활동한다.	
26. 상공회의소 열성 회원이다.	
27. 리퍼럴 파트너를 위해 적어도 1년에 한 번은 행사 스폰서를 한다.	
28. 내 네트워크 안에 있는 사람들을 위해 1년에 여러 번 행사를 주최한다.	
29. 네트워킹 상대방에게 적절한 질문을 하는 능력이 있다.	
30. 내 상품이나 서비스의 내용보다는 소비자에게 주는 이득이 무엇인지에 대한 메시지를 만들어놓았다.	
31. "아무나"라고 얘기하지 않고 나의 목표 시장에 대해 일관되게 설명할 수 있다.	
32. 내 비즈니스에 대해 말할 때 사람들이 내 목소리에 담긴 열정을 들을 수 있도록 한다.	
33. 명함을 건넬 때 좋은 첫인상을 준다.	
34. 프레젠테이션을 할 때마다 청중에게 가치 있는 정보를 제공한다.	
35. 사업상 고객에게 뉴스레터를 보낸다.	
36. 내 사업에 관한 보도자료를 정기적으로 보낸다.	
37. 출판물에 글을 쓴 적이 있다.	
38. 고객으로부터 추천의 글을 받는 것을 세일즈 과정의 한 부분으로 만들었다.	
39. 리퍼럴 파트너에게 나의 비즈니스 성공 스토리를 전달했다.	
40. 어떤 그룹에 소개될 때마다 자기 소개를 준비했다.	
41. 내가 이룬 것들을 편하게 다른 사람들에게 소개한다.	

자기평가	점수
42. 고객들에게 피드백을 구하는 것을 일상화한다.	
43. 네트워킹 이벤트에서 주최자처럼 행동함으로써 새로운 네트워킹 관계를 시작한다.	
44. 벤더들에게도 신규 고객 등 비즈니스 소개를 요청한다.	
45. 내 서비스의 범위를 뛰어넘어 목표 시장의 사람들에게 도움을 준다.	
46. 매일 소개를 부탁한다	
47. 다른 사람들을 위한 소개를 찾는다.	
48. 내 고객들을 도울 수 있는 사람들과 어울린다.	
49. 다른 사람의 네트워킹 멘토 역할을 한다.	
50. 내 비즈니스를 위한 자문단이 있다.	
51. 어떻게 효율적으로 네트워킹할지 배우는 것을 즐긴다.	

총점 평가

260 : 마스터 네트워커

다음 책은 당신이 써야겠다! 네트워킹 기술이 놀랍다는 데 의심의 여지가 없다. 아마도 당신은 이미 여섯 다리만 거치면 다 아는 사람인 29% 안에 들어 있을 것이다. 이제 문제는 어떻게 그 자리에 머무느냐다. 이 책은 당신이 어디에 집중해야 하는지, 그리고 혹시 그동안 잊었을지도 모르는 것들을 되새겨줄 것이다.

234~259 : 탁월하다

잘했다! 당신은 90% 안에 들어 있다. 당신은 확실히 어떻게 네트워킹해야 하는지 아는 사람이다. 29%에 접근하기에 충분한 기술을 갖고 있다. 배우는 것을 목말라하는 당신은 이 책을 탐독하고 네트워킹에 들인 노력의 결과를 더욱 개선시킬 전략을 터득하게 될 것이며, 그 각오로 29% 안에 들게 될 것이다.

208~233 : 매우 좋다

당신은 80% 안에 들어 있다. 많은 것들을 잘하고 있다. 노력은 매우 효과적이고 관계는 긴밀하다. 이 책이 당신의 노력에 집중하고 그 노력을 더욱 개선시킬 기술을 연마할 수 있게 도와줄 것이며 특별한 29%를 향해 계속 전진하도록 해줄 것이다.

182~207 : 훌륭하다

당신은 70% 안에 들어 있다. 정말 다행인 것은 당신이 네트워킹을 믿는다는 사실이다. 29% 안에 드는 것의 가치를 확실히 알고 있다. 그러나 아직 배워야 할 것이 상당히 많이 남아 있다. 이 책이 그 과정에 대한 당신의 견해를 완전히 바꿔줄 것이다. 에너지를 모으고 네트워킹 투자에서 더 큰 수익을 얻기 위해 당신이 그토록 갈망하던 시스템을 제공할 것이다.

156~181 : 유망하다

당신은 60% 안에 있다. 희망적인 점은 당신이 꽤 괜찮은 관계를 유지하고 있을 거라는 사실이다. 당신을 걱정하고 도와주려 하며 당신의 비즈니스가 성장하기를 바라는 사람들이 주위에 있을 것이다. 그들이 어떻게 당신이 29%를 향해 갈 수 있는지 가르쳐주는 자원이 될 것이다. 그러나 네트워킹에서 당신의 비즈니스에 해가 될 일들을 하고 있을지 모른다. 이 책은 한 번에 하나의 전략을 실천하면서 당신이 노력을 한데 모으고 네트워킹의 장으로 전진하도록 도와줄 것이다.

130−155 : 약하다

당신은 50% 안에 들어 있다. 네트워킹은 습득이 가능한 기술이다. 이 책은 비즈니스 네트워킹을 위해 필요한 기술의 기초를 다지는 데 도움을 줄 것이다. 사람들과 좀 더 긴밀히 연결되고 29% 안에 드는 데 필요한 기술을 배울 준비가 되어 있다면 당신은 제대로 된 책을 산 것이다. 온 세상이 당신과 당신의 비즈니스에 대해 알고자 기다리고 있다.

0-129 : 도와줘!

당신은 40% 또는 그 이하에 있다. 시간이 없다! 빨리 이 책을 읽어라!

결과 이해

당신의 점수는 어떤가? 1장으로 나아가기 전에 당신의 자기평가 점수가 의미하는 것이 무엇인지 잠깐 얘기해보자.

우선, 점수는 순전히 당신만 아는 것이다. 당신 말고는 누구하고도 공유할 필요가 없다.

점수가 어떻든 이 테스트는 순전히 당신의 네트워킹 온도를 측정하는 것뿐임을 기억하라. 다시 말해서 자신에 대한 어떤 평가도 내리지 말라는 것이다. 지금부터 몇 달 후 다시 자기평가를 한다면 점수는 상당히 달라질 것이다. 단, 이 책을 끝까지 읽고 굳은 각오로 전략들을 실천한다는 전제하에서.

제 1 장

당신에게 맞는 미래를 창조하라

: '네트워킹의 집' 설계하기 :

자기평가 점수를 머릿속에 간직한 채 당신의 미래를 창조해보자. 바로 여기 출발점 1장에서. 이제 당신의 네트워킹의 강점과 약점을 알았으니 세워야 할 목표와 계획에 대해 좀 더 현실적일 수 있다. 기억해야 할 것은 《연결하라》 안에 있는 주간 전략을 '이상적인 당신'이 아니라 '진짜 당신'에 맞도록 재단하는 것이다. 네트워킹 기술을 개선하기 위해 무엇을 해야 할지 당신 스스로가 명확하지 않으면 시간이 지나도 당신의 이상에 도달하지 못하기 때문이다.

새 집을 지을 때와 마찬가지로 '네트워킹의 집'을 짓기 위해서는 튼튼하고 안정된 기초가 필요하다. 첫 7주는 목표를 세우고 계획을 수립하고 기타 중요한 스텝들을 완성하는 데 투자할 것이다.

새 집을 지을 때와 마찬가지로 '네트워킹의 집'을 짓기 위해서는 튼튼하고 안정된 기초가 필요하다.

입문을 위해 우선 첫 주의 전략을 개괄적으로 살펴보자.

1주 전략(목표 설정은 스마트하게)으로부터 시작할 것을 권한다. 네트워킹 목표는 굉장히 중요하다. 당신의 비즈니스 네트워크를 위해 필요한 스텝들에 집중하도록 해준다. 이 과정에 주의를 기울이기 바란다.

2주 전략(시간은 얼마나 투자하는 것이 좋을까?)에서는 주간 스케줄에 네트워킹할 시간을 마련할 것을 주문한다. 이 책을 읽는 것은 29%에 도달하기 위해 비즈니스 네트워크를 강화하는 한 스텝에 불과할 뿐이다. 목표에 도달하기 위해서는 네트워킹에 시간을 할애해야 한다.

3주 전략(소개를 도와줄 '선호 고객의 프로파일'을 만들어라)은 당신이 원하는 고객을 매우 구체적이고 전략적인 용어로 기술할 것을 요구한다. 정확하게 누구를 당신의 비즈니스에 고객 또는 소비자로 끌어들이고 싶은지 아는 것, 그리고 당신의 어머니부터 포춘 500 기업의 CEO에 이르는 모든 사람들에게 당신이 원하는 고객에 대해 명료하고 간결하며 재빨리 설명할 능력을 갖추는 것은 네트워킹 성공에 필수적인 스텝이다.

4주 전략(당신의 지원군 '입소문마케팅팀'을 구성하라)은 당신의 홍보대사 역할을 할 사람들을 어떻게 발탁할 것인지 보여준다. 그들은 당신의 성공에 매우 중요한 사람들이다. 왜? 네트워킹이란 그 자체가 팀스포츠이기 때문이다. 다른 사람들이 당신과 함께 이길 때만 당신도 이길 수 있다.

5주 전략(주는 자가 얻는다! 먼저 베풀어라)은 4주 전략에서 더 나아가 네트워킹에서의 호혜(reciprocity)의 법칙의 힘을 증명한다. 이 전략은 네트워크에서 대가로 무엇을 바라기 전에 먼저 다른 사람들에게 주는 것에서 생기는 이익에 집중한다. 세계 최대의 비즈니스 네트워킹기관인 BNI

에서는 이것을 '주는 자가 얻는다'라고 말한다(이 부분은 나중에 자세히 설명한다).

6주 전략(네트워크킹을 살리는 데이터베이스를 구축하라)은 당신이 아는 사람들을 네트워크 데이터베이스로 관리할 것을 주문한다. 체계적인 네트워크 데이터베이스는 장기적 관점에서 당신의 시간과 에너지를 절약해준다.

마지막으로 7주 전략(마스터 네트워커는 무엇이 다른가?)은 당신이 넘어서고 싶어 할 높은 목표를 제시한다. 마스터 네트워커로 정의되는 사업가들이 갖추어야 할 톱 10 특징에 관한 조사 결과를 개괄해주는 것이다. 바로 이 특징들이 29% 안에 드는 사람과 그렇지 못한 사람을 갈라놓는다. 이것은 당신이 추구해야 할 목표와, 그 목표와 비교할 때 당신이 지금 어디에 서 있는지를 알아내는 방법을 제시한다.

자, 이것이 우리가 앞으로 7주 동안 가야 할 방향이다. 이제, 출발하자!

Week 01
목표 설정은 스마트하게

당신은 비즈니스 목표가 있는가? 마케팅 목표와 세일즈 목표가 있는가? 이것이 우리가 앞서 얘기한 개념의 완벽한 예다. '상식적인 지식의 비상식적인 적용'. 우리는 목표가 중요하다는 것을 잘 알고 있다. 문제는 그 지식을 얼마나 잘 적용하고 있는가이다.

네트워킹 목표는 어떤가? 목표가 하나도 없다면 믿거나 말거나 당신은 대다수에 속한다. 확실히, 당신은 네트워킹의 힘을 믿는다. 그렇지 않다면 이 책을 사지 않았을 테니까. 그렇다면 왜 아직까지 비즈니스를 위한 네트워킹 목표를 세우지 않았을까?

네트워킹은 많은 사람들이 비즈니스가 전혀 안 되거나 시원치 않을 때의 대응으로 하게 되는 일 중의 하나인 것 같다. 그러고는 이내 잊힌다. 네트워킹은 비즈니스를 키우기 위한 필수 요소로 취급받지 못한다. 많은 사람들이 곧잘 무시할 뿐 아니라 체계적이기는커녕 되는 대로 네트워킹을 한다. 이런 접근법으로는 평생 29%에 가까이 갈 수 없다.

이제 소개할 첫 번째 전략은 네트워킹이 당신의 비즈니스에 많은 도움이 될 수 있음에도 나중에야 떠올리는 하찮은 것으로 취급하는 위험을 피하도록 도와준다. 체계적이고 조직적으로 네트워킹에 접근하는 방법 중 하나는 측정 가능한 목표를 세우는 것이다. 우리 친구 디나 투치 슈밋(BNI 웨스턴 펜실베이니아 지역 프랜차이즈 오너)이 자주 말하듯이 "목표가 없으면 겨냥할 곳이 없다." 목표가 없으면 결과를 측정할 수 없다는 말을 추가하고 싶다. 또 플로리다의 우리 친구 톰 플레밍이 말하듯이 "써놓으면 실행하게 된다"는 점을 강조하고 싶다.

체계적이고 조직적으로 네트워킹에 접근하는 방법 중 하나는 측정 가능한 네트워킹 목표를 세우는 것이다.

SMART 목표

각각의 목표는 'SMART'해야 한다. 구체적(Specific)이고, 측정 가능하고(Measurable), 달성 가능하고(Achievable), 적절하며(Relevant), 달성해야 할 시간을 정해야 한다(Timed with a deadline). 한 목표의 개념을 명확하게 하기 위해 잠깐 생각해보자.

구체적(Specific). 목표는 누가 무엇을 언제 어디서 어떻게 하는지 그 기준을 명확하게 정해야 한다. 구체적인 목표는 당신이 한 번에 한 가지

씩 집중할 수 있도록 도와준다. 예를 들어보자. 네트워킹그룹의 멤버가 되고 싶다고 말하는 것은 좋다. 그러나 어떤 상공회의소나 특정 챕터의 멤버가 되고 싶다고 말하면 좀 더 명확하게 목표를 정할 수 있다.

측정 가능(Measurable). 목표는 결과를 측정할 수 있는 방법을 포함해야 한다. 몇 개 혹은 몇 %같이 목표를 향한 진전을 계량화할 수 있는 방법이 숫자로 표시되는 것을 의미한다. 올해는 좀 더 많은 소개를 받고 싶다고 말하는 것은 구체적이지도 측정 가능하지도 않다. 네트워킹그룹으로부터 받는 소개를 30% 늘리고 싶다고 구체적으로 말하는 것이 더 유용하다.

달성 가능(Achievable). 당신이 만든 각각의 목표는 달성 가능해야만 한다. 너무 과욕을 부려 가망이 없어서는 안 된다. 목표가 달성 가능한지 알려면 당신이 올해 성취한 것들을 고려해보라. 그런 다음 구체적인 목표 달성과 관련해서 당신의 능력을 저하시키거나 개선시키기 위해 내년에 할 일을 생각해보라. 마지막으로, 목표를 달성하기 위해 필요한 모든 것을 생각해보라. 모든 것을 다 말하고 정리했을 때 솔직히 열심히 노력하고 집중하면 이 목표를 달성할 수 있다고 느껴지는가? 그렇다면 그것을 적어두고 달성하겠다고 다짐하라.

적절(Relevant). 목표는 당신에게 적절하고 의미가 있어야 한다. 그렇지 않으면 그것을 이루고 싶지 않을 것이다. 특정 목표를 달성했을 때 결과는 무엇인가? 돈을 더 벌 수 있는가? 삶의 질이 높아질 수 있는가? 은퇴 후를 위해 저축을 더 편안하게 할 수 있는가? 승진이나 승급을 할 수 있는가? 장기적으로 시간이 절약되는가? 개인적인 동기가 무엇이든 당신의 목표에 그것을 녹여 넣어라. 그래야 매일 결승선을 향해 뛸 수 있도록 고무될 것이다.

시한(Timed). 결승선을 말하니 말인데, 목표에는 데드라인이나 완성 날짜가 있어야 한다. 그것이 없으면 시간에 맞춰 목표를 달성할 욕구나 집중력을 잃게 된다. 인간의 경쟁 본능은 우리를 결승선으로 끌고 간다. 우리는 타깃을 겨냥할 필요가 있다. 예를 들어 네트워킹그룹에 참여함으로써 소개받는 비즈니스를 30% 늘리고 싶다고 말하는 것은 구체적이고 측정 가능하다. 그러나 얼마나 오래 걸릴 것이고 언제 그것을 측정할 것인가? 그 기관으로부터 연간 소개받는 비즈니스를 12월 30일까지 30% 신장시키고 싶다고 말하면 훨씬 더 효과적이다. 데드라인을 포함하고 있기 때문이다.

이 모든 요소를 다 집어넣으면 아마도 아래에서 둘 중 하나의 목표 선언문에 도달할 것이다.

- 6월 30일까지 ABC상공회의소의 회원이 될 것이다.
- 12월 31일까지 그 네트워킹(어떤 특정 네트워킹그룹)으로부터 연간 소개받는 비즈니스를 30% 늘릴 것이다.

목표(SMART한 목표)를 세운다는 것은 어려운 일이라는 것을 안다. 그러나 동시에 그것이 얼마나 강력한 힘을 갖는지도 알며, 목표 설정에 충분한 중요도를 두지 않았을 때의 결과도 안다. 우리 두 저자는 여러 개의 트레이닝 과정을 만들었다. 각각의 과정 설계는 목표를 염두에 두고 시작된다. 그런 면에서 우리는 잘 훈련이 되어 있다. 결과를 먼저 생각지 않고 어떻게 자료를 정리하여 트레이닝 세미나를 만드는 일을 시작할 엄두를 낼 것인가.

스티븐 코비는 이 개념을 그의 저서 《성공하는 사람들의 가지 습관(The Seven Habits of Highly Effective People)》이란 책에서 입증하고 있다. 그의 전략 중 하나는 '결과를 염두에 두고 시작'하는 것이다. 그의 책에서 차용한 다음의 질문들은 네트워킹을 통해 당신이 성취하고자 하는 것이 무엇인지에 집중할 수 있도록 도와줄 것이다. 그러나 일단 자신의 목표 설정 과정을 시작하면 이 질문에 얽매일 필요가 없다.

1주 액션

이번 주 당신의 미션은 다음 질문들을 가능한 한 솔직하고 완벽하게 대답(머릿속으로만 말고 글로 써서)하는 것이다. 이 질문들은 목표 선언문을 만드는 데 도움이 될 구조를 제공한다. 또한 목표 달성을 위한 계획 수립에 영감과 구체성을 부여한다. 계획 만들기는 주 전략에서 다룰 것이므로 우선은 목표 설정 과정에 열정을 가지고 부지런히 참여하기 바란다(당신의 네트워킹 집을 건설하기 위한 기초공사를 하고 있다는 사실을 기억하라!).

네트워킹 목표를 위한 질문

1 소개를 통해 언제까지 얼마나 많은 비즈니스를 달성하기 바라는가?

- 그것이 이루어지기 위해 무엇을 해야 하는가?
- 누가 이 비즈니스를 가져다줄 것인가?
- 소개자로부터 어떤 종류의 비즈니스를 얻기 바라는가?
- 어떤 상품과 서비스에 집중할 것인가?

2 매달 몇 번 네트워킹 행사에 참석할 것인가?

- 이런 행사는 어떻게 알 수 있는가?
- 행사에서 무엇을 이룰 것인가?

3 매주 또는 매달 몇 번의 소개를 원하는가?

4 이 책에서 제공하는 기술을 매달 얼마나 사용할 것인가?

5 당신의 비즈니스를 연결시키기 위해 남들과 다르게 할 가지는 무엇인가?

6 올해 누구를 만나고 싶은가?(머리에 떠오르는 대로 적어라. 구체적으로 만나고 싶은 사람들의 비즈니스, 직업, 이름.)

7 올해 어느 네트워킹그룹의 회원이 되고 싶은가?

추가 실습

과정을 너무 앞질러 나가는 것을 바라지 않지만, 이제 책을 훑어보면서 당신이 작성한 목표 선언문에 적합해 보이는 몇 개의 전략을 집어내도 좋을 것이다. 나중에 다시 볼 수 있게 기록해두도록 하라.

Week 02

시간은 얼마나 투자하는 것이 좋을까?

앞에서 말한 좁은 세상 연구에 등장하는 성공적이고 예외적인 네트워커처럼 되기 위해서는 당신이 몇 가지 행동을 바꿔야 할지도 모른다. 행동을 변화시키는 데에는 4단계가 있다. 그것을 원하고, 배우고, 시도하고, 생활화하는 것. 먼저 당신은 '네트워킹'이라 불리는 것을 좀 더 효율적으로 배우고 싶어 이 책을 살 생각이 났을 것이다. 축하한다! 당신은 이미 행동 변화의 첫 번째 단계를 통과했다.

정보를 원한다는 마음을 먹었으니 이제 두 번째 단계로 그것을 배우면 된다. 배우려면 이 책을 읽어야 한다. 다시 한 번 축하한다! 벌써 여기까지 왔다. 계속 진행하라!

정보를 얻었으면 이제 세 번째 단계로 가서 시도해보라. 책을 읽는 것도 좋지만 책에 있는 전략을 실행해보는 것은 더 좋은 일이다. 이 책은 책장에 꽂혀 있기만 할 책이 아니다. 앞으로 12개월 동안 이 책을 책상 위에 올려놓고 처음에 책을 산 이유를 매일 머릿속에서 일깨우도록 하라. 이 책의 진정한 목적은 비즈니스를 효과적이고 효율적으로 네트워킹해줄 52개의 전략을 실천함으로써 당신의 비즈니스를 효과적으로 퍼뜨리는 것이다.

이 책은 책장에 꽂혀 있기만 할 책이 아니다.

성공적인 전략 실행의 마지막 단계는 그것을 생활화하는 것이다. 그렇게 하기 위해서는 배운 것을 실천하려는 지속적인 각오가 필요하다. 한 주에 한 가지 전략을 시도해보는 데서 그칠 것이 아니라 새로운 기술을 매일매일의 비즈니스 운영에 접목시켜야 한다.

네트워킹을 일상화하겠다는 약속을 문서로 만들어라. 어떻게? 간단하다. 당신과 회사의 캘린더에 네트워킹 활동을 위한 시간을 확보하면 된다. 네트워킹 목표를 작성할 때 이미 했는지도 모르겠다. 만약 하지 않았다면 당신의 스케줄에서 이 활동에 집중할 가장 좋은 시간을 찾아라.

스스로에게 이렇게 물어라.

1 매주 얼마나 많은 시간을 네트워킹에 투자할 것인가?
2 마케팅 예산의 몇 %를 입소문마케팅에 사용할 것인가?
3 다른 사람들과 매주 몇 번이나 식사를 할 것인가?
4 매주 몇 사람을 만날 것인가?

5 새 비즈니스를 창출하기 위해 어떤 다른 방법을 쓸 것인가?

지금은 내면의 목소리가 '그래, 맞아. 네트워킹할 필요가 있다는 것은 안다고'라고 말할지도 모른다. 하지만 현재 비즈니스를 운영하기도 바쁜데, 언제 밖에 나가서 네트워킹할 시간을 만든단 말인가? 기존 고객에게 우선권을 주어야 하는 거 아닌가?

네트워킹의 가치와 필요에 대한 관점을 확대하기 위해 새로운 비즈니스 창출을 위한 4가지 기본 방법을 검토해보자. 전화판매, 광고, PR, 그리고 네트워킹.

전화판매

대부분의 사람들에게 전화판매라는 용어는 뒷목의 머리카락이 솟게 할 수 있다. 많은 사람들이 전화판매를 고통스럽고 모욕적이며 좌절감을 느끼게 하는 것으로 생각한다. 특히 소중한 시간을 투자한 데 대한 보답이 얼마나 보잘것없는지를 알고 나면 더 그렇다.

대부분의 사람들에게 전화판매라는 단어는 뒷목의 머리카락이 솟게 할 수 있다.

생각해보라. 저녁식사 중인데 전화가 오고, 그것이 세일즈맨이 한 전화라는 걸 알게 되었을 때 당신의 반응은 어떤가? 그냥 무시할 것이다. 설사 응답을 하더라도 충성스러운 고객이 되지는 않을 것이다. 아마 거

WEEK 02

짓말로 전화를 끊거나(고양이가 아파서 동물병원에 가는 길이다) 더 심한 말을 할 수도 있다(좀 더 정직한 일자리를 알아보지 그래요?). 우리가 아는 고집 센 양반 한 명은 전화 건 사람에게 "잠깐만 기다릴래요?" 하고는 수화기를 내려놓고 다시 식탁으로 돌아갔다.

전화를 피하는 개인적인 대응이 무엇이든, 문제는 전화를 피하기 위해 사람들이 갖은 노력을 다한다는 것이다. 자, 이제 입장을 바꿔보자. 만약 당신이 전화를 건 사람이라면 다른 사람들도 똑같은 반응을 보일 거라고 생각지 않는가?

광고

광고는 일반적으로 전화판매보다는 기분이 나쁘지 않지만 더 비싸다. 광고에 돈을 쓴 사람이라면 결과를 기대할 것이다. 사실 광고가 때로는 새로운 비즈니스를 만들어내기도 한다. 그래서 우리가 광고를 하는 것이다. 성공을 원하면 광고를 해야 한다. 그러나 솔직히 말해보자. 여러분 가운데 광고를 통해 자신이 원하는 만큼 비즈니스를 얻은 사람이 몇 명이나 되는가? 투자에 대한 보상이 무엇인가? 대부분의 경우 광고는 무한히 사업을 계속할 수 있을 정도의 새 비즈니스를 만들어주지 않는다. 게다가 약삭빠른 소비자들이 광고를 의심한다. 당신 회사의 누군가가 광고 내용을 작성했다는 것을 알기 때문이다. 당신이라도 광고에서는 근사한 것만 얘기하지 않겠는가?

PR

다음에 PR이 있다. PR은 예측불가능하고 때로 위험하기도 하다. 당신의 비즈니스를 잘 대변하느냐 못하느냐를 떠나 대체로 무엇이 쓰일지 무엇이 인쇄될지 당신은 전혀 컨트롤할 수 없다. 때로는 부정확한 PR로 인해 생긴 문제를 해결해야 하는 처지에 빠지기도 한다. 반면에 우리는 PR로 엄청난 성공을 거두었다. 그러나 비즈니스 개발을 위해 이것에만 의존한 적은 한 번도 없었다. 그것은 사업을 위한 전체 마케팅 전략의 한 조각일 뿐이다.

네트워킹

마지막으로 새 비즈니스 창출의 방법으로 네트워킹을 생각해보자. 전략적이고 탁월하게 네트워킹을 한다면 앞으로 당신의 모든 새 비즈니스가 입소문을 통해 들어올 가능성도 있다. 새 비즈니스 창출의 전략으로 네트워킹을 사용하는 것은 네트워킹을 리퍼럴마케팅으로 전환한다는 의미다. 이 책은 네트워킹의 장소와 기술을 이용함으로써 리퍼럴마케팅을 통해 비즈니스를 만들어나가기 위한 주간 플랜을 제공한다.

새 비즈니스 창출의 전략으로 네트워킹을 사용하는 것은 리퍼럴마케팅으로 전환한다는 의미다.

대부분의 비즈니스는 광고를 포함한 마케팅 계획을 갖고 있다. 대부분의 비즈니스가 살아남기 위해 필요한 광고를 계획한다. 그러나 당신은 광고 등의 마케팅 활동을 계획하는 것과 똑같은 방법으로 네트워킹 활동을 계획해야 한다. 효율적인 네트워킹 계획을 전반적인 마케팅 전략의 일부로 만들어야 한다.

광고에는 돈이 든다. 반면 네트워킹은 시간이 든다. 여기서 네트워킹에 들이는 시간을 마케팅에 쓰는 시간으로 생각하는 것이 중요하다. 많은 돈을 쓰지 않아도 되지만 소개를 만들어내는 데 필요한 관계를 만들기 위해서 시간을 들여야 하는 것이다.

그러면 우리가 당신에게 얼마나 많은 시간을 투자하기를 권할지 궁금할 것이다. 몇 년 동안 BNI가 실시한 조사에 의하면 일하는 사람의 52%가 네트워킹 활동에 매주 4시간 남짓을 쓰고 있다. 우리는 그것이 당신을 29% 안에 들게 하거나 거기에 머물게 하는 데 충분하다고 생각지 않는다. 반면에 일하는 사람의 27%는 매주 8시간 이상을 쓴다. 우리는 이 27%의 사람들이 네트워킹을 제대로 하는 데 더 가깝다고 생각한다. 세일즈가 업무의 일부분일 뿐이라면 한 주에 8시간이 적절해 보인다. 그러나 세일즈가 당신 업무의 대부분을 차지한다면 8시간보다 훨씬 더 많은 시간을 투자해야 한다. 네트워킹은 궁극적으로 당신의 회사를 위한 소개를 창출하는 일이다. 소개를 바탕으로 한 비즈니스를 원한다면, 그리고 업무의 대부분이 세일즈라면, 시간의 절반 이상을 네트워킹에 쏟아야 한다(그렇다, 한 주에 20시간 이상을).

효율적인 네트워킹은 단순한 사교나 행사에 참가하는 것 이상이다. 그것은 인맥과 관계를 만드는 일이다. 거기에는 시간이 든다. 이 활동에 시간을 들이는 것에 죄책감을 갖지 마라. 여기에 들이는 시간과 에너지는 당신의 세일즈와 마케팅 프로그램의 일부분이다. 성공을 위해 필요한 시간을 투자하라. 여섯 다리만 거치면 다 아는 세상에 사는 사람들은 분명 네트워킹을 실천하기 위해 시간을 투자한다.

2주 액션

자, 이제 비즈니스를 키우려면 네트워킹을 해야 한다는 사실을 알았다. 당신의 행동양식을 바꾸고 그에 따른 보상을 얻으려면 그것을 원하고, 배우고, 시도하고, 생활화해야 한다는 사실도 알게 되었다.

생활화한다는 것은 네트워킹 활동을 위해 물리적으로 시간을 투자해야 한다는 의미다. 이번 주 당신의 미션은 정확하게 그것이다. 멈춰라! 그렇다. 바로 지금! 스마트폰이든 캘린더든 갖고 와서 이번 주에 네트워킹할 시간을 마련하라.

매주 네트워킹 활동에 충분한 시간을 투자하라. 다시 말하지만 시간은 충분치 않다. 7시간으로 시작해보는 것이 좋다. 당신의 주 업무가 세일즈라면 이 활동에 매주 20시간 이상을 써야 한다. 그렇다고 당장 그렇게 많은 시간을 들일 필요는 없다. 주간 플랜을 실천하면서 앞으로 천천히 늘려나가면 된다. 그러나 당분간은 충분한 시간을 투자한다는 것을 확실히 하기 위해 시간을 적어놓을 필요가 있다. 캘린더에 컬러펜으로 네트워킹 노력을 기록할 것을 권한다.

얼마간 시간이 지나면 이 체계적인 플랜으로 당신은 매주 적정한 시간을 네트워킹에 직접적으로 영향을 주는 활동에 투자하게 될 것이다. 모임에 참석하는 것뿐만 아니라 소개 제공자들이나 그들의 동료들과 인맥과 관계를 만들고 유지하는 것과 관련된 모든 활동에 말이다.

이제 이 과정을 시작하기 위해 얼마나 많은 시간을 쓸 것인지 약속하라. 적정선에 도달할 때까지 앞으로 한두 달에 걸쳐 시간을 늘릴 계획을 짜라. 그리고 그 시간을 우리가 이 책에서 논의할 활동(당신의 네트워킹 프로그램을 관리하고 비즈니스를 키우는 것)에 집중하는 데 써라.

Week 03

소개를 도와줄 **'선호 고객의 프로파일'**을 만들어라

WEEK 03

당신이 선호하는 이상적인 고객은 누구인가? 당신을 항상 웃게 만드는 그런 사람 말이다. 당신에게 흔쾌히 돈을 쓰는 사람도 이런 사람이다. 당신이 그들의 필요를 너무도 잘 만족시켜주기 때문이다.

만약 명함파일이 함께 일하고 싶은 사람들이나 하고 싶은 비즈니스들로만 채워져 있다면 당신의 비즈니스가 어떻게 될지 상상해보라. 대부분 또는 모든 고객이 그들 같다면 정말 행복하지 않겠는가? 돈도 많이 벌 뿐 아니라 놀라운 인생이 펼쳐질 테니까 말이다.

<u>명함파일이 함께 일하고 싶은 사람들이나 하고 싶은 비즈니스들로만 채워져 있다면 당신의 비즈니스가 어떻게 될지 상상해보라.</u>

3주 액션

이번 주 미션은 선호 고객의 프로파일을 만드는 것이다. 이것은 당신이 만나야 할 사람들에게로 당신을 안내할 뿐 아니라 당신의 메시지를 만들고 분명히 하는 데도 도움이 된다. 다시 말하면 네트워킹 행사에서 누군가에게 당신 자신을 소개할 때 당신의 비즈니스를 어떻게 설명할지를 명확히 해준다는 말이다.

선호 고객의 프로파일을 만든다는 것은 무엇이 그 기관이나 개인을 당신에게 딱 맞는 것으로 만드는지 자세히 들여다보는 것을 의미한다. 다른 고객은 전혀 상대하지 않는다는 의미가 아니라 이 특별한 고객이 여러 면에서 당신이 절대적으로 선호하는 고객이라는 뜻이다. 어쩌면 그 고객은 당신이 갖기를 소원하지만 아직까지 많이 확보하지 못한 고객일지도 모른다.

앞의 전략들과 마찬가지로 자신을 탐문하는 몇 가지 질문을 하도록 한다. 예를 들어, 왜 당신이 최적임자인가, 당신이 공급하는 것 중 선호 고객이 필요로 하는 것은 무엇인가, 이 고객이 갖고 있는 문제 중 당신이 경쟁자보다 더 잘 해결해줄 수 있는 것은 무엇인가?

이 미션을 좀 더 구체적으로 만들기 위해 커리어 · 라이프 코치인 닐이 제공한 어느 특정 고객의 프로파일을 예로 들어보자.

> 독신이 된 여성(이혼, 사별, 또는 자녀들의 독립), 40대 중반, 웨스트모얼랜드 혹은 알리게니 카운티(역주: 미국 동부의 중산층이 사는 카운티)

거주, 현재 취업 중, 직장이나 인생이 불행, 동거 자녀 없음, 가계소득 5만 달러 이상, 대졸, 자가 소유, 운전면허증 보유.

다음으로 당신이 채워야 할 선호 고객 리스트가 있다. 이 리스트가 선호 고객의 통계적 요소에 초점을 맞추고 있음에 주목하라. 이 미션의 주된 목표는 리스트를 가능한 한 구체적으로 작성하는 것이다. 당신의 메시지를 듣는 사람들에게 선호 고객에 대해 잘 설명할 수 있을 때 훨씬 더 효과적으로 당신의 비즈니스를 네트워크를 통해 전파할 수 있기 때문이다. 이렇게 함으로써 듣는 사람에게 더 많은 정보를 주고, 자신의 인맥을 마음속에 떠올리게 하고, 자신이 아는 사람들과 당신의 고객 프로파일을 시각적으로 매치시키게 만들 수 있다. 듣는 사람이 그런 매치를 찾아내면 당신이 소개를 받을 확률이 높아진다.

선호 고객 프로파일링을 위한 리스트

비즈니스 대 소비자 고객	비즈니스 대 비즈니스 고객
성별	위치
가족 구성	직원 수
혼인 상태	영업 기간
가계소득	비즈니스 타입
주거지	회사 규모(매출)
교육	부서 수
자녀	업종
자가/임대	상장/비상장
기타	기타

구체적인 프로파일을 만들 때 이 리스트에 나와 있는 조항만 볼 필요는 없다. 당신에게 맞는 모든 요소를 고려하라. 당신의 직업이 어떤 요소들을 고려해야 할지 결정해줄 수도 있을 것이다. 당신이 디자인하는 선호 고객 프로파일이 어떤 것이냐에 따라 이 리스트가 길어질 수도 있다.

Week 04
당신의 지원군 **'입소문마케팅팀'**을 구성하라

일단 선호 고객을 알고 다른 사람들에게 설명할 수 있게 되면 당신의 개인적 입소문마케팅팀의 도움을 받아 그들을 찾아 나설 수 있다.

마켓(market)은 동사로 쓰일 때 '판다' 또는 '팔려고 제시한다'는 뜻을 갖는다. 입소문마케팅팀의 주된 기능 역시 당신에게 더 많은 비즈니스 기회를 가져오는 것이다. 여섯 다리 이론 연구에서도 이 사람들은 참가자들이 연구 과제를 수행하기 위해 가장 많이 도움을 청한 사람들이었을 것이다.

이것을 염두에 두고, 당신은 어떤 사람을 자신의 입소문마케팅팀에 합류하도록 초대할지 매우 신중하게 생각해야 한다. 결정은 완전히 당신 몫이다. 사업가들은 이 친구들을 '전도사', '사도' 또는 '영향력 행사자'라고 부른다.

입소문마케팅팀에 합류시킬 팀원의 선별은 매우 신중해야 한다.

어떤 이름을 갖다 붙이든 이들이야말로 당신의 비즈니스에 대해 동네방네 얘기하고 다닐 사람들이다. 당신과 당신의 비즈니스, 당신의 상품과 서비스를 믿기 때문이다. 그들은 또 (1) 당신을 잘 알고, (2) 진심으로 당신을 좋아하고, (3) 당신을 절대적으로 신뢰한다. 그리고 그들이 말하면 많은 사람들이 듣는다. 그들은 당신의 비즈니스를 위한, 걸어 다니며 말하는 마케팅 대사들이다.

가장 강력한 입소문마케팅팀의 구성원은 누구일까? 당신의 비즈니스 판촉을 돕겠다고 자발적으로 추천의 말을 제공하는 사람들을 찾아라. 그들은 당신의 서비스를 직접 경험한 사람들이기도 하다. 여하튼 그들은 영향력이 있는 사람들이며, 그들의 추천은 당신의 선호 고객들에게 막중한 영향을 미친다. 가장 중요한 것은, 그들이 기꺼이 당신과 소개를 주고받는 관계를 만들고자 한다는 사실이다.

한 걸음 더 나아가, 누가 영향력 행사자들에게 영향을 미치는지 생각해보라. 그들은 다른 사람들에게 영향을 미치는 사람들로부터 전폭적인 주목을 받고 신뢰받는 자문 역할을 하는 사람들이다. 중요한 것은 당신의 입소문마케팅팀 멤버는 당신과 다른 이유로 당신의 선호 고객과 정기적으로 접촉한다는 사실이다. 입소문팀의 멤버들은 이렇게 공통의 선호 고객을 갖고 있기 때문에 리퍼럴이 자연스럽고 지속적으로 왔다 갔다 할 수 있게 된다. 요약하자면 당신의 입소문마케팅팀을 구축하는 데 가장 중요한 기준은 이렇다.

1 당신의 선호 고객 앞에 정기적으로 모습을 나타내야 한다. 물론 이유는 당신과 다르다.
2 당신을 잘 알고 매우 좋아하고 당신을 절대적으로 신뢰한다.
3 충분한 영향력을 갖고 있어 다른 사람들이 그들의 말을 듣는다.
4 당신의 상품이나 서비스를 직접 경험했다.

이해를 돕기 위해 서로 다른 2개의 비즈니스를 위한 입소문마케팅팀(위의 모든 기준을 충족했다는 가정하에)의 예를 들어보자.

금융 자문

바람직한 고객 프로파일: 혼자 사는 여성, 40세 이상, 연수입 5만 달러 이상, 가사 결정권자, 가용현금 보유, 웨스트모얼랜드나 알리게니 카운티 거주, 대졸, 자가 소유, 운전 용의 있음.

잠재적 입소문마케팅팀 멤버: 커리어 · 라이프 코치, 이혼 전문 변호사, 공인회계사, 갈등조정 전문가

상업용 카펫 클리너

바람직한 고객 프로파일: 여러 곳에 영업장이 있음, 3층 이상의 고층 빌딩에 위치, 직원 25명 이상, 반경 100마일, 매출 100만 달러, 서비스산업

잠재적 입소문마케팅팀 멤버: 상업용부동산 중개사, 사무기기 대여자, 유리창 청소부, 회사 대상 정리정돈 전문가

입소문마케팅팀을 구성할 때 아무나 받아들이지 마라. 훌륭한 회사는 적임자, 즉 회사가 성공할 수 있도록 도움을 주는 사람을 찾을 줄 안다. 당신도 마찬가지다. 까다롭게 찾아서 성실성과 신뢰를 바탕으로 긴밀한 관계를 형성하라. 최선이 아닌 것에 안주하지 마라. 높은 기준을 가져라. 그러면 훨씬 큰 보상이 돌아올 것이다. 항상 기억하라. 어떤 사람에게는 당신의 입소문마케팅팀의 일원이 된다는 것이 영광이다.

4주 액션

당신의 네트워크 안의 영향력 있는 사람들 중에서 입소문마케팅팀에서 일할 수 있는 세 사람을 꼽아보라.

1 ______________________

2 ______________________

3 ______________________

5주(주는 자가 얻는다! 먼저 베풀어라), 15주(같이 있는 친구? 가치 있는 친구!), 28주(스포트라이트를 공유하는 이벤트를 개최하라) 등 이후의 몇몇 전략에서 입소문마케팅팀과 함께 실행할 몇 가지 매우 중요한 사항들을 다룰 것이다.

Week 05

주는 자가 얻는다! **먼저 베풀어라**

이 전략은 비즈니스 네트워킹에 대해 우리가 갖고 있는 철학의 하나를 다룬다. 다른 사람들에게 베푸는 것은 중요한 네트워킹 테크닉일 뿐 아니라 근본적인 윤리다.

BNI 네트워크는 두 단어로 된 만트라, 즉 'Givers Gain(주는 자가 얻는다)'이라는 말로 그것을 요약하고 있다. 영어로 된 다른 어떤 두 단어도 이보다 더 생생하고 정확하고 단순하게 네트워킹의 힘과 잠재력을 표현하지는 못할 것이다. 혹시 이 책의 모든 전략을 다 잊어버린다 해도 (걱정할 건 없다, 그럴 리가 없으니까!) 이것만은 기억하라. 다른 사람들에게 먼저 주라.

<u>Givers Gain(주는 자가 얻는다). 영어로 된 다른 어떤 두 단어도 이보다</u>

더생생하고 정확하고 단순하게 네트워킹의 힘과 잠재력을 표현하지는 못할것이다.

"어떻게 다른 사람들에게 도움이 되는 리퍼럴(비즈니스 소개)을 찾을 수 있나요?" 또는 "그 출장뷔페 사람들로부터 많은 소개를 받는데, 그 보답으로 뭘 해줄 수 있는지 모르겠어요"와 같은 말을 할지도 모르겠다. 이런 걱정은 당신만 하는 게 아니다. 네트워킹에 대해 배우고 있는 사업가나 전문가 들로부터 늘 듣는 소리다. 이제 소개를 해주는 것의 '왜'와 '어떻게'에 대한 디테일을 얘기해보자.

왜 다른 사람에게 먼저 베푸는가? 이유는 간단하다. 어떤 관계든 그것을 형성하고 오래 지속하려면 쌍방 모두에게 이익이 되어야 한다. 그리고 쌍방이 모두 관계를 위해 노력해야 한다.

생각해보라. 비즈니스에서 가장 가치 있는 재화는 무엇인가? 시간이다! 시간을 낭비하는 것은 누구도 견딜 수 없다. 시간은 언제나 충분치 않기 때문이다. 어떤 관계에서 한쪽만 일방적으로 노력했음이 드러날 때 낭비된 것은 무엇인가? 소중한 시간이다(물론 때로는 돈, 피, 땀, 그리고 눈물도 포함해서).

다른 사람에게 먼저 베풂으로써 당신은 쌍방의 윈-윈 네트워킹 관계를 형성하는 데 먼저 한 걸음을 뗀 것이다. 당신이 적극적이고 긍정적으로 행동한 것이다. 다른 사람들도 따라주기를 바라는 행동을 모범적으로 보여줌으로써 관계를 리드하게 된다.

'어떻게'로 가보자. 네트워크의 놀라운 가치를 이해하는 것으로부터 시작하자. 이건 금광이다. 재능과 기술과 지식의 보물상자다. 네트워크는 당신이나 그들이 상상할 수 있는 것보다 훨씬 더 많은 방법으로 당신이 아끼는 사람들을 도울 수 있는 힘을 갖고 있다.

자, 이제 누가 그 보물상자의 열쇠를 갖고 있는지 알아보자. 바로 당신이다! 그렇다. 당신은 당신의 네트워크 안에 숨겨져 있는 자원의 문지기다. 그것이 당신에게, 당신의 네트워크에, 당신이 아직 만나지도 않은 많은 사람들에게 무엇을 뜻하는지 생각해보라.

당신은 당신의 네트워크 안에 숨겨져 있는 자원의 문지기다.

만화 주인공 찰리 브라운이 말한다, "맙소사!(good grief!)"라고. 다른 사람들이 고통(grief)에 빠졌을 때 당신은 좋은 일(good)을 해줄 수 있다. 바꿔 말하면, 네트워크 덕분에 해결사 노릇을 할 수 있는 것이다.

우리는 사람들이 자신의 문제에 대해 얘기하는 것을 자주 본다. 자동차에 대해 불평을 늘어놓는 수도 있고, 온수기 물이 지하실 바닥으로 쏟아지는 바람에 모임에 늦었다고 하는 수도 있고, 연말에 엄청난 세금폭탄을 맞았다고 툴툴거리기도 한다. 주위 사람들이 하는 이런 얘기가 당신에게는 그 사람들의 문제를 해결하는 데 도움을 줄 수 있는 절호의 기회다.

그 문제에서 직접적인 역할, 예컨대 차를 고친다거나 새 온수기를 설치해준다거나 또는 세금신고서를 작성해준다거나 하지는 못할지라도, 그 문제를 해결해줄 수 있는 사람들을 당신의 네트워크에서 소개해줄 수 있다.

다른 사람들에게 먼저 베푸는 방법 중 하나는 보이스카우트나 걸스카우트의 모토와 연관이 있다. 뭔지 아는가? 맞다. '준비하라.' 당신이 아는 어떤 사람이 어려움을 겪고 있다고 말하고, 그 어려움을 당신의 마케팅 팀원 중 누군가가 해결해줄 수 있다면, 당신은 소개를 해줄 준비가 되어 있어야 한다. 당신의 동료가 하는 비즈니스가 줄 이득에 대해 얘기할 수 있도록 미리 준비하고 있다가 그 사람에게 당신 동료의 명함을 주도록 하라.

당신의 네트워크 안에서 적극적으로 베푸는 사람이 되는 두 번째 방법은 스스로를 엄청난 서비스 자원의 문지기로 만드는 것이다. 자신을 '해결사'로 자리매김하면 사람들이 도움을 청할 것이고, 진정한 베푸는 자로서 당신의 네트워크를 가동할 기회를 갖게 될 것이다.

'해결사'로 자리매김하면 사람들이 도움을 청할 것이고, 진정한 베푸는 자로서 당신의 네트워크를 가동할 기회를 갖게 될 것이다.

우리는 성공적인 전략의 하나로 1년에 몇 번 편지를 써서 고객들에게 보내는 것을 추천한다. 이메일이 좀 더 편리하고 적절하다면 이메일을 보낼 수도 있다. 하지만 1년에 한 번은 반드시 인쇄된 편지를 보내야 한다. 당신 고객들에게 이메일을 보낼 다른 모든 사람들의 편지보다 더 눈에 띄어야 하니까. 여기에 편지 예문이 있다.

__________________ 님께,

저는 리퍼럴을 믿습니다. 그래서 제가 제공하는 서비스의 일환으로 제 고객과 동료를 이 지역의 뛰어난 비즈니스맨들에게 소개하려고 합니다.

첨부된 리스트의 각 분야에서 매우 신뢰할 수 있고 윤리적이며 뛰어난 전문가들을 알고 있습니다. 제 리스트의 특정 분야에서 활동하는 전문가를 찾고 계신다면 언제든지 연락을 주십시오. 기꺼이 여러분을 이런 서비스를 제공하는 사람들과 만나게 해드리겠습니다.

__________________ 올림

이 편지에서 단지 전문가들의 직업만 거론할 뿐, 이름이나 전화번호는 밝히지 않는 점에 주목하라. 고객이 당신에게 연락하고 당신이 소개해서 그들을 만나게 하는 데 목적이 있는 것이다. 목표는 관계를 형성하는 것이지, 영광스러운 전화번호부가 되는 것이 아니다. 이 전략을 실행하면 당신은 효율적인 네트워커, 인맥의 핵심 인물, 그리고 진정한 베푸는 자로 이름을 알리게 될 것이다. 그러는 중에 업계에서 신뢰도 쌓아가게 될 것이다.

우리의 지인 한 사람은 이 편지 전략을 잠재적 고객을 포함한 모든 고객들을 상대로 1년에 4번이나 사용했다. 세 번째 편지 이후로 드디어 수문이 열리고 편지를 보낼 때마다 반응이 오기 시작했다. 이제는 더 이상 1년에 몇 번씩 편지를 보내지 않아도 된다. 마침내 베푸는 자이자 문지기로서의 명성을 쌓게 되었기 때문이다. 사람들은 그가 업계의 많은 비즈니스 인사들을 안다는 사실을 알기 때문에 그에게 연락한다.

입소문마케팅으로 비즈니스를 키우고자 한다면 문지기가 되는 것은 엄청나게 중요한 일이다. 사람들이 소개를 부탁하며 당신을 찾게 될 뿐 아니라 당신이 다른 사람들과 어떤 비즈니스를 하고 있는지, 어떻게 그들을 도와줄 수 있는지에 관해 대화를 하게 만들기 때문이다. 그리고 그 대가로 현재의 고객과는 더 많은 비즈니스를, 잠재적 고객과는 새로운 비즈니스를 시작하도록 만들어준다.

뿐만 아니라 당신의 리스트에 있는 사람들이 당신에게 보답하기 위해 열심히 사람들을 보내줄 것이다. 시간이 좀 지나면 심지어 리스트에 올라 있는 그들도 문제를 해결하기 위해 누군가의 도움이 필요할 때 당신에게 오기 시작할 것이다(리스트에 올라 있는 각각의 전문가에게 반드시 편지 사본을 보내 당신이 그를 위해 비즈니스 기회를 만들고 있다는 사실을 알게 하라).

이 테크닉은 당신의 현재 고객, 잠재적 고객, 그리고 입소문마케팅팀원과의 '접촉점'이 되며, 관련된 모든 사람들에게 이익이 되는 베푸는 관계를 촉진시킨다. 당신에게는 그들이 필요로 하는 뭔가가 있다. 소개와 연락처. 그것으로 나눔과 베풂을 향한 문을 열어라. 그 결과 서로 얼마나 더 많은 비즈니스를 할 수 있는지 놀라게 될 것이다.

5주 액션

이번 주에는 미션이 2개다. 첫째, 다른 사람을 당신의 네트워크에 있는 누군가에게 추천할 수 있도록 준비하라. 이건 정말 간단하다. 가까운 사무용품점에 가서 명함 보관통을 사라. 3통을 사는 게 좋겠다. 각각의 명함 보관통에 당신의 네트워크에 있는 중요 인사의 명함을 최소한 장씩 넣어두어라. 가장 중요한 것은 당신의 입소문마케팅팀원이다. 한 통은 자동차 포켓에, 또 한 통은 서류가방에, 나머지 한 통은 책상 위에 놓아두어라. 언제라도 마케팅팀의 누군가를 도울 수 있는 준비를 하라는 것이다.

두 번째 미션은 앞서 샘플로 제공한 것과 비슷한 편지를 작성하여 고객과 당신의 네트워크에 있는 모든 사람들에게 보내는 것이다. 리스트에 올라 있는 사람들의 이름과 전화번호는 절대 포함시키지 않도록 하라.

이 2가지 행동이 가져다줄 보너스는 분명하다. 당신의 마케팅팀의 멤버들이 당신이 자신들을 위해 무엇을 하고 있는지 감을 잡게 되면 그들도 돌아서서 똑같은 일을 당신에게 해줄 거라는 사실이다. 이제 관계는 서로에게 이익이 되는 것으로 발전하고, 그 관계를 당신이 리드하게 될 것이다.

Week 06

네트워킹을 살리는 **데이터베이스를 구축**하라

아주 빨리 생각해보라! 당신의 비즈니스를 키우는 데 가장 영향을 많이 미치는 사람 100명의 이름을 대보라. 전부 기억할 수 있는가? 그들의 생일과 결혼기념일, 그리고 그들의 톱 100 안에 드는 사람들의 이름을 기억할 수 있는가? 그걸 다 기억한다면 아마도 이 장은 읽을 필요가 없을 것이다. 차라리 쇼비즈니스에 들어가 그 놀라운 기억력을 써먹는 게 더 낫겠다.

당신의 암기력도 우리가 다 그렇듯이 뻔한 수준일 터이니, 비즈니스 네트워크 관계에서는 이런 디테일을 확실히 해둘 필요가 있다. 다행스럽게도 우리 모두 이를 위한 도구를 아주 쉽게, 그리고 큰돈 들이지 않고 구할 수 있다. 데이터베이스와 연락처 관리 소프트웨어 말이다.

비즈니스를 하는 사람들의 현재 고객, 잠재적 고객, 공급자 등을 관리하는 것을 도와주는 소프트웨어의 장단점에 관해서는 우리가 본 기사만으로도 이 책을 가득 채울 수 있다. 하드웨어는 더 말할 것도 없다. 그러나 우리가 하려는 건 그게 아니다. 우리가 강조하려는 것은 당신의 네트워크를 구성하는 사람들에 관해 필요한 정보를 안정적으로 보관하는 시스템의 중요성이다.

아주 오랫동안(아마 당신은 현재에도) 우리가 선택한 전형적인 시스템은 롤로덱스 같은 명함 보관 도구였다. 하이테크와는 거리가 먼 이 시스템은 작은 박스에 알파벳 순서로 명함을 보관하는 것이다. 전화번호가 필요하면 그 사람의 명함을 찾아보면 된다. 이것은 전적으로 수작업이어서 그 사람의 정보도 각각의 종이에 적어야 한다. 아주 20세기적인 방법이다! 그렇지만 아직도 이런 시스템이 사용되고 있고, 컴퓨터를 싫어하는 사람에겐 나쁘지 않은 방법이다.

좀 더 나은 선택은 앞서 말한 데이터베이스나 연락처 관리 소프트웨어다. 글자 그대로 거의 무한정의 데이터를 재빨리 저장하고 분류할 수 있다. 대부분의 사무용품점이나 인터넷에서 손쉽게 구매할 수 있다.

하이테크? 노테크(no-tech)? 뭐라도 좋다. 당신에게 가장 잘 맞는 시스템을 선택하라. 현재 고객, 잠재적 고객, 공급자, 입소문마케팅팀 멤버, 그리고 당신이 우연히라도 다시 만나고 싶은 사람, 특히 당신에게 비즈니스를 소개해줄 가능성이 있는 사람들을 관리할 수 있는 방법이 필요할 뿐이다.

그러나 단지 연락처만 보관해서는 안 된다. 이 데이터베이스는 당신의 네트워크로부터 받은 모든 리퍼럴을 기록할 수 있는 장소여야만 한다.

누가 그 리퍼럴을 주었는지, 어떻게 진행되었는지, 추가적인 비즈니스로 이어졌는지, 모두 기록해야 한다. 그리고 소개받은 사람을 고객으로 전환하기 위해 당신이 무엇을 해야 했는지도 기록해야 한다.

당신의 네트워크로부터 받은 모든 리퍼럴을 기록하라. 누가 그 리퍼럴을 주었는지, 어떻게 진행되었는지, 추가적인 비즈니스로 이어졌는지 등.

데이터베이스 안에 다음 사항들을 기록하라.

- 어떤 사람들이 어떻게 당신을 돕는지
- 당신은 그들을 위해 무엇을 하는지
- 얼마나 자주 그들을 만나는지
- 그들은 누구를 만나고 싶어 하는지
- 당신이 그들에게 연락할 이유가 될 만한 기타 의미 있는 정보(예를 들어 생일, 결혼기념일, 자녀 이름 및 기타 중요사항. 그들이 당신과 나눈 것들 중 나중에 기억하고 싶은 모든 정보)

그 작업을 하면서 당신은 일정한 패턴을 발견하게 될 것이다. 누가 가장 소개를 많이 해주는가, 어떤 소개가 실제 비즈니스로 연결되었는가. 누가 지속적으로 당신의 비즈니스를 도와주었는가를 알게 되면 당신도 그의 비즈니스를 위해 똑같은 시간을 할애하게 될 것이다. 이처럼 네트워크 관계 데이터베이스에 더 많은 정보가 저장될수록 더 쉽게 성공과 실패를 파악할 수 있고, 네트워킹의 목표와 관계를 더 쉽게 유지해나갈 수 있다. 이 전략을 성공시킬 수 있는 훌륭한 프로그램들은 많이 있다.

정보만 저장할 수 있는 데이터베이스는 비록 하이테크는 아니라 할지라도 나름의 쓰임새가 있다. 좀 더 발전된 소프트웨어는 연락처 정보를 저장할 뿐 아니라 쓰기에 편리하도록 분류하고 체계화해준다. 그러나 최신 소프트웨어나 온라인 CRM 솔루션의 대부분은 비즈니스 리퍼럴 네트워크를 구축하는 데 별 도움이 안 된다. 차세대 소프트웨어는 네트워커들이 제대로 된 리퍼럴 파트너를 만날 수 있게 연결해주는 것뿐 아니라 서로 데이터베이스를 공유하여 공동 마케팅, 교차 판촉, 기타 네트워킹 행사를 해줄 수 있게 만들어야 한다. 이 프로세스가 어떻게 가능한지 몇 개의 예를 들어보자.

오늘날과 같은 초경쟁적 환경에서 사업가들은 자신의 주요 자산, 즉 자신의 고객리스트를 사용하지 않을 수 없다. 공인회계사의 경우가 좋은 사례가 될 수 있다. 한 회계사가 이미 자기 데이터베이스에 있는 고객과 마케팅 및 관계 유지를 잘하고 있다고 가정하자. 대출계약이 주된 비즈니스인 대출회사 직원 하나도 역시 자신의 데이터베이스에 있는 고객들(통계적으로 3~5년마다 한 번 사람들이 주택대출을 받는다)에게 열심히 판촉활동을 하고 있다. 이제 대출회사 직원이 회계사를 자신의 고객들에게 홍보하기 시작한다. 회계사는 완전히 새로운 잠재 고객을 소개받음으로써 경쟁력을 확보한다. 그에 보답하기 위해 회계사는 바로 이 대출회사 직원을 자신의 고객들에게 소개한다. 두 사람 모두 새 비즈니스를 획득하는 데 필요한 경비가 절약될 뿐 아니라, 친절한 소개 덕분에 소개가 실제 비즈니스로 이어질 확률도 높아진다. 가장 좋은 일은 그것이 자동적으로, 한꺼번에 이루어지고, 리퍼럴 파트너 둘 다 교차 판촉에서 엄청난 이득을 본다는 사실이다.

또 다른 예. 대출계약을 마친 뒤 부동산담보대출 브로커가 고객에게 자신의 리퍼럴 파트너 리스트에 있는 이사전문 회사를 소개한다. 모기지 액수가 큰 경우 인테리어 디자이너도 소개해준다. 인테리어 디자이너는 이어 가구점과 리모델링 업자를 추천한다. 리모델링 업자는 자신의 고객들에게 부동산담보대출 브로커를 추천함으로써 소개의 순환은 종결된다. 이 과정을 효율적으로 만드는 중요한 차이점은 자동화다. 모든 모기지 브로커의 소개는 자동으로, 추가의 시간을 들이지 않고 이루어진다. 빠뜨리는 실수는 일어나지 않는다. 소개는 반드시 전달된다.

효과적인 CRM 시스템의 훌륭한 예 하나를 www.Relate2Profit.com에서 볼 수 있다. 이 온라인 서비스는 관계 매니지먼트 시스템인데, 그 기관 안에 있는 업체와 개인들을 연결해주고 잠재 고객과 현재 고객의 데이터를 공유할 수 있게 한다. 그들은 공동 마케팅, 상호 마케팅, 공동 프로젝트 운영, 추천 및 협업을 할 수도 있다. 이와 같은 관계 매니지먼트 시스템은 연락처 관리를 다음 단계로 끌어올렸다. 그들은 모든 일상적인 연락과 커뮤니케이션 및 이전의 기록을 제공하고, 당신의 네트워크 안의 신뢰할 수 있는 다른 사람들과 교차 마케팅도 허용한다. 네트워크 멤버들 간에 협업을 원하는 사람들에게 이 시스템처럼 좋은 것은 없다.

6주 액션

이번 주 미션은 가장 만족도가 높은 당신의 고객, 당신의 목표 시장에 있는 사람들과 항상 만나는 전문가들, 당신에게 소개를 해준 사람들, 당신이 소개를 해준 사람들, 그리고 당신이 비즈니스를 얻을 때마다 따라서 자연스럽게 비즈니스를 얻게 되는 사람들을 망라하는 데이터베이스를 만드는 것이다.

Week 07

마스터 네트워커는 무엇이 다른가

다시 한 번 말하겠다. 네트워킹은 단순히 악수하고 명함을 주고받는 게 아니다. 미국, 영국, 캐나다, 오스트레일리아 전역의 2,000명이 넘는 사업가들을 대상으로 한 조사 결과에 따르면 네트워킹은 당신의 '사회적 자본'을 축적하는 것이다. 이 조사 결과는 《거장에게 배운다》(이반 마이즈너, 돈 모건 공저)라는 책 속에 나온다.

여기 마스터 네트워커를 만드는 10대 특징이 있다. 순서는 응답자들이 판단한 중요도에 따라 매겼다. 29%의 엘리트들은 이 특징들 중 많은 것을 공유하고 있다고 생각하는가? 우리는 그렇다고 믿는다. 당신은 이 중에 어떤 것을 갖고 있는가?

마스터 네트워커의 10대 특징

1 시의적절한 팔로업 성공적인 네트워커의 첫 번째 특징으로 꼽힌 것이다. 간단한 정보 하나든, 특별한 연락처든, 아니면 양질의 비즈니스 소개든, 팔로업을 하지 않는 사람과는 거래를 계속하지 않게 된다. 당신이 할 것이라고 약속한 일에 대해 제때 팔로업하는 것은 당신의 네트워크에서 자신의 신용과 신뢰를 쌓는 일이다.

2 긍정적 태도 항상 부정적 태도를 취하면 사람들이 당신 주위에 오기 싫어하고 추천도 안 해주게 된다. 긍정적인 태도는 사람들로 하여금 당신과 어울리고 협조하고 싶게 만든다. 긍정적일 때 당신은 자석과 같은 사람이 된다(14주 전략 참조). 당신 주위에 사람들이 모여들고 그들은 자신의 친구들, 가족, 동료들을 당신에게 보내준다. 긍정적인 태도는 전염성이 있다. 긍정적인 태도는 결심, 내면적 동기부여, 그리고 궁극적인 비즈니스 성공에 도움이 된다.

3 열정 · 동기부여 아는 사람 중에 소개를 가장 많이 받는 사람을 생각해보라. 그들이야말로 동기부여가 가장 확실한 사람들 아닌가? 판매에 가장 좋은 특성은 열정이라는 말이 있다. 자신의 네트워크 안에서 존경을 받으려면 적어도 열정을 갖고 자신을 팔아야 한다. 일단 자신을 파는 일을 효과적으로 했다면 우리를 아는 사람들이 다른 사람들에게 우리를 팔아주게 된다. 그것이야말로 동기부여다. 열정은 긍정적인 태도와 잘 어울린다. 열정적이고 동기부여가 확실한 사람들은 자기 자신뿐 아니라 자기가 아는 다른 사람들을 위해서도 일이 이루어지도록 만든다.

4 신뢰 당신이 한 사람을 다른 사람에게 소개할 때는 분명 당신의 개인적, 직업적 명성을 걸고 하는 것이다. 당신의 리퍼럴 파트너를 믿을 수 있어야 하고, 그 사람도 당신을 신뢰해야 한다. 당신뿐만 아니라 누구도 일을 제대로 처리하리라는 믿음을 주지 못하는 사람에게 자신의 인맥을 추천하거나 중요한 정보를 제공하지는 않을 것이다. 신뢰는 얻는 것이다. 오랜 시간 그리고 관계가 이어지는 내내 쌓이는 것이다. 절대로 신뢰를 가볍게 취급해서는 안 된다.

5 경청 능력 네트워커로서의 성공은 네트워크 안의 사람들의 말을 얼마나 잘 듣고 그들로부터 얼마나 잘 배우는가에 달려 있다. 네트워킹 파트너와 서로에 대해 무엇을 알아야 하는지 빨리 알면 알수록 더 빨리 가치 있는 관계를 수립할 수 있을 것이다. 다른 사람이 무엇을 필요로 하고 어떤 문제를 안고 있는지 잘 들으면 아는 사람들의 서비스를 소개할 수 있다. 우리는 많은 이유로 서로의 얘기를 잘 듣지 못한다. 대화를 잘하기 위해서는 집중해야 하고 효과적으로 들어야 한다.

6 하루 시간 주 일 네트워킹에 몰입 네트워킹 마스터는 절대로 공식적인 휴무가 없다(아마, 잠들었을 때 정도?). 그들에게 네트워킹은 너무나 자연스러운 일이라 사업상 또는 네트워킹 모임에서뿐 아니라 마트 계산대에서 기다릴 때, 병원 진료실에서 대기할 때, 학교에 아이들을 데리러 갈 때도 네트워킹하는 것을 볼 수 있다. 마스터 네트워커들은 일상생활에서 마주치는 모든 기회를 놓치지 않는다. 그들은 '주는 자가 얻는다'는 사고방식을 갖고 무엇보다도

먼저 자신의 네트워크 안에서 기회를 찾는다.

7 감사 오늘날의 비즈니스 세계에서는 감사를 찾아보기 힘들다. 비즈니스 파트너와 고객들에게 감사를 표하는 것은 소개를 더 많이 받을 수 있게 해주는 관계(19주 전략 참조)를 쌓는 또 하나의 초석이다. 사람들은 남들보다 더 노력하는 사업가에게 고객을 소개해 주고 싶어 한다. 기회 있을 때마다 감사를 표하면 당신은 남들보다 두드러져 보이게 된다. 언젠가 당신을 도와주게 될 사람들에게 진심으로 감사를 표하는 것은 단순한 예의가 아니라 꼭 해야 할 일이다.

8 도움 남을 돕는 데는 여러 가지 방법이 있다. 사무실 이전을 도와주러 가는 간단한 일에서부터 흥미롭거나 유용한 기사를 오려서 파트너나 고객에게 우편으로 보내주는 것에 이르기까지 마스터 네트워커는 다른 사람에게 이익을 줄 기회를 찾기 위해 항상 눈과 귀를 열어놓는다. 그들은 할 수 있는 한 언제라도 다른 사람을 돕겠다고 나서는데, 그것을 진심으로 원하기 때문이다. 단순히 그 이유 때문이다. 마스터 네트워커들은 다른 사람들이 성공하도록 돕는 일에서 기쁨을 느낀다.

9 진정성 진정성이 없는 친절은 팥 없는 찐빵과 같다. 도움, 감사, 경청하는 귀를 제공할 수 있지만, 진정으로 다른 사람에 대해 관심이 없다면 자신도 모르는 사이 진심이 드러나고 상대방도 그것을 알게 된다. 성공적인 네트워킹 기술을 터득한 사람은 매 순간 자신의 진정성을 전달한다. 이런 특성을 개발하는 가장 좋은 방법 중 하나

는 관계를 맺는 상대방에게 모든 관심을 집중하는 것이다. 통화 중에 다른 일을 하지 마라. 웹사이트 뒤지기, 은행 잔고 체크하기, 구두 닦기 같은 일을 당장 중단하라. 여러 가지 일을 동시에 하면 아무것에도 집중하지 못하고, 그 결과 모든 것이 제대로 되지 않는다. 게다가 사람들은 당신이 집중하고 있지 않다는 것을 바로 눈치챈다. 직접 만나서 얘기할 때는 눈을 맞춰라. 진심으로 대한다는 것을 보여주고 당신 앞에 있는 사람에게 완전히 집중하라.

10 네트워크 형성에 몰두 앞에서도 말했듯이 네트싯이나 네트이트가 아니라 네트워크다. 마스터 네트워커는 어떤 기회도 지나쳐버리지 않는다. 연락처 관리 소프트웨어로 연락처를 관리하고, 이메일 주소 파일을 정리하고, 리퍼럴 파트너의 명함을 자기 명함과 함께 갖고 다닌다. 새로운 사람과 더 잘 사귀고, 가능한 한 더 많이 알기 위해 만날 약속을 한다. 그래서 진정으로 서로의 네트워크의 일부가 될 수 있도록 만든다.

이 10가지 특징들 대부분은 이 책 전체에서 더 자세히 설명할 것이다. 이 특징들이 29% 안에 들어가려는 당신의 능력과 전반적인 네트워킹 성공에 얼마나 지대한 영향을 미치는지 우리는 안다.

사회적 자본을 형성하기 위해 시간을 들이는 사람들이 계속해서 새 비즈니스를 소개받는다. 중요한 것은 상호 이익이 되는 비즈니스 관계를 형성하는 것이다. 그래야만 마스터 네트워커로 성공할 수 있다.

상호 이익이 되는 비즈니스 관계를 형성하라.

7주 액션

이번 주말까지 이 마스터 네트워커의 10대 특징을 다 마스터하는 것은 미션이 아니니 걱정할 것 없다. 이번 주 미션은 그냥 당신의 현재 기술, 능력, 습관, 태도 등에 관한 간단한 목록을 만들고 네트워크 마스터링에서 당신의 위치가 어디쯤인지 파악하는 것이다. 다음 표에서 10개 항목의 점수를 매겨보라.

총점이 50이면 당장 책을 덮고 샴페인 한 잔을 따라 거울 앞에 서서 마스터 네트워커와 축배를 들어라. 총점이 10점이면 물 한 잔과 샌드위치에 만족해야 한다. 해야 할 일이 있으니까. 당신이 우리들 대부분과 비슷하다면 총점은 20에서 40사이일 것이다. 어떤 부분은 그런 대로 괜찮고, 어떤 부분은 시원찮을 것이다.

가장 개선해야 할 특징을 적어보라. 이 책의 매주 전략을 실천해나가면서 이 부분을 돌이켜보고 각각의 전략을 어떻게 적용해서 약한 부분을 개선할지 생각해보라. 당신의 네트워킹 기술을 강화하기 위해 어떤 전략이 가장 좋을지 찾아내는 데 도움이 될 것이다.

이러한 주간 전략을 이 책에 나와 있는 순서대로 할 필요는 없다는 사실을 기억하라. 자신의 약한 부분을 강화하는 데 도움을 줄 전략을 발견하면 건너뛰어 그곳에 집중하라. 당신의 네트워크를 정말로 당신에게 맞

마스터 네트워커의 특징	전혀 아님	거의 아님	가끔	보통	항상
팔로업한다					
긍정적인 태도를 유지한다					
열정적이고 동기부여가 되어 있다					
신뢰받을 만하다					
잘 듣는다					
24시간/7일 네트워킹한다					
사람들에게 감사한다					
다른 사람 돕기를 즐긴다					
진정성이 있다					
네트워크를 열심히 관리 운영한다					
체크한 항목 수					
마스터 레벨	×1	×2	×3	×4	×5
소계					
총점(5개 열을 모두 더한다)					

도록 만드는 가장 빠른 방법일지도 모른다.

또 한 가지 제안. 이 책을 다 끝냈을 때 7주 전략을 다시 한 번 보도록 메모를 해두어라. 자기평가 테스트를 다시 한 번 하라. 이 책의 전략들을 진정으로 받아들이고 네트워킹 활동에 적용하기 위해 상당한 노력을 기울였다면 당신이 얼마나 마스터 네트워커에, 그리고 세상에서 누구와도 여섯 다리 이내로 연결되는 엘리트 29%에 가까와졌는가를 알고 놀라게 될 것이다.

제 2 장

네트워크를 확장하라

: 매력의 스위치 켜기 :

2장은 주간 전략 8~14를 소개한다. 여기서 우리는 당신의 네트워크 안에 사람을 채우는 일에 집중함으로써 1장에서 당신이 만들어놓은 '네트워킹의 집'이라는 토대를 발전시켜나갈 것이다.

당신은 사람들이 필요하다. 그렇다고 해서 아무나 당신의 네트워크에 넣을 수는 없다. 사적인 감정에 따라 정할 수도 없다. 반드시 당신의 네트워킹 목표와 전략을 중심으로 가장 잘 맞는 사람을 선택해야 한다.

여기서 우리가 말하는 것이 사교 네트워킹이 아님을 기억하라. 이것은 당신의 비즈니스와 상대방의 비즈니스에 관련된 엄격한 비즈니스 문제다. 이제 본격적으로 밖에 나가 사람들을 만나기 전에 2장에서 우리가 다룰 주제를 간단히 한번 살펴보자.

8주 전략(만남을 다변화하라)은 우리 대부분이 우리와 비슷한 사람들과 시간을 보낸다는 사실을 지적한다. 우리는 같은 가치, 신념, 교육, 사회경제적 지위, 기타 특성들이 같은 사람들에게 끌리는 경향이 있다. 이 전략에서는 평소의 네트워크를 넘어서 그것을 넓히고 다양화할 수 있도록 당신과 다른 사람들을 찾을 것을 권한다.

9주 전략(많은 사람보다 적절한 사람을 만나라)은 당신의 비즈니스를 정말 잘 알고 있는 사람은 누구인지, 당신의 비즈니스를 모르는 사람은 누구인지, 당신의 비즈니스를 알아야 할 사람은 누구인지 생각해보라는 질문으로 시작한다. 이 전략은 '아는 사람'과 '인맥' 사이에는 근본적인 차이가 있음을 깨닫게 해준다.

10주 전략(혹시 저를 기억하시나요? 과거와의 접속)은 과거에 알던 사람들을 다시 만나는 것이 때로는 당신의 비즈니스에 새로운 문을 열어준다는 사실을 보여주는 훌륭한 예를 제시한다.

11주 전략(황금알을 낳는 거위, 가족에게 말하라)에서는 잠재적으로 당신의 가장 충실한 팬이 될 사람들(바로 가족)과의 대화에 깊이를 더하는 방법을 배우게 된다. 가족 구성원들을 비즈니스 네트워킹의 잠재적 자원으로 보기 시작할 때 새로운 기회가 저절로 나타난다는 사실을 발견하게 된다.

12주 전략(동굴에서 나와 네트를 짜라)은 당신을 당신의 동굴에서 나와 들판에서 활발히 네트워킹하게 한다. 스스로 편안하게 느끼는 컴포트 존(comfort zone)에서 벗어나도록 하는 이 전략은 돌이킬 수 없는 손해를 비즈니스에 끼칠 수 있는 '동굴 거주 신드롬'을 치유하는 데 도움이 될 것이다.

13주 전략(온라인 네트워킹의 문을 여는 5가지 방법)은 온라인 네트워킹그룹과 시스템을 통해 당신의 네트워크를 국제 무대로 확장하도록 돕는다.

마지막으로 14주 전략(끌리는 사람이 되라. 어떻게?)은 끌리는 사람이 되는 것이 네트워킹에 얼마나 중요한지를 얘기한다. 끌리는 사람은 다른 사람들을 자신에게 끌어들인다. 이 전략은 그 중요성을 더욱 확실하게 보여준다.

비즈니스의 성공을 원한다면 네트워크를 넓히고 다양하게 하는 일이 아주 중요하다. 궁극적으로 그로 인해 더 많은 사람들이 당신에게 다가오고, 더 많은 사람들이 당신의 비즈니스에 대해 알게 되고, 더 많은 사람들에게 당신의 비즈니스가 주는 이익에 대해 홍보할 수 있다. 그러니 당신만의 동굴에서 나와라. 새로운 사람을 만나라. 당신의 거부할 수 없는 매력의 스위치를 켜라!

Week 08
만남을 다변화하라

흔히 사람들은 200명에서 300명 사이의 사람들을 안다고 한다. '그 정도면 네트워크에 충분하지 않나?'라고 생각할지 모른다. '왜 더 늘려야 해? 너무 오지랖 넓게 다니면서 그 많은 사람들을 관리하려다 보면 노력이 분산되는 거 아닌가?'

좋은 질문같이 보일지도 모른다. 그러나 이 전략의 기본 개념은 안전지대에서 나와 당신과 다른 사람들을 만나라는 것이다. 그렇게 함으로써 그렇지 않았더라면 만나지 못했을 사람들에게 당신 자신과 당신의 비즈니스를 드러내라는 것이다. 이유는 간단하다. 그들은 당신이 일상적으로 만나는 사람들 중에는 포함되어 있지 않기 때문이다.

강력한 비즈니스 네트워크 구축을 위한 중요한 열쇠는 다양성이다. 그럼에도 불구하고 우리가 자신과 비슷한 사람에 끌리는 것은 너무나 자연스러운 일이다. 사람들은 교육, 나이, 인종, 직위, 기타 특성에 따라 모이고 뭉치는 경향이 있다. 우리는 공통의 이익에 따라 연결되고 우리와 비슷한 경험이나 비전을 가진 사람들과 시간을 보낸다. 우리의 친구나 동료들은 대부분 서로 잘 아는 사이이다. 우리는 같은 부류의 친구들과 어울린다.

강력한 비즈니스 네트워크 구축을 위한 중요한 열쇠는 다양성이다.

문제는 비슷한 사람들과 어울려 지내다 보면 같이 비즈니스를 하고 싶은 새로운 사람들이나 회사들과 연결되기가 어렵다는 것이다. 친구와 동료들로 인간관계를 제한하면 당신의 비즈니스가 노출되는 범위도 그러한 사람들로 제한된다. 이것은 당신의 비즈니스를 서서히 고통스럽게 죽이는 처방이 될 수 있다.

친한 사람들의 안전한 관계를 넘어 지금껏 개발하지 않은 세계를 생각해보라. 단지 그런 세계에 연결되어 있지 않다는 이유 때문에 당신이 어떤 비즈니스 기회를 놓치고 있을지 생각해보라. 다양한 비즈니스 네트워크는 당신의 네트워크에 여기저기 잘 연결된 사람들과 린치핀이라 불리는 사람들을 포함시킬 기회를 높인다. 린치핀 같은 사람들은 관심 분야가 다양해 한 개 이상의 네트워크에서 활동하는 사람들을 말한다. 그래서 그들은 서로 다른 관심과 인맥을 가진 2개 이상의 그룹 사이에서 '다리' 역할을 한다.

《사회적 자본을 통해 성공하기(Achieving Success Through Social

Capital)》의 저자 웨인 베이커에 따르면 '린치핀들은… 덤불숲 사이의 통로'이며 '다양한 덤불숲을 연결함으로써 린치핀들은 큰 세계를 작은 세계로 전환시키는 지름길을 제공한다.' 다시 말하면 린치핀들은 덤불숲과 같은 사람들의 모임 사이에 지름길을 만드는 사람들이다. 여섯 다리 연구에서 임무를 완수한 사람들은 분명 몇몇 린치핀들을 알고 있었던 사람들이다.

당신의 네트워크에 린치핀 숫자를 늘리는 가장 좋은 방법은 단일 네트워크가 아니라 다양한 네트워크를 개발하는 것이다. 네트워크가 다양하면 할수록 당신이 상상도 못할 방법으로 사람들을 연결시켜줄 연결자들과 린치핀들을 중복적으로 알게 될 것이다. 비즈니스 네트워킹에 관해서는 누가 누구를 아는지 절대로 알 수 없다.

비즈니스 네트워킹에 관해서는 누가 누구를 아는지 절대로 알 수 없다.

이 개념을 이해하는 데서 한 가지 문제점은 많은 사람들이 자신이 통상적으로 아는 사람들의 범위 밖에 있는 사람들과 하는 네트워킹에 대해 가지는 선입견이다. 이 선입견은 바로 눈앞에 있는 기회에 눈을 감게 함으로써 날마다 벌 수 있는 돈을 놓치게 한다. 선입견을 버리고 당신의 세계를 당신이 정한 틀 밖의 사람에게도 열 수 있다면 가능성은 엄청나게 커진다. 그런 예가 최근 BNI 미팅에서도 있었다. 우리가 본, 가장 수익이 큰 소개 중 하나였는데 그 소개를 해준 사람은 메리 케이(세계적인 화장품 방문판매회사)의 컨설턴트였다!

우리는 선입견 때문에 날마다 뻔히 벌 수 있는 돈을 놓친다.

어떻게 그것이 가능했을까? 메리 케이의 컨설턴트는 웨스트 로스앤젤레스의 한 여자 고객 집에서 얼굴 마사지를 해주고 있었다. 그녀가 마사지를 하고 있는 동안 고객의 남편이 종이 한 장을 들고 툴툴거리며 거실을 왔다 갔다 했다. 마침내 그의 부인이 물었다. "뭐가 문제예요, 여보?" 남편이 말했다. "이 그래픽 디자인팀을 해고해야겠어. 형편없는 것들이야. 문제는 그 일을 떠맡을 사람을 급히 구해야 한다는 거야."

이 말을 들은 메리 케이의 컨설턴트가 말했다. "그래요? 제가 아주 훌륭한 그래픽 디자이너를 알아요. 그 사람 명함도 지금 갖고 있을 거예요." 그녀는 명함 파일을 열었다. "마침 내일 아침에 만날 건데, 선생님 명함을 주고 전화하라고 할까요?" 남편이 말했다. "그래 주면 고맙죠."

메리 케이의 컨설턴트는 연결을 해주었고, 그래픽 디자이너는 일자리를 얻었다. 그런데 압권은 그다음이다. 고객의 남편은 영화 제작자였고 그래픽 디자인 일은 그의 새 영화를 위한 것이었다. 그 소개는 수십만 달러짜리 계약으로 발전했고, 그래픽 디자이너는 너무나 일을 잘해서 그 제작자의 다음 영화도 맡게 되었다.

여기서 얻을 수 있는 교훈은 '다른 사람들이 누구를 아는지 당신은 모른다는 것'이다. 우리는 사람들이 선입견과 스스로를 파괴하는 편견에 사로잡혀 있음을 너무 자주 본다. 그들은 그냥 '이런 타입의' 사업가들, 또는 '저런 종류의' 세일즈맨이나, 절대 그러면 안 되지만, 화장품 컨설턴트와는 비즈니스를 하고 싶어 하지 않는다. 이런 식으로 생각하는 사람들은 이해를 못한다. 성공의 비밀은 한 가지 공통점만 있는 다양한 사람들로 채워진 네트워크를 갖는 것임을. 한 가지 공통점이란 자신의 일을 아주 잘한다는 것이다. 결국 진짜 중요한 것은 이것이다. 네트워킹에 성공한 사람들에게 중요한 것은 바로 이것뿐이다.

네트워킹에서는 당신과 별 공통점이 없는 사람이 당신과 그 사람이 아니고는 만나지 못할 수많은 사람과의 연결고리가 될 수 있다. 당신의 네트워크가 다양하면 할수록 당신과 비슷한 사람 또는 당신과 비슷하지 않은 사람 사이에 값진 연결을 찾을 가능성이 커진다. 이런 연결을 더 많이 만들면 만들수록 당신의 네트워크는 더 강력해지고 기회의 폭은 더 넓어진다.

당신이 강력한 비즈니스 네트워크를 구축하고 싶다면 가지를 쳐라. 당신과 외모도 다르고, 목소리도 다르고, 말하는 것도 다르고, 살아온 배경, 교육 또는 역사조차 다른 사람들을 포함하는 다양한 네트워크를 구축하라. 당신이나 당신의 네트워크에 있는 다른 사람들과 그들이 가져야 할 유일한 공통점은 그들이 각자 자신의 일을 정말로 잘해야 한다는 것이다. 그런 네트워크를 구축하라. 그것이 무슨 일에도 성공할 수 있도록 당신을 도와줄 것이다.

WEEK 08

8주 액션

이번 주 미션은 이달 안에 참가할 수 있는 네트워킹 모임을 찾는 것이다. 그 모임의 행사를 스케줄에 넣어라. 모임에 참가해서 그것을 당신의 네트워크를 다양하게 만들기 위한 노력을 시작하는 기회로 삼아라. 모르는 사람에게 자신을 소개하라. 문화, 인종, 직업, 나이, 성별, 능력, 관심 또는 신념이 같아 늘 만나던 사람들이 아닌, 당신과 다른 사람을 찾아라. 그런 다음 관계를 발전시키기로 작정하면 그 사람의 네트워크에 대해 알아보라. 적당한 시간에 이 새 친구에게 그가 아는 사람들의 그룹에 넣어 달라고 부탁하라.

세상은 넓다. 세상과 연결되면 득이 된다. 단, 안대를 벗어버리고 낯선 사람에게 "안녕하세요"라고 인사할 수 있는 용기만 있다면 말이다('낯선 사람하고 말하면 안 된다, 얘야!'라고 머릿속에서 속삭이는 엄마의 목소리는 무시하라). 지금 당신이 알고 좋아하는 사람도 한때는 낯선 사람이었다는 사실을 기억하라.

Week 09
많은 사람보다 **적절한 사람**을 만나라

효과적인 네트워킹이란 그냥 많은 사람들을 만나는 게 아니다. 90분이라는 시간 안에 얼마나 많은 명함을 주고받느냐에 관한 것도 물론 아니다. 더 중요한 것은 적절한 시간에, 적절한 이유로, 적절한 사람을 만나는 것이다. 그것은 '지인'과 '인맥'의 차이를 아는 것에 관한 문제다.

여기서 지인은 당신이 알기는 하지만 아직 밀접한 관계를 만들지 못한 사람을 말한다. 인맥은 당신이 시간을 들여 신뢰를 쌓은 덕분에 당신을 알고, 당신을 좋아하고, 당신을 신뢰하는 사람이다.

마스터 네트워커는 좋은 지인이 좋은 인맥이 아니라는 것을 안다. 지금껏 우리가 배운 것 중 가장 중요한 교훈 중 하나는 강력한 네트워크를 만드는 데서 정말 중요한 것은 당신이 무엇을 아는가, 누구를 아는가가 아니라, 당신이 그들을 얼마나 잘 알고 그들이 당신을 얼마나 잘 아는가라는 것이다.

강력한 네트워크를 만드는 데서 정말 중요한 것은 당신이 무엇을 아는가, 누구를 아는가가 아니라, 당신이 그들을 얼마나 잘 알고 그들이 당신을 얼마나 잘 아는가라는 것이다.

이것은 당신의 네트워크가 넓기만 할 뿐 아니라 깊기도 해야 한다는 뜻이다. 불행하게도 대부분의 사람들은 깊이보다는 넓이에 집중한다. 그들은 당장 이번 달의 문제를 해결해줄 특별한 한 사람을 찾기 위해 좀 더 많은 지인을 만들려고 애쓴다. 그들은 수많은 명함을 수집하지만 네트워킹의 진정한 의미는 온전히 이해하지 못한다.

네트워킹에 들인 시간이 낭비였다고 느낀 적이 있는가? 그런 적이 있다면 지금이 변화를 시도할 때다. 이렇게 느끼는 사람들 대부분이 전부 잘못된 이유로 네트워킹에 접근한다. 그들은 네트워킹 이벤트에 시간과 돈을 투자하면 필연적으로 행사가 끝날 때쯤에는 한두 명의 새 고객이 생길 거라고 기대한다. 나쁜 소식을 전해 안 됐지만 그런 기대는 비현실적이고, 결국 그런 기대 때문에 사람들은 네트워킹 자체를 포기하게 된다. 그런 사람 중의 하나가 되지 마라!

네트워킹 이벤트는 결코, 반복하건대 결코, 초면인 사람들이 서로에게 서로를 소개하기 위한 모임이 아니다. 잘 알지도 못하는 사람에게 왜 자기를 추천하겠는가? 전형적인 네트워킹 이벤트는 서로 모르는 사람들이 만나서 어울리게 하려고 만들어지는 것이다.

만나서 어울린다? 그것은 실제로 어떤 의미일까? 그것은 새로운 사람들을 만나고(8주 전략 참조) 어울리는(사람들 사이를 왔다 갔다 하는) 것이다. 그러나 네트워킹 이벤트가 생산적이기 위해서는 적절한 이유로, 적절한 사람을 만나야 한다. 적절한 사람을 만나는 것은 당신의 비즈니스에 긍정적인 영향을 미칠 것이고, 네트워킹 투자는 높은 수익으로 돌아올 것이다.

당신의 네트워크를 확장하고, 믿을 수 있고 효과적인 네트워크를 개발하기 위해 네트워킹을 한다면, 넓이에 못지않게 깊이를 염두에 두어야 한다. 이 말의 의미는 당신을 도와줄(당신의 프로그램을 자신의 고객들에게 판촉해주거나 당신의 상품을 마케팅해주는) 누군가에게 의지하려면 당신의 필요나 요청을 말하기 훨씬 전에 당신의 인맥 안에 있는 사람들과 이미 돈독한 관계를 맺어놓아야 한다는 것이다. 이것은 대단히 중요하다.

그렇다면 네트워킹 이벤트에서 누가 적절한 사람일까? 두 사람을 생각해보자. 당신의 선호 고객에게 서비스를 제공하는 사람(3주 전략 참조)과 당신의 비즈니스 목표를 달성하는 데 도움이 될 잠재력을 갖고 있는 사람.

당신의 선호 고객을 상대하는 사람부터 살펴보자. '잠깐, 그들이 결국 내 경쟁자가 되는 거 아닐까?' 그런 의문이 들 수도 있지만 반드시 그렇지는 않다. 2가지 예를 들어보자.

- 로레인은 부동산중개업자다. 그녀의 선호 고객은 은퇴한 내 집 소유자 또는 자녀들이 떠나버린 노인들로, 100만 달러 이상의 자산

을 갖고 있고, 여행을 좋아하며, 컨트리클럽 회원이고, 애완동물을 애지중지하는 사람들이다. 이들 고객에게 서비스하는 다른 업자들은 고급 살롱이나 스파, 조경 전문가, 금융컨설턴트, 컨트리클럽 사장, 여행사 직원, 홈 클리닝 서비스, 펫 리조트 등이 있겠다.

- 타냐는 전문대나 대학교를 상대로 하는 우편물 직배회사의 사장이다. 그녀가 대학의 정책 결정자들에게 서비스를 제공하는 다른 사람들을 떠올릴 수 없어 고민하자 그녀의 마케팅 코치가 그녀에게 그 선호 마켓에 현재 고객이 있느냐고 물었다. 있다고 답하자 코치가 다시 물었다. "그 사람을 얼마나 잘 아느냐? 전화하면 받을까? 자기 시간 30분을 당신에게 할애해줄까?" 타냐는 힘주어 "그렇다"고 답했다. 그러자 코치는 그렇다면 목적이 뚜렷한 미팅(23주 전략)을 갖고 그 고객과 앉아서 타냐 외에 누구에게 시간을 허락하고 있는지, 누가 그녀에게 필요한 것을 충족시켜주고 있는지를 파악하는 데 도움을 받으라고 제안했다.

당신의 선호 고객은 자신의 필요를 채워줄 수많은 공급자들을 갖고 있다. 그 공급자들과 연결해 관계를 맺어두는 게 당신에게 큰 이익이 될 수 있다. 타냐에게 주어진 질문의 답도 네트워킹을 하면서 그녀가 어떤 사람을 찾아야 하는지 찾을 수 있었다. 당신의 선호 고객 중 한 사람과 비슷한 대화를 하고 이런 질문들을 하는 것이 당신에게도 똑같은 이익을 가져다줄 수 있다.

"매일매일의 문제를 해결해주는 사람이 또 누가 있는가?", "사무실에 누구를 들이는가?", "상품이 필요할 때 어떤 회사에 전화하는가?", "(서비스 종류)에 대해 도움이 필요할 때 누구를 신뢰하는가?"

네트워킹할 때 이런 사람들을 만나는 데 집중하라. 그들은 아마도 당신의 선호 고객의 이름들로 가득 찬 명함관리기나 핸드폰을 갖고 있을 것이다. 네트워킹 이벤트에 갔을 때 이름표를 보고 당신이 관계를 만들고자 하는 직업군에 있는 사람들을 찾아라. 그리고 물어라. "당신의 선호 고객은 누구입니까?" 당신의 선호 고객에게 서비스를 제공하는 전문가를 만난다면(그리고 당신이 그를 인간적으로 좋아한다면) 이 기회를 새로운 관계를 쌓는 첫걸음으로 생각하라. 당신의 선호 고객 마켓에 서비스를 제공하는 누군가와 신뢰를 갖고 베푸는 관계를 형성한다면 당신이 소개를 받을 가능성은 엄청나게 증가할 것이다. 진정한 트라이윈(윈-윈-윈) 관계에서는 당신뿐 아니라 그 사람이 소개를 받을 가능성 역시 증가할 것이고, 고객은 최상의 서비스를 받게 될 것이다.

네트워킹 중 만나야 할 또 다른 사람들은 당신의 비즈니스 목표를 달성하는 데 도움을 줄 수 있는 사람들이다. 설마 아직도 비즈니스 목표를 세우지 않았다면 그것을 이번 주 최우선 과제로 삼아야 한다! 비즈니스 목표를 세웠다면 책상 위에서 먼지가 쌓이거나 서랍 속에 잠들어 있도록 버려두지 마라. 매달 그것을 꼭 검토하도록 하라. 목표 한 개를 선택하라. 스스로에게 물어야 할 중요한 질문은 "이 목표를 달성하기 위해 내가 만나야 할 사람은 누구인가?"이다.

오늘날과 같이 경쟁이 치열한 환경에서 혼자 성공하기는 힘들다. 최강의 스포츠 스타나 대통령 후보도 혼자 목표를 달성할 수는 없다. 왜 당신이라고 혼자 시도해야 하는가?

올해 당신의 비즈니스 목표가 지역 경제지에 기사 하나를 쓰는 것이라고 하자. 이 목표를 달성하기 위해 어떻게 네트워킹하겠는가?

우선, 신문을 읽기 시작하라. 기사는 누가 쓰는가? 당신의 분야에서 다른 신문에 기사를 쓰는 사람은 누구인가? 기사의 편집자는 누구인가? 그리고 당신의 네트워크에 소문을 내라. 제대로 된 사람과 만나게 해줄 누군가가 포함되어 있을 가능성이 있다. 사람들에게 당신이 그 신문의 기자, 편집자, 기타 인사들을 만나고 싶어 하는 것을 알게 하라. 당신이 정말 이루고 싶은 것을 어떻게 그들이 벌써 이루었는지에 관해 배움과 깨달음을 얻기 위해서 만나고 싶어 하는 것이지, 그들에게 무언가를 팔려는 것이 아니라는 것을 알게 하라. 그런 다음 그 신문들이 스폰서하는 네트워킹 이벤트를 찾아보라. 아마도 거기서 행사 지원차 나온 신문사 직원들을 만나게 될 것이다. 적절한 사람, 즉 그 신문과 관계된 전문가와 만나 얘기하는 것이 중요하다.

다시 강조하건대 지역 경제지에 기사를 쓰려면 어떻게 해야 하는지 배우려는 목적을 갖고 해야 한다. 당신을 지도해줄 수 있는 사람들과 네트워킹함으로써 당신은 목표 달성 가도에 들어설 수 있다.

이 전략의 또 다른 예는 여섯 다리 연구에 참여한 사람들을 생각해보는 것이다. 그들에게는 목표가 있었다. 자기들이 알지 못하는 사람에게 편지를 전달하는 것이었다. 모르긴 해도 그 연구에서 성공한 사람들은 자신의 네트워크에서 목표를 달성하는 데 도움을 줄 '적절한' 사람들을 찾아보는 일부터 시작했을 것이다. 적절한 사람 대신에 '아무나' 또는 '누구나' 선택해서 편지를 전달했다면 최종 수취인에게 전달되기까지 한참이나 더 많은 연결고리가 필요했을 것이다. 수취인과 절대 연결되지 못했던 71%의 사람들은 분명 이 전략을 썼을 것이다.

기억하라. 개인적인 네트워크에 있는 누군가에게 부탁을 하고자 할 때는 그 사람이 지인인지 인맥인지 스스로에게 물어보라. 당신의 네트워크에 대해 비현실적인 기대를 갖는 오류에 빠지지 마라. 예컨대 당신의 지인이 소개받을 자격이 없다고 느끼는 것을 기대하지 말라는 말이다. 당신은 단지 당신에게 리퍼럴을 줄 수 있는 사람들의 충성심과 열성을 열심히 노력해서 얻어내야 한다.

당신의 현재 목표는 두 부분이다. (1) 적절한 사람을 만날 것, (2) 시간을 들여 그들과 깊은 관계를 형성할 것.

9주 액션

이번 주 당신의 미션은 다음 네트워킹 이벤트에서 누구를 만나야 할지 집중하도록 도와주는 다음의 리스트를 완성하는 것이다. 이 리스트를 만드는 데 도움이 되는 3주 전략(소개를 도와줄 '선호 고객의 프로파일'을 만들어라)에서 만든 선호 고객의 프로파일을 검토하라.

선호 고객 마켓에 제품이나 서비스를 제공하는 직업(당신 것은 제외하고)을 찾아라.

1 ____

2 ____

3 ____

4 ____

5 ____

2개의 비즈니스 목표를 적고, 각각의 목표를 달성하는 데 도움을 줄 사람의 이름을 적어라.

목표 1 ____________________

목표 달성을 도와줄 사람

1 ____________________

2 ____________________

목표 2 ____________________

목표 달성을 도와줄 사람

1 ____________________

2 ____________________

Week 10

혹시 저를 기억하시나요?
과거와의 접속

WEEK 10

눈을 감고 기억을 떠올려보라. 과거 고등학교에서, 대학교에서, 전 직장에서, 그리고 동네에서 가졌던 친밀한 관계들에 대해. 과거에 알았던 사람들 중에 당신이 한동안 연락하지 않은 사람이 있는가? 그런 사람들이 많이 있다. 어쩌면 한 해에 두 번 정도는 그들과 연락할지도 모른다(연말에 한 번 무성의하게 적은 카드를 보내거나 망년회에서 코가 비뚤어지게 술을 마시며).

이 사람들은 분명히 당신한테 어떤 의미가 있는 사람들이다. 그렇지 않다면 당신이 연락을 안 할 것이고, 그들도 연락을 안 했을 테니까. 의미 있는 사람들일 경우 당신이 무슨 일로 도움을 청하면 그들은 아마도 능력이 미치는 데까지 당신을 도우려 할 것이다.

이제 그들이 당신이 어떤 일을 하고 있는지 알아야 할 때다. 그들이 누구를 알고 있고, 어떻게 당신을 도울 수 있을지 모르니까. 그러나 한 가지 기억해야 할 것이 있다. 그들의 도움을 받는 보답으로 반드시 무언가를 제안해야 한다. 일방적인 관계는 오래 지속되지 않는다.

영국에서 프리랜서 코치와 트레이너로 활동하고 있는 질 그린은 이 전략이 당신의 비즈니스에 어떻게 활용될 수 있는지 좋은 예를 보여준다.

어느 날 나는 트레이너 네트워크 웹사이트를 서핑하고 있었다. 그때 무슨 일인지 25년 전에 처음으로 함께 일했던 동료들을 찾게 되었다. 같은 호텔에서 젊은 조수와 라인 매니저로 한 팀에서 일하면서 우리는 일도 열심히 하고 놀기도 잘했다. 내가 클라이브를 마지막으로 본 것은 한 7년 전쯤 되는데, 당시 그는 대단히 성공한 트레이닝 컨설턴트였다. 그러다 우리는 둘 다 이사를 했고 연락이 끊겼다. 흔히 생기는 일이다. 클라이브는 내가 존경하고 신뢰하는 사람이었다. 나는 그를 찾아 다시 우정을 회복하고 싶었다. 내가 프리랜서 코치와 트레이너로서 발전할 수 있도록 그의 조언을 구하고 싶었다.

나는 그를 찾는 데 성공했다. 클라이브가 웹사이트에 올라 있었고, 오랜 친구들이 그러듯이 다시 연락이 되었다. 나는 그의 파트너도 만났고, 곧 있을 그들의 결혼식에도 초대받아 너무 기뻤다.

몇 달 후 나는 어떤 사람으로부터 전화를 받았는데, 그는 이렇게 말했다. "저를 기억하지 못할지도 모르겠는데, 클라이브의 결혼식에서 만났죠. 제 고객 한 사람이 고객서비스 트레이닝을 받고 싶어 하는데, 제 트레이너가 출산휴가 중이라 도움을 줄 수가 없네요. 클라이브가 당신이 아주 적격이라고 그러던데." 나는 깜짝 놀랐다. 그 일이 연속해서 일어나서가 아니라 나 자신이 고객서비스 트레이너라고 생각해본 적이 없었기 때문이었다. 희미하게나마 짐작된 것은 클라이브가 20년도 더 전에 알았던 나를 기억하고 내가 그때 이후로 축적했을 경험까지 얹어서 나를 소개했으리라는 사실이었다. 그 계약은 20,000파운드도 넘는 비즈니스를 내게 가져다주었다. 스스로에 대해 많은 것을 알게 해주었을 뿐 아니라 이제 막 걸음을 뗀 나의 코칭 · 트레이닝 비즈니스의 근사한 출발점이 되었다.

나는 단지 클라이브에게 조언을 구한 것이었는데, 그는 내게 너무나 좋은 소개를 해주는 것으로 응답했다. 나는 이제 세상이 어떻게 돌아가는지 안다. 이런 일이 우연히 일어나도록 기다릴 필요는 없다. 누구나 스스로 비즈니스 소개 과정을 관리할 수 있다!

10주 액션

잠시 시간을 내서 다음 페이지의 각 부분에 이름을 적어보라. 이번 주 안에 이 리스트에 있는 한 사람에게 전화하거나 이메일을 보내라. 그 사람에게 당신의 비즈니스가 얼마나 흥미로운지 소개하고, 그 소식을 공유하기 위해 다시 연락을 취하고 싶다고 얘기하라(중요한 것은 공유할 만한 정말로 근사한 뭔가가 있어야 한다는 사실이다. 지난해 취한 행동으로 비즈니스가 100% 신장했다든가, 소개하고 싶은 신상품이 있다든가, 놀랄 만한 전략적

제휴를 맺으려 하고 있다든가 등등). 아니면 질의 경우처럼 비즈니스에 관한 그의 조언을 구할 수도 있다. 더 많은 사람들에게 당신의 비즈니스에 대해 얘기하면 할수록 당신에 관한 더 많은 긍정적인 소문이 날 것이다. 그것이야말로 비즈니스를 네트워크에 퍼뜨릴 때 당신이 원하던 것이다. 긍정적 소문!

과거에 알던 사람들

이름 ____________________

전화 ____________________

이메일 ____________________

클럽이나 모임의 친구

이름 ____________________

전화 ____________________

이메일 ____________________

대학 친구

이름 ____________________

전화 ____________________

이메일 ____________________

직장 동료

이름 ____________________

전화 ____________________

이메일 ____________________

직장 상사

이름 ____________________

전화 ____________________

이메일 ____________________

Week 11

황금알을 낳는 거위, **가족에게 말하라**

형제자매, 부모, 사촌, 삼촌, 이모, 고모와 당신의 비즈니스에 대해 얘기한 것이 언제인가? 아는 사람이 그들에게 당신이 무슨 일을 하는지 물으면 그들이 제대로 대답해줄 수 있는가? 말이 나왔으니 말이지, 당신의 배우자가 당신이 무얼 하는지 정확하게 말할 수 있는가? 혹시 그들이 이렇게 말하는 건 아닐까? "당신이 아는 거나 내가 아는 거나 비슷해요."

모처럼 가족과 만날 때 우리는 대체로 육아, 건강, 스포츠, 날씨, 종교, 기타 개인적인 일들에 대해 얘기한다. 비즈니스나 계획에 대화의 초점을 맞추는 경우는 매우 드물다(물론, 가족이 경영하는 비즈니스가 아닌 한). 가족은 네트워크의 중심이다. 그렇기 때문에 대화가 관계 중심적인 경향을 띠게 마련이다.

가족은 우리를 가장 잘 아는 사람들이다. 그들은 우리가 어떤 사람인지, 우리가 어떤 우여곡절을 겪고 현재의 모습이 되었는지 알고 있다. 우리가 시도하는 것을 지지해주고 우리의 성공을 축하해준다. 그들은 최고의 팬이다. 그런데 왜 가장 큰 팬을 비즈니스 네트워크에 활용하지 않는가? 왜 우리 앞에 뻔히 보이는 이 소중한 기회를 매일 날리고 있는가?

가족은 우리에게 최고의 팬이다. 그런데 왜 가장 큰 팬을 비즈니스 네트워크에 이용하지 않는가?

당신에게 형제 2명과 누이 2명이 있다고 가정해보자. 4명 중 3명이 당신의 열렬한 팬이다(넷째는 당신이 10살 때 훔친 만화책 때문에 아직 심통이 나 있다). 그들은 서로 다른 회사에서 일하고 각자 개인적 혹은 직업적 네트워크에 둘러싸여 있다. 한 사람이 평균적으로 200명에서 300명을 알고 있다고 한 사실을 기억하는가? 이것은 당신의 세 형제자매가 당신의 비즈니스에 대해 모르는 사람을 대충 750명 정도 알고 있다는 의미다. 그들은 당신을 알고 당신을 사랑하고 당신을 신뢰한다. 그런데 왜 친구나 동료를 당신에게 소개하지 않을까? 대개는 어떻게 해야 하는지 모르기 때문이다.

'황금알을 낳는 거위'에 대해 들어본 적이 있는가? 그림 형제의 동명의 동화에 나오는 거위다. 황금알을 얻는 것(근사한 소개를 받는 것)은 좋다. 같은 곳에서 연속적으로 5개의 황금알을 얻을 수 있다면 더 환상적일 것이다. 그러나 우리가 진정으로 원하는 것은 끝없이 알을 낳아줄 원천을 발견하는 것이다. 바로 황금알을 낳는 거위다. 그런 거위가 멍절 때마다 식탁에서 당신 바로 옆자리에 앉아 있는 그 사람일지 모른다. 형제자매 중 한 명 또는 그 이상이 황금거위인데, 당신이 그것을 모르고 있을 수 있다.

신용조합에서 일하고 있는 팀의 경우를 보자. 팀은 자기가 이런 좋은 기회를 활용하지 않아서 얼마나 많은 돈을 날리고 있는지 깨닫고 누군가가 그 돈을 채가기 전에 뭔가를 해야겠다고 결심한다. 오래지 않아 그는 가족 야유회에서 삼촌 봅과 얘기하고 있었다. 삼촌이 팀의 부모로부터 그의 새 직업에 대해 듣고 팀에게 물어보았던 것이다.

팀은 삼촌에게 자신이 하고 있는 일에 대해 설명하고 자신의 회사에서 제공하는 특별저축 옵션과 기타 서비스에 대해 얘기했다. 그리고 삼촌에게 현재 거래은행이 어떤지 물었다.

"뭐 그냥 괜찮은데" 삼촌이 말했다. "그런데 수수료를 이것저것 자꾸 추가하니, 너희 조합보다 서비스가 못한 것 같다. 너한테 계좌 하나 열어 볼까? 어떻게 생각하니?"

그 대화를 곁에서 들은 팀의 사촌들도 좀 더 자세히 알고 싶어 했다. 오후 행사가 끝날 때쯤 팀의 고객 수는 여섯이 되었다. 삼촌, 사촌 둘, 여동생, 그리고 부모님. 그뿐 아니라 이제 황금거위까지 갖게 되었다. 봅 삼촌은 그의 신용조합의 열렬한 전도사가 되어 만나는 사람마다 조카의 신용조합이 얼마나 많은 혜택을 고객에게 제공하는지 얘기하고 다녔다.

11주 액션

당신이 CIA 비밀요원이거나 좀도둑이 아니라면 이제 가족들에게 당신이 무슨 일을 하는지 얘기해야 한다. 이번 주 미션은 어머니, 아버지, 형제자매, 삼촌, 이모, 고모, 조카들과 점심 약속(거리상 문제가 있으면 전화라도)을 잡는 것이다. 점심식사 동안(또는 통화 중) '이 사람은 이럴 거야'라는 그간의 가정은 잠시 잊고 당신 앞에 앉아 있는 사람을, 당신이 모르는 많은 사람을 인맥으로 갖고 있는 잠재적 비즈니스 원천으로 생각하라. 그런 자리에 도움이 될 몇 개의 조언이 있다.

1 상대방이 무슨 일을 하는지 더 잘 알고 싶다고 말하라(은퇴했거나 취업하기에는 너무 어린 경우가 아니라는 전제하에).
2 상대방의 직업상 문제 혹은 비즈니스에 당신이 어떤 도움을 줄 수 있을지 물어라.
3 직장이나 가정에서 있을지도 모를 문제에 대해 물어라. 당신의 네트워크에 그를 도울 수 있는 사람이 있을지도 모른다.
4 비즈니스를 위해 네트워킹 중이며 상대방의 도움이 필요하다고 말하라.
5 당신이 하고 있는 일에 대해, 그리고 그것이 고객에게 어떤 이익을 주는지 설명하라.
6 당신 고객 중 최고의 고객에 관한 얘기를 해주어라.
7 다음에 또 만날 약속을 하라.

8 그를 당신 사무실로 초대해 당신이 무슨 일을 하는지 직접 보게 하라.

당신의 네트워크에 있는 자원으로 형제자매나 다른 가족을 도울 수 있으면 기분이 좋을 것이다. 뿐만 아니라 가족 중 누군가가 문제가 있을 때마다 당신을 찾는다면 해결사로서 당신 입지도 탄탄해질 것이다. 당신에게 중요한 많은 사람들에게 네트워크를 활용해 도움을 줄 수 있게 되는 것이다.

Week 12
동굴에서 나와 네트를 짜라

네트워킹 세계에서 동굴 거주자는 '업무상 하루 종일, 매일매일 한정된 공간에 머물러 있는 사람'으로 규정된다. 마크는 전형적인 동굴 거주자다. 그는 아침에 자기 집 동굴에서 일어나 움직이는 동굴(사륜구동 SUV)에 올라타고, 그날의 목적지인 사무실 동굴로 달려간다. 매일 똑같은 사람과 얘기하고, 움직이는 동굴을 몰아 왔던 길로 다시 돌아간 다음 집 동굴로 들어가 대형 스크린 TV를 본다. 마크처럼 많은 동굴 거주자들이 매일매일 이 패턴에 스스로를 가둔다.

동굴 거주자들은 언제나 성공하지 못한 71%에 머물 수밖에 없다. 스스로 자기가 만든 일상이라는 감옥에 갇혀 있기 때문이다. 그들은 인간관계에 관련된 자극을 거의 받지 않는다. 많은 이들이 자기 사무실 밖으로 거의 나가지 않는다. 똑같은 동료들과 똑같은 식당에서 똑같은 웨이트리스를 만나고, 심지어 똑같은 음식을 먹기 위해 가끔 점심식사를 하러 나가는 것 말고는. 네트워킹에 관한 한 그들은 우리가 이른바 '닫힌 네트워크'라고 부르는 것을 성공적으로 만든 셈이다.

비즈니스를 키우고 네트워킹을 잘하고자 하는 사람에게 닫힌 네트워크는 재앙으로 가는 지름길이다. 거의 무한정한 사람들에게로 인맥을 확장시키는 열린 네트워크와는 대조가 된다. 닫힌 네트워크는 낯선 것에 대한 위험과 잠재력을 모두 차단하지만, 열린 네트워크는 동굴에 머물렀다면 결코 만나지 못했을 기회에 당신을 노출시킨다. 어느 쪽이 비즈니스에 더 큰 잠재력을 갖고 있을까? 분명해 보이지 않는가?

당신은 동굴 거주자인가? 그렇다면 오래전에 이미 행동을 바꾸었어야 한다. 그러나 그게 하루아침에 바뀔 거라고는 말하지 않겠다. 동굴에 갇힌 일상을 깨고 나오려면 상당한 결의가 필요하기 때문이다. 안전지대 밖으로 나와서 (놀라지 마라) 네트워킹해야 한다! 네트워킹의 워킹이 '일한다'는 뜻임을 새삼 강조하지는 않겠다.

당신의 비즈니스를 네트워킹하겠다는 결의를 했으면 이제 스마트 네트워킹을 실천하는 게 좋다. 스마트 네트워킹은 집중적이고 전략적이다. 시간과 돈과 에너지 투자 대비 최고의 수익을 보장한다. 더 이상 비즈니스의 성공을 위한 선택이 아니라 필수다.

이런 질문들을 염두에 두어라. 동굴에서 나오려면 어디로 가서 적절한 사람들을 만날 것인가? 얼마나 자주 동굴에서 나와 모험을 할 것인가? 혼자 모험을 할 것인가? 어떤 단체에 가입해야 하는가? 3주 전략(소개를 도와줄 '선호 고객의 프로파일'을 만들어라)과 4주 전략(당신의 지원군 '입소문마케팅팀'을 구성하라)을 다시 한 번 살펴보는 것이 좋겠다.

참가해야 할 최고의 네트워킹 이벤트는 당신의 목표 시장에 도움이 되거나, 당신의 마케팅팀이 대표하는 직업을 갖고 있을 성싶은 이벤트다. 어느 이벤트가 당신의 비즈니스 목표와 일치하는가? 당신의 비즈니스와 네트워킹 목표를 달성하는 데 도움을 줄 네트워킹 단체나 그룹은 어느 곳인가? 어디서 모험할 것인지 조심스럽게 선택하는 것이 투자 대비 회수율을 높일 것이고, 길게 봤을 때 동굴 밖에서의 편안함도 높여줄 것이다.

국제공인 재무설계사인 레베카는 이 전략이 당신의 비즈니스에 미칠 직접적인 영향의 좋은 예를 제공해준다. 한때 그녀는 모든 네트워킹 이벤트를 포기했다. 어떤 비즈니스도 얻을 수 없을 것 같았기 때문이다. 네트워킹이 시간 낭비 같았다. 동료들도 대부분 동의하는 것 같았다. 그녀는 새로운 사람들을 만나지 않았다. 동굴 거주자가 된 것이다.

그래도 결국 그녀는 네트워킹 이벤트에 대해 자신이 어떻게 느끼는가에 상관없이 사람들 눈에 잘 띄고 인맥을 유지하는 것이 필요하다는 사실을 깨달았다. 리퍼럴 인스티튜트(Referral Institute)의 네트워킹 코스에서 배운 것을 바탕으로 그녀는 좀 더 전략적인 접근법과 새로운 사고방식을 가지고 동굴에서 나와 모험을 해보기로 결심했다.

과거에 그녀는 '파트너 바꾸기 식사'처럼 참가자가 한 그룹의 사람들과 한 테이블에 잠시 앉았다가 순서를 바꿔가며 테이블을 옮겨 다니는 식으로 짜인 네트워킹 이벤트에 꽤 많이 참가했다. 이런 네트워킹 스타일을 좋아하는 사람들도 있었지만 레베카는 마음에 들지 않았다. 자신은 자유

롭게 사람들과 어울리는 걸 좋아하는데 그런 이벤트에서는 그럴 수가 없었기 때문이다.

레베카는 이제 더 이상 그런 이벤트에 얽매이지 않는다. 자기가 좋아하는 특별한 타입의 네트워킹 이벤트에 참가하고 대체로 목적을 달성한다. 그녀는 매 이벤트에 계획을 갖고 간다. 고객을 찾기 위해서가 아니라 그녀의 입소문마케팅팀을 도울 특별한 종류의 인맥을 형성하기 위해서다. 그녀는 스스로 더 나은 리퍼럴 파트너가 되었는데도 한 달에 네트워킹에 쓰는 시간은 전보다 4시간이나 줄었다. 그녀는 그 시간을 다른 돈벌이에 쓰고 있다.

12주 액션

당신의 이번 주 미션은 최소한 한 번이라도 동굴에서 나와 모험을 해보는 것이다. 최고의 고객과 이야기하라! 그가 어느 네트워킹 이벤트에 참가하는지 알아내고, 손님으로 데리고 가달라고 부탁하라. 입소문마케팅팀에게도 똑같은 질문을 하라. 온라인과 지역 경제지에서 네트워킹의 기회를 찾아보라.

동굴에서 나와 모험을 해보라.

이제 막 동굴에서 나와 모험을 시도하려는 사람은 다른 사람과 함께 네트워킹 이벤트에 참가하는 것이 좀 더 편안할 것이다. 당신을 잘 아는 사람, 당신과 직업이 같지 않은 사람, 동굴 거주자가 아닌 사람을 골라라. 그러나 무엇보다도 동굴에서 밝은 세상으로 걸어 나와야 한다. 모든 이벤트가 당신의 네트워크를 확장하고 다양하게 하며, 당신의 비즈니스뿐만 아니라 당신이 좋아하는 사람들의 비즈니스도 도와줄 기회다. 동굴에서 한 발 걸어 나오는 것은 '29%'가 되는 방향으로 가는 첫걸음이 될 것이다.

Week 13

온라인 네트워킹의 문을 여는 5가지 방법

우리가 네트워크라는 단어를 쓰면 마케팅 개념으로서의 이 용어와 친숙하지 않은 사람들은 때로 컴퓨터와 웹사이트를 말하는 줄 안다. 우리는 언제나 기꺼이 그 차이를 설명하고 리퍼럴 네트워킹에 대해 사람들을 교육한다. 그러나 어느 날 우리는 우리 버전의 단어 '네트워크'가 정말로 오늘날의 웹으로 연결된 세계와 관련이 있음을 알게 되었다.

건강 정보를 찾고 교통 상황을 알아보는 것에 이르기까지 오늘날 우리 인생의 많은 측면이 인터넷이라는 가상세계로 이동해갔다. 똑같은 일이 네트워킹에서도 일어나고 있다. 놀랄 일이 아니다. 결국 목적이 무엇이든 간에 인터넷은 수십만 명의 사람들에게 당신의 존재를 알리는 가장 빠른 길 중 하나임에 이론의 여지가 없다. 비즈니스 측면에서 볼 때 온라인에 올리는 것은 당신의 회사를 단숨에 국제 무대에 등장시키는 것이다. 어느 날 갑자기 당신과 당신의 비즈니스가 1년 12달 하루 24시간 전 세계에서 접근 가능하게 되는 것이다.

인터넷의 힘을 현명하게 이용하면 그 결과는 당신의 비즈니스 네트워킹 노력에 스테로이드를 주사하는 것과 비슷하다. 데이비드 테텐과 스콧 앨런이 온라인에서 비즈니스 구축하기에 관해 쓴 《가상의 악수(Virtual Handshake)》라는 책에서 발췌한 다음 구절을 보라.

"온라인 네트워크는 미국의 비즈니스 라이프에서 새로운 파워 런치 모임이자 새로운 골프 코스다. 지난 10년간 온라인 데이트는 주류가 되었다. 4,000만 미국인이 온라인 데이트 사이트를 이용한다. 이제 비즈니스계에서도 온라인에서 만드는 가상의 연락을 통해 비즈니스 고객, 새로운 파트너, 그리고 일자리를 찾기 위해 똑같은 테크놀로지를 사용하기 시작했다."

초기의 온라인 네트워킹 사이트들은 사람들을 개인적으로 이어주는 서비스를 위한 것으로, 과거의 인연(오래 소식이 끊어진 친구, 동창, 족보 등)을 다시 찾아주거나 새로운 인연(데이트와 소개팅)을 만들도록 도와주었다. 오늘날 온라인 소셜네트워킹 포럼인 페이스북(Facebook), 링크드인(LinkedIn) 등은 비즈니스 목적에 점점 더 많이 사용된다.

이런 소셜네트워크 시스템이 사람들을 한데 모으는 데 성공한 이상, 비즈니스계의 전문가들을 불러 모으고, 네트워크를 만들고 확장하고, 파트너십을 형성하고, 인지도를 높이고, 그리고 네트워크의 다양성을 놀랍게 신장시키는 일에 사용하는 것도 적극적으로 고려해보는 것이 어떤가?

회원으로 가입해서 리스트에 이름만 올린다고 되는 것이 아님을 명심하라. 커뮤니티의 다른 멤버들과 관계를 구축하는(지인을 인맥으로 바꾸는) 데 집중해야 한다. 어떤 이들에게는 이것이 새로운 개념이겠지만, 어떤 이들은 직접 대면하지 않아도 사람들과 관계를 형성할 수 있다는 사실을 재빨리 깨닫는다.

회원으로 가입해서 리스트에 이름만 올린다고 되는 것이 아님을 명심하라.

커뮤니티에서 적극적으로 활동하라. 당신의 전문 분야를 다루는 주제를 포스팅하라. 당신의 분야와 조금이라도 관련이 있으면 다른 주제에도 포스팅하라. 당신이 더 많이 '나타날'수록 사이트에서 교류할 사람들이 더 많아지고 사람들이 당신 얘기를 하면 할수록 더욱 존재감을 얻게 될 것이다. 한 가지 주의할 점이 있다. 너무 많은 사이트에 가입하지는 마라. 너무 넓게 벌리기만 하면 탄탄한 관계를 형성하는 데 오히려 장애가 될 수 있다.

또 다른 주의사항. 때로 인터넷상에 떠돌아다니는 떠들썩한 광기에 쉽게 정신을 잃을 수도 있다. 그러나 절대로 잊지 말아야 할 것은 효과적인 네트워킹은 신뢰할 수 있는 비즈니스 전문가들과 단단하고도 오래 지속되는 관계를 형성하는 것이라는 사실이다. 테크놀로지는 더 많은 사람들과의 연결을 손쉽게 만들었다. 그러나 진정한 지름길은 없다. 신뢰와 존경과 우정을 쌓지 않으면 연락처라는 것이 그다지 값어치 있는 게 못 된다. 네트워킹이란 훌륭한 관계 형성이 전부라고 할 수 있다. 온라인에서조차 그렇다.

13주 액션

키보드를 두드리든가 마우스 클릭을 시작할 시간이다. 자신에게 맞는 온라인 네트워킹을 찾아볼 때다. 주말까지 온라인 네트워킹그룹 한 곳에 가입하고 당신의 비즈니스 네트워킹을 위한 하이테크 발걸음을 떼라. 전 세계적으로 비즈니스 온라인 네트워크 중 가장 인기 있는 사이트는 링크드인(LinkedIn.com)이다. 수백만 명의 사람들이 링크드인에 등록되어 있고 빌 게이츠 같은 사람도 포함되어 있다. 사용하기 쉬운 시스템이고, 당신을 온라인 네트워크에 노출시키기 시작하기에 좋은 장소다.

한 가지 기억할 것은 사람들은 절대로 세일즈를 당하는 것을 싫어한다는 사실이다. 온라인에서 접촉할 때는 조심스럽게 하고, 쉽게 연락망을 넓히는 재미 때문에 탄탄한 관계를 형성하는 일을 소홀히 해서는 안 된다. 이제 확실히 기초를 다졌으니 온라인 네트워킹으로 들어가는 5가지 방법을 알아보자.

1 관계를 형성한다는 의도를 갖고 한 개 또는 그 이상의 온라인 네트워킹 커뮤니티에 가입하라.
2 블로그를 시작하거나 웹사이트나 e뉴스레터에 올릴 칼럼을 정기적으로 작성하라.
3 당신의 회사를 위한 이메일 뉴스레터를 시작하라.
4 온라인 네트워킹도 신뢰를 형성하기 위한 것임을 절대 잊지 말라.
5 온라인 네트워킹은 그 자체의 문화적 규범이 있음을 이해하라.

'가상' 네트워크에서도 관계를 형성하고 유지하기 위해서는 사이버 모임에서든 현실의 점심 테이블에서든 다른 사람들이 주위에 머물고 싶어 하는 사람이 되어야 한다. 다시 말해서 자석처럼 끌리는 사람이 되어야 한다는 것이다. 14주 전략이 당신을 그렇게 되도록 도와줄 것이다.

Week 14

끌리는 사람이 되라. 어떻게?

이 전략과 관련된 기본적인 요소는 2가지다. 첫 번째는 당신의 자력이다. 사람들이 당신에게 끌리도록 하는 능력이다. 두 번째는 당신의 접근 가능성이다. 다른 사람들이 당신이 얼마나 자신들의 접근에 마음을 열고 있는 사람으로 인식하는가를 말한다. 이 2가지 요소는 마스터 네트워커의 10대 특징(7주 전략 참조) 중 하나인 긍정적인 태도와 관련이 많다. 그리고 당신의 비즈니스를 위해 얼마나 끌리는 사람이 되는가에 영향을 미친다.

모든 사람이 내면에 이미 약간의 자력을 갖고 있다는 사실을 아는가? 자력은 원자 속의 전자들의 회전으로 생긴다. 우리의 몸은 아주 작은 회전하는 전자를 가진 원자로 이루어졌기 때문에 우리의 모든 원자는 잠재적인 자석이 되는 것이다. 쌍을 이룬 전자는 흔히 서로의 자기장을 없애지만, 엄청나게 강력한 자석은 일부 원자를 정렬하게 만들 수도 있다.

병원에서 사용하는 MRI(자기공명 영상) 기계는 강력한 자석의 완벽한 예다. MRI는 지구 자기장보다 2만 배나 더 강력한 초전도 자석을 사용하여 사람 몸에 작은 양의 원자를 정렬시킬 수 있게 하는 초전도장을 만든다. 이것이 일시적으로 당신을 살아 있는 자석으로 만든다.

비즈니스에서는 자력이라는 용어를 '영향력의 중심이 되는 것'이라는 뜻으로 사용하기도 한다. 당신의 비즈니스를 위해 살아있는 자석이 된다면 어떻겠는가? 누구 또는 무엇이 당신에게 끌릴까? 영향력의 중심이 된다는 것은 다른 사람들을 끌어들이도록 당신 자신의 위치를 정하는 것이다. 그것은 커뮤니티에서 해결사로 인정되는 것을 의미한다. 광범한 네트워크를 가진 사람, 다른 사람들의 문제를 해결해줄 사람을 알고 있는 사람을 의미한다. 그게 바로 당신이다! 아니면 최소한 그게 당신이 되고 싶은 사람이다. 경쟁에서 우뚝 서려면 그런 사람이 되어야 한다. 29%에 들어가 그 수준을 유지하기 위해 당신은 그런 사람이 되어야 한다.

영향력의 중심이 된다는 것은 당신을 자신의 비즈니스를 위한 살아 있는 자석으로 만드는 것이다.

자석의 강도는 크기가 아니라 자석의 성분과 직결되어 있다. '자석 같은' 성격을 가진 사람에 대해 들어봤을 것이다. 어쩌면 당신은 바로 지금 그런 어떤 사람을 생각하고 있을지도 모른다. 자력이란 단어는 '사람을 끌어당기는 특별한 힘이나 능력을 소유하고 있음'을 의미한다. 일상적인 만남에서 우리는 자신과 가장 비슷한 사람을 끌어당기는 경향이 있다. 6명의 친한 친구를 한자리에 모으는 것이 쉽지 않음을 경험한 적이 있을 것이다. 바쁜 사람은 다른 바쁜 사람을 끌어당기기 때문에 그런 그룹이 한자리에 모이는 것을 더 어렵게 만든다. 그러나 일정이 잘 맞춰져서 근사한 저녁식사나 행사를 함께하게 되면 그 보상은 대단하다.

자석 같은 사람이 되기 위한 두 번째 요소, 접근 가능성 요인을 생각해 보자. 《접근 가능성의 힘(The Power of Approachability)》의 저자 스콧 긴스버그는 접근 가능성의 진짜 의미를 찾고 그것이 어떻게 우리의 관계에 영향을 미치는지를 알아내기 위해 많은 시간을 보냈다. 그는 또 어딜 가나 이름표를 달고 다녀 '이름표 사내(Name tag Guy)'로도 알려져 있으며, 몇 권의 책을 썼고, 전문 연설가이기도 하다. 그는 사람들이 접근 가능성을 극대화하고, 잊을 수 없는 사람이 되고, 유명해지도록 도와주는 사람이다.

스콧은 접근 가능성이란 양방향 길임을 강조한다. "이것은 당신이 그 사람의 현관 안에 들어가고, 그 사람도 당신의 현관 안에 들어오도록 허락하는 것이다." 당신의 접근 가능성을 극대화하기 위해 우리가 스콧에게서 빌려온(그리고 약간 수정한) 몇 가지 조언을 보자.

접근 가능성은 양방향 길이다. "이것은 당신이 그 사람의 현관 안에 들어가고, 그 사람도 당신의 현관 안에 들어오도록 허락하는 것이다."

1. 참여할 준비를 하라

모임, 이벤트, 파티, 또는 많은 대화가 오고가는 장소에 도착하면 준비를 하라. 대화의 주제, 질문, 그리고 스토리를 머릿속에 넣어두고 '참여할 준비를 하라.' 누군가를 만나자마자 시작할 수 있도록 준비하라. 그러면 "오늘 날씨 어땠나요?" 같은 어색한 대화를 피할 수 있다.

2. CPI에 집중하라

CPI는 '공통의 관심사(Common Point of Interest)'의 약자로 모든 대화와 교제의 가장 중요한 요소다. 새로운 사람을 만날 때, 또는 이미 알고 있는 사람과 얘기할 때조차도 당신의 의무는 가능한 한 빨리 CPI를 찾아내는 것이다. CPI는 당신과 다른 사람들 사이의 유대를 만드는 데 도움을 준다. 당신의 접근 가능성을 높여주고, 그들이 당신과 편하게 이야기하게 만들어준다.

3. 맛깔스러운 답을 하라

다른 사람들과 만나면서 '아무 성과도 못 내는 질문'을 많이 받았을 것이다. "요즘 어떠세요?", "별일 없어요?", "잘 지내세요?" 같은 질문 말이다. 이런 질문이 나올 때 스콧은 "잘 지내요"와 같이 대화를 끝내버리는 대답을 하지 말라고 경고한다. 대신 "엄청 좋아요!", "이보다 더 좋을 수 없죠!" 아니면 "모든 것이 환상적이에요!" 하는 식으로 '맛깔스러운 대답'을 주라. 당신의 대화 파트너는 즉각 태도를 바꿔 미소를 짓고 무엇이 당신에게 그런 대답을 하게 했는지 알아내기 위해 계속 질문을 할 것이다.

왜? 아무도 그런 대답이 나오리라 예상하지 않으니까. 당신의 감정을 솔직하게 전달하는 것이 당신을 정확하게 알리고 개인적인 친분을 쌓을 수 있는 좋은 방법이다.

4. 네트워킹 이벤트에서 팔짱을 끼지 말라

춥거나, 지루하거나, 그냥 피곤하거나, 거기 있고 싶지 않은 경우에라도 팔짱은 끼지 말라. 팔짱을 끼는 것은 자신을 방어적이고, 불안하고, 단정적이며, 편협하거나 회의적으로 보이게 한다. 이것은 마치 "저리 가라"고 말하는 것과 마찬가지인, 단순하고 무의식적이고 비언어적인 힌트다. 팔짱을 낀 모습을 보면 사람들은 슬금슬금 떠나버린다. 귀찮게 하기 싫은 것이다. 당신은 접근 가능성이 없는 사람이다.

생각해보라. 당신이라면 그런 사람한테 접근하고 싶겠는가? 아마 그렇지 않을 것이다. 그러니 마치 방패처럼 가슴팍 위로 팔을 꼬고 싶은 충동을 느끼면 당장 멈춰라. 그것이 어떤 영향을 줄지 생각하라. 그런 다음 긴장을 풀고 팔과 손으로 뭔가 다른 동작을 하라(24주 전략 참조).

5. 대화의 옵션을 주라

당신의 친구, 동료, 고객은 당신과 대화할 때 다른 방식을 사용한다. 어떤 사람은 직접 만나는 것을 선호하고, 어떤 사람은 이메일을 선호하며, 어떤 사람은 전화를 걸고, 어떤 사람은 이 모든 것을 조금씩 다 한다. 그런 방식들을 모두 기꺼이 받아들여 사람들에게 당신과 연락할 수 있는 방법을 가능한 한 많이 주라. 당신과 연락하는 것을 쉽고 즐겁게 만들어라.

명함, 이메일 서명, 웹사이트, 마케팅 자료에 다양한 방식으로 당신에게 연락할 수 있다는 사실을 적어 넣어라. 당신은 이메일을 더 선호할지 모르지만, 가장 중요한 것은 다른 사람들에게 어떤 방법이 편안하고 능숙한 커뮤니케이션 수단인가이다. 이메일 말고는 당신과 연락할 수 있는 방법이 없다면 '전화를 좋아하는 사람'은 돌아버릴 것이다.

6. 항상 명함을 갖고 다녀라

"그날 명함을 갖고 있었기에 얼마나 다행인지!"라는 말로 끝나는, 운 좋게 비즈니스에 도움이 되는 사람을 만난 스토리를 한 번쯤은 얘기하거나 들은 경험이 있을 것이다. 당신 자신이 그런 말을 한 적이 있다면, 훌륭하다! 상대방이 쉽게 연락할 수단을 제공함으로써 상대가 당신에게 접근 가능하도록 도와주는 일을 실천하고 있기 때문이다.

그런 적이 없다면 당신은 정말 아까운 인연과 기회를 놓친 것이다. 실제 그런 일들이 비일비재하다. 명함을 갖고 다니는 것을 잊거나, 여분의 명함을 주문하는 것을 잊거나, 직장이 바뀌었는데도 이전 명함을 갖고 다니기도 한다. 항상 기억하라. 네트워킹이 적절한 시간과 장소가 있는데 그것은 바로… 언제 어느 곳에서나다! 단언컨대 언제 어디서 누구를 만나게 될지 우리는 정말 알 수 없다.

7. 두려움을 정복하라

이런 말을 한 적이 있는가? "그 사람들은 내가 인사를 해도 대답도 안

할 거예요. 나한테 관심이 있을 리 없어요. 망신만 당할 게 뻔해요."

거절당할까, 말을 거는 것이 부적절할까, 바보같이 보일까?… 이런저런 두려움은 사람들이 대화를 시작하지 않는 첫 번째 이유다. 그러나 자꾸 연습하면 이런 두려움은 사라진다. 대화를 더 많이 시도할수록 더 잘할 수 있게 된다. 그러니 먼저 자신을 소개하라. 아니면 그냥 "안녕하세요"라는 인사라도 인사하라. 소극적이기보다 적극적으로 행동하다 보면 대화의 기술은 늘고 거부당할 확률은 줄어든다.

8. 이름표를 달고 다녀라

이름표를 달지 않으려는 이유를 수만 가지는 들었는데, 우리는 그 모든 이유를 반박할 수 있다.

"이름표라니, 바보 같아 보이잖아." 그래, 그렇다. 그러나 기억하라. 다른 사람들도 다 이름표를 달고 있다는 사실을.

"이름표가 옷을 망가뜨린다." 상의 깃 끝에 달거나 플라스틱 클립이나 끈같이 옷감을 안 상하게 하는 방법으로 달 수도 있다.

"하지만 난 벌써 여기 있는 사람들을 다 안다고요." 아니, 그렇지 않다. 그렇다고 생각할지 모르나 회사나 조직에는 언제나 새로운 사람들이 들어오고 나간다.

"하지만 사람들이 이미 나를 다 알아요." 아니, 그렇지 않다. 최고의 네트워커도 새로 만나는 사람이 항상 있다는 사실을 안다.

이름표를 당신의 가장 친한 친구처럼 소중히 해야 하는 데는 몇 가지 이유가 있다. 첫째, 이름이야말로 우리가 사람들에 대해서 가장 자주 잊어버리는 정보다. 당신의 이름을 모르면(또는 잊어버렸으면) 사람들은 잘 접근하지 않으려는 경향이 있다. 둘째, 이름은 당신과 당신 회사를 무료로 광고하는 수단이다. 셋째, 이름표는 사람들을 더 친근하고 접근하기 쉽게 만든다.

위의 8가지 중에서도 공통의 관심사에 대한 조언은 당신의 비즈니스 네트워킹에 특히 큰 영향을 미칠 수 있다. 바로 지금 당신이 가장 잘 아는 사람들을 생각해보라. 당신이 일을 통해 그들을 알았다면, 그들은 당신과 일이라는 공통 관심사를 공유한다. 축구시합을 통해 알았다면, 그들은 당신과 축구에 대한 관심을 공유할 것이다. 이런 점을 염두에 둔다면, 당신은 (공통점에서 시작해 관계를 형성한 이후에) 협업을 통해 당신의 비즈니스를 도와줄 사람들을 끌어들일 수 있다.

이 책 앞부분에서 당신의 선호 고객에 대해 나눈 대화를 기억하는가? 같은 고객을 상대하는 사람들과 협력관계를 구축하라는 아이디어를 기억하는가? 그들은 당신과 여러 면에서 관심사가 같고, 그런 그들을 당신의 삶에 끌어당길 수 있다면 비즈니스를 키우는 데 큰 도움이 될 것이다.

당신의 경쟁자도 마찬가지다. 믿거나 말거나 당신은 그들과도 많은 공통점을 갖고 있다. 그리고 서로의 강점을 솔직히 인정한다면 매우 유익한 협업 기회를 생각해낼 수 있다. 당신은 경쟁자를 피하는 경향이 있는가? 당신만 그런 게 아니다. 그럼에도 우리는 끄는 매력이 있는 사람은 어떤 관계에서도 사업 성장의 기회를 만들 수 있다는 것을 안다. 원래 경쟁자였던 사람들도 얼마든지 협력자로 거듭날 수 있다. 물론 양쪽이 원해야 하지만.

14주 액션

우리는 이 전략이 너무나 중요하다고 생각한다. 그래서 이번 주에는 2가지 미션을 준비했다! 첫 번째는 당신의 가장 주요한 경쟁자 3명(또는 3곳)의 리스트를 작성하는 것이다. 그중 한 사람을 분석하라. 그와 당신의 강점을 진지하게 검토하라. 당신의 주요 경쟁자 한 사람과 협업할 수 있다면 당신의 비즈니스는 어떻게 될 것 같은가? 협업이 절대로 실패하지 않으리라는 것을 안다면 어떻게 협업할 것인가? 그런 협업에 대해 당신의 고객은 어떤 반응을 보일까?

톱 3 경쟁자

1 ____________________

2 ____________________

3 ____________________

두 번째 미션은 당신이 아는 사람들 중에서 매력이 있는 사람 톱 3의 리스트를 작성하는 것이다. 앞으로 몇 달 그들과 시간을 같이 보내고, 함께 네트워킹 이벤트에 가고, 그들이 사람들과 어떻게 교류하는지 관찰하라. 그들과 얘기하며 그들의 통찰력을 배우고, 그들의 특별한 비결이나 테크닉을 발견하라.

끄는 매력이 있는 사람 톱 3

1 ____________________

2 ____________________

3 ____________________

매력이 있는 사람 톱 3와의 교제로부터 얻게 될 귀중한 교훈들은 다음 장에서 사용하게 될 것이다. 다음 장에서 우리는 당신의 네트워크 관계를 형성할 뿐 아니라 오래 지속되고 (돈도 많이 벌게 해주는) 튼튼한 유대관계로 강화시키는 검증된 방법을 제시할 것이다.

제 3 장

기대 이상의 기억을 남겨라

: 잊을 수 없는 존재가 되려면 :

이 책의 1장은 전부 당신에 관한, 당신의 '네트워킹의 집'을 위한 토대를 구축하는 것에 관한 얘기였다. 2장에서는 그 집을 짓기 위해 당신과 다른 사람들을 연결시키는 과정을 소개했다. 이제 3장에서는 그러한 연결을 한층 발전시켜 당신의 네트워크 관계를 확고하게 강화할 것이다. 당신은 당신의 네트워크를 구성하는 사람들과 탄탄한 관계를 갖기를 원하며, 그들도 마찬가지일 것이다. 그들이 '흠… 이 문제를 누구하고 상의하지? 그 소개를 누구한테 하는 게 적절할까?' 고민할 때 그들의 머릿속에 당신의 이름이 가장 먼저 떠오르기를 당신은 바랄 것이다.

이 장에서는 당신이 남보다 돋보이고 긍정적으로 기억에 남을 수 있는 몇 가지 방법을 제공한다. 주간 전략 15~20은 당신이 네트워크 멤버로서 남들이 잊기 어려울 정도로 인상적인 가치를 보여주기 위해 무엇을 할 수 있는지에 집중한다.

우리는 모두 인간 본성의 법칙에 따라 움직인다. 비록 네트워킹이 사교관계가 아니라 비즈니스에 관한 것일지라도, 사람들은 자기를 도와주는 사람을 좋아한다는 사실을 인정하지 않을 수 없다. 그리고 호혜주의 법칙은 대체로 인간의 유대관계에 안정감을 더해주기 마련이다. 당신이 누군가를 도와주면 상대도 당신을 돕고 싶어 한다. 이 장의 전략들은 당신의 비즈니스를 네트워킹하는 데 도움이 될 사람과 관계를 형성할 때 당신이 먼저 적극적으로 행동할 것을 권장한다.

15주 전략(같이 있는 친구? 가치 있는 친구!)은 당신이 만드는 관계에 어떤 가치를 부여할 수 있는지에 집중한다. 친구들은 당신의 농담에 웃을지 모르고, 이웃은 당신이 정원을 말끔하게 관리하면 좋아할지 모르고, 당신의 강아지는 당신이 집으로 들어올 때마다 반갑게 꼬리를 치겠지만, 비즈니스 네트워크에 들어 있는 사람들은 이런 것과는 다른 잣대를 당신에게 들이댈 것이다.

16주 전략(당신은 촉매인가?)은 뭔가를 이루어내는 사람이 되려면 어떻게 해야 하는지를 보여준다. 비즈니스 네트워킹에서 성공하려면 그냥 멀뚱거리며 다른 사람이 행동하길 기다려서는 안 된다. 당신이 리드할 필요가 있다.

17주 전략(책임을 지게 하는 파트너를 찾아라)은 당신이 자신의 책임을 실행했는지 체크하고 당신에게 책임을 물을 수 있는 사람을 찾는 방법을 안내한다. 책임 파트너는 당신이 이 책에 나오는 내용을 효과적으로 실행하는지, 당신이 세운 비즈니스 목표를 달성하는지 관심을 갖고 지켜보는 사람이다.

18주 전략(조건 없는 자원봉사로 얼굴을 알려라)은 비즈니스를 위해 얼굴을 알리기 위한 한 방법으로 자원봉사를 권한다. 자원봉사는 지역사회에서 당신의 비즈니스가 어떻게 인식되느냐에 중요한 역할을 한다. 물론 당신의 의도가 진심에서 우러난 것이어야 한다.

19주 전략(감사카드를 보낼 때는 명함을 빼라)은 2분밖에 안 걸리는, 간단하지만 강력한 활동에 관한 것이다. 아마 모든 사람들이 다 하는 일이라고 생각할지도 모르겠다. 하지만 실제로 이것을 하는 사람은 드물다. 효과적으로 하는 사람은 더 드물다.

20주 전략(팔로업은 오늘 당장, 그리고 정기적으로)은 시의적절한 팔로업의 중요성, 특히 그것이 관계를 진전시키는 데 얼마나 중요한지 명확하게 해줄 것이다.

당신의 비즈니스를 위해 네트워킹하는 것이 목표임을 잊지 마라. 당신의 네트워크 안에 있는 사람들을 위해 기대수준 이상을 하는 것은 당신의 진정성을 표현할 뿐 아니라 호혜주의 법칙이 당신과 당신의 비즈니스에 가져올 것들을 받기 위해 문을 활짝 여는 행동이다.

Week 15

같이 있는 친구? **가치 있는 친구!**

사우스캘리포니아에는 유칼립투스 나무가 많다. 엄청나게 크고 잎이 우거진 나무다. 그러나 그 장대함에도 불구하고 육안으로는 발견할 수 없는 약점이 있다. 강풍에 잘 쓰러지는 경향이 있는 것이다. 거의 해마다 그런 일이 일어난다. 뿌리가 뽑혀 바람에 날려간 것을 보면 왜 그렇게 불안정한지 이유를 알 수 있다. 유칼립투스의 뿌리는 넓게 퍼지지만 깊이 내려가지는 않는다.

우리는 유칼립투스의 뿌리와 같은 약점이 있는 네트워크를 갖고 있는 사람들을 본다. 그들의 네트워크는 넓지만 얕다. 당신의 네트워크에는 이런 일이 일어나지 않도록 하라. 9주 전략(많은 사람보다 적절한 사람을 만나라)에서 말했듯이 당신의 네트워크는 튼튼하고, 깊고, 넓어야 한다. 이 3가지 특성이 없으면 당신의 비즈니스는 어느 날 강력한 폭풍에 쓰러질 수도 있다. 이번 주 전략에 관해서 얘기할 때 유칼립투스 나무를 염두에 두라.

먼저, 누가 당신의 입소문마케팅팀을 구성하는지에 대해 얘기해보자. 그들을 알아가면서 '깊이 들어가는' 것에 초점을 맞춰야 한다. 물론 그들의 프라이버시를 침해해서는 안 된다. 오히려 자연스럽게 친해지면서 비즈니스든, 개인적인 것이든, 교육에 관한 것이든, 재정에 관한 것이든 그들의 목표와 어려움이 무엇인지 파악하라. 이런 정보를 알고 있으면 그들을 도울 수 있는 여러 가지 방법을 찾는 데 도움이 된다.

어떤 사람이 목표를 이루는 데 도움을 주면 당신은 금세 '가치를 더하는' 친구, 그 사람의 인생과 비즈니스의 자산이 된다. 그럼으로써 무언가를 얻을 뿐 아니라 그를 위해 무언가를 투자하기 위해 관계를 맺고 있다는 것을 보여주게 된다. 당신은 받은 것을 돌려주는 호혜의 정신과 보살피는 마음씨를 보여준 것이다. 관계가 튼튼하고, 깊고, 넓어지기 위해 관계의 근원에 양분을 준 것이다.

어떤 사람이 목표를 이루도록 도와주면 당신은 금세 '가치를 더하는' 친구가 된다.

어떻게 하면 가치를 더하는 친구가 되는지 보여주는 멋진 예가 있다. 공저자인 미셸 도너번은 입소문마케팅팀 세 사람과 관계를 돈독히 하기 위해 여섯 친구 자전거팀(Six Amigos Cycling Team)을 만들었다. 미셸은 그들이 모두 자전거를 즐긴다는 사실, 그리고 그들 중 2명의 배우자들도 합류해 함께 즐기게 될 거라는 사실을 알았다.

그녀는 몇 가지 목표를 달성할 방법으로 여섯 친구 자전거팀을 조직했다. (1) 자신의 입소문마케팅팀의 잠재적 멤버로 생각하는 세 사람과 더 많은 시간을 보내고, (2) 그들의 배우자들과 친해지고, (3) 자전거를 타므로써 모두에게 건강을 증진시킬 기회를 주고, (4) 미국 당뇨병협회의 당뇨 치료를 위한 모금 여행을 하는 것이 목표였다.

모금을 위한 자전거 훈련을 하는 동안 팀은 정말로 친밀해졌다. 우정은 깊어졌고, 서로를 진정으로 도왔다. 팀은 두 번의 모금 여행을 완주했고 캐나다를 포함해 몇 번의 자전거 여행과 와인 여행도 함께했다. 멤버 중 한 명은 팀 덕에 혼자서는 절대로 꿈도 못 꿨을 아웃도어 스포츠를 남편과 함께하게 되었다고 말했다.

이 사례는 비즈니스 차원뿐 아니라 사적 차원에서도 관계에 가치를 더하는 것이 얼마나 중요한가를 명확하게 보여준다. 가장 득이 되는 관계는 쌍방에 이익이 되는 관계여야 한다. 관계에 가치를 더하는 것은 이익도 많고 보람도 있다.

누군가의 목표 달성을 돕는 것이 어떻게 당신의 비즈니스 네트워크에 도움이 될까? 당신이 누군가의 목표 달성을 도우면 그 사람도 비즈니스 네트워킹이라는 당신의 목표를 달성하도록 돕고 싶어진다. 위의 사례에서 미셸은 여러 명의 친구가 개인적인 목표를 달성하도록 도왔고, 장기적으로는 현재 그녀의 비즈니스 네트워킹을 도와주고 있는 관계를 형성했다.

미셸이 어떻게 관계 형성의 리더가 되었는지 주목하라. 당신도 적극적이어야 한다. 많은 사람들이 자신의 목표를 사람들에게 솔직하게 털어놓지 않는다. "어떻게 도와드릴까요?" 물었을 때 대답할 수 있는 사람이 별로 없다. 그래서 가치를 더하는 친구로서 당신이 할 일은 어떻게 도와줄 수 있는지 몇 가지 제안을 미리 준비하는 것이다. 일단 상대방의 목표와 도전을 알고 나면 이런 말로 그 주제에 접근해보라. "지난주에 올해에는 비즈니스를 위해 웹사이트를 개설하고 싶다고 하셨죠? 제가 도와드릴게요. 그걸 실현시켜줄 제 친구 한 명을 소개해드려도 될까요?"

여기 가치를 더하는 친구가 되면서 동시에 네트워크의 뿌리를 깊게 할 구체적인 방법이 몇 가지 있다.

1. 양질의 관계를 만들라

소개를 제공해주는 사람들과 관계를 깊게 하기 위해 시간을 투자하라. 우리는 모두 시간에 쫓기고 있지만 도움을 원하는 사람과는 평소의 비즈니스 활동을 넘어서는 교제가 필요하다. 적절한 사교 행사, 뒤뜰 바비큐 파티, 스포츠 이벤트에 그들을 초대하라. 기회가 있을 때마다 비즈니스라는 울타리 밖에서 당신의 네트워크의 주요 인물들을 더 잘 알기 위해 노력하라. 우정이 단단하면 할수록 서로의 네트워킹 노력으로부터 더 많은 것을 기대할 수 있다.

2. 그냥 한번 나타나서 만나기만 하는 것으로는 안 된다

'시작이 반이다'라는 말을 들어봤을 것이다. 하지만 관계를 만드는 일에서는 우리는 이 말에 동의하지 않는다. 그냥 한번 나타나서 만나는 것만으로는 충분치 않다. 사람들이 당신을 도와주기를 기대하기 전에 신용과 신뢰를 쌓아야 한다. 적극적이어야 하고 도움을 줄 줄 알아야 한다. 너무 조급해서 상대방이 준비도 안 된 상태에서 뭔가를 부탁하면 비즈니스를 키우기는커녕 관계만 망치기 십상이다.

3. 주는 것으로 시작하라

'나한테 뭐가 도움이 되는데?'가 아니라 '당신을 위해 제가 무엇을 도와드릴까요?'를 만트라로 삼아라. 이것이 아마도 당신의 네트워크를 깊고 넓게 만들어줄 가장 강력한 테크닉이 될 것이다. 깊은 네트워크를 형성하려면 네트워킹 파트너인 상대방에게 비즈니스와 아는 사람을 소개하기 위해 할 수 있는 모든 일을 하라. 그들과 정보를 공유하고 그들이 알아야 할 사람들과 친교를 쌓을 수 있는 비즈니스 모임에 그들을 초대하라. 당신의 네트워킹 파트너가 '이 사람은 항상 무언가를 주네'라고 느끼게 하라. 한마디로 당신이 도움을 요청할 수 있는 자격을 얻기 위해 할 수 있는 일은 모두 하라. 가장 효율적이고 강력하게 네트워킹을 하는 사업가들의 철학이 '주는 자가 얻는다'라는 사실은 놀랄 일이 아니다. 당신이 누군가의 목표 달성을 도와주면 그들 또한 당신의 목표 달성을 도울 것이다.

다른 사람을 돕는 것의 힘을 과소평가하지 말라. 그것이 관계 형성의 초석이다. 우리가 믿듯이 당신도 관계를 만드는 것이 지속적인 소개를 만들어내는 데 중요하다는 사실을 믿는다면 남을 도와주는 것이 효과적인 네트워킹을 위한 중요한 요소라는 데 동의할 것이다.

현명한 농부는 풍성한 수확을 기대하기 전에 작물을 심고 가꾸는 데 많은 보살핌과 에너지를 투자해야 한다는 사실을 안다. 처음부터 많은 시간과 노력을 들여야 하는 힘든 일이지만 언젠가 그의 노력은 여러 배의 보답으로 되돌아올 것이다. 가치를 더하는 친구가 됨으로써 당신도 농사를 짓는 것이다. 시간, 지식, 그리고 당신에게 소개해줄 사람들의 성공에 필요한 가치 있는 것이라면 다 주어라. 언젠가는 당신의 비즈니스를 위해 그런 도움이 요긴하게 쓰일 수 있다는 사실을 이해하라.

우리는 모두 거대한 오크 나무를 심는 데 가장 좋은 때는 25년 전이었다는 사실을 알고 있다. 그러나 그다음으로 좋은 때는 바로 지금이다. 자신의 초점을 이동하여 깊이와 넓이를 갖춘 비즈니스 관계를 형성하는데 너무 늦은 때란 절대로 없다.

거대한 오크 나무를 심는 데 가장 좋은 때는 25년 전이었다. 그러나 그다음으로 좋은 때는 바로 지금이다.

15주 액션

이번 주 미션은 당신과 긴밀한 관계를 유지하고 있는 사람 한 명을 골라 다음의 질문을 하는 것이다. 당신의 목표는 두 귀를 쫑긋 세우고 그 사람의 대답을 잘 듣고, 그의 관계에 어떻게 가치를 더할 수 있을지 알아내는 것이다. 그다음 똑같은 방식으로 다른 사람들과 관계를 쌓기 시작하라.

1 올해 당신은 비즈니스에서 무엇을 성취하고 싶은가?
2 올해 어떤 어려움을 겪고 있는가?
3 목표를 달성하는 데 방해가 되는 것은 무엇인가?
4 어떻게 하면 당신을 도울 수 있는가?
5 성공하기 위해 당신은 무슨 도움이 필요한가?

이 질문을 하며 당신이 선택한 사람의 말을 경청하고 그 대화에서 배운 것을 잘 간직한다면, 그 사람을 위해 일이 되게 만들 수 있는 소중한 도구를 손에 쥐게 된다. 그가 사업을 키우는 데 정말 도움이 되는 그런 것을 당신이 만들어낼 수 있게 된다. 진정한 승자는 일이 되게 하는 사람이다. 다음 전략에서 그런 막강한 인물이 되기 위한 기술을 연마할 수 있을 것이다.

Week 16

당신은 **촉매인가?**

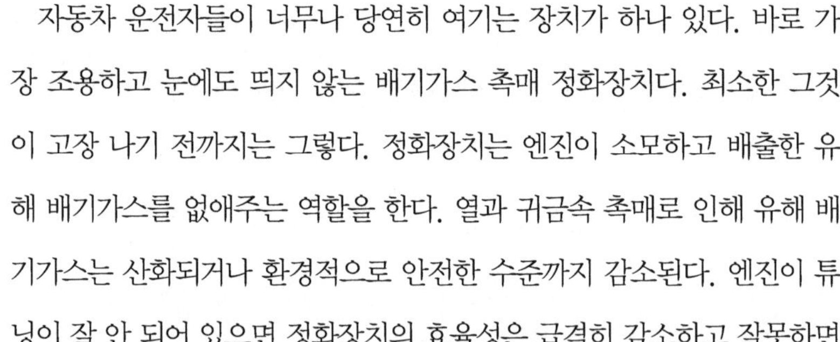

자동차 운전자들이 너무나 당연히 여기는 장치가 하나 있다. 바로 가장 조용하고 눈에도 띄지 않는 배기가스 촉매 정화장치다. 최소한 그것이 고장 나기 전까지는 그렇다. 정화장치는 엔진이 소모하고 배출한 유해 배기가스를 없애주는 역할을 한다. 열과 귀금속 촉매로 인해 유해 배기가스는 산화되거나 환경적으로 안전한 수준까지 감소된다. 엔진이 튜닝이 잘 안 되어 있으면 정화장치의 효율성은 급격히 감소하고 잘못하면 정화장치가 망가지기도 한다. 그때쯤이면 자동차는 비싼 돈을 주고 수리해야 하는 지경이 된다.

이 촉매 정화장치와 당신의 비즈니스 네트워킹은 어떤 관계가 있을까? 촉매는 반응을 일으키는 물질이다. 자동차에서 촉매는 귀금속이다. 네트워킹에는 세 부류의 사람들이 있다. 무슨 일이 생기기를 기다리고 지켜보는 사람, 일이 되게 만드는 사람, 그리고 도대체 무슨 일이 일어났는지 알지도 못하는 사람.

네트워킹에는 세 부류의 사람들이 있다. 무슨 일이 생기기를 기다리고 지켜보는 사람, 일이 되게 만드는 사람, 그리고 도대체 무슨 일이 일어났는지 알지도 못하는 사람.

촉매는 일이 되게 하는 사람이다. 촉매가 없이는 스파크가 일어나지 않고 별로 되는 일도 없다. 당신이 아는 모든 촉매를 생각해보라. 집에서는 누가 촉매인가? 사무실에서는? 당신이 좋아하는 스포츠팀에서는 누가 촉매인가? 당신의 네트워크에서는 누가 촉매인가? 촉매가 없다면 무엇이 변할 것인가? 당신의 비즈니스와 네트워크를 위해 당신이 촉매가 되려면 무엇을 해야 할까?

촉매인 사람들이 공유하는 특성을 한번 살펴보자.

주도적인 행동

촉매들은 가만히 앉아 있지 않는다. 그들은 인생의 모든 면에서 일이 되게 만든다. 아이디어를 제일 먼저 알아보고 바로 행동을 취하는 사람들이다. 타고난 리더이고, 뭔가 해야 할 일이 있다는 이유로 주도적으로 행동한다. 네트워커로서 그들은 해결해야 할 문제가 어디 있는지 항상 주시하고 있다가 즉각 행동에 들어가고, 자신의 네트워크 안에 있는 누군가에게 문제 해결을 요청한다. 그들은 '지금 당장 해치워라'라는 마음가짐을 가지고 움직인다.

의도

촉매들은 의도를 갖고 움직이며 목표 중심적이다. 스스로 행운을 만듦으로써 우연을 제거한다. 그들은 자신의 목적과 목표가 무엇인지 분명하게 정의할 수 있다. 결말을 미리 머릿속에 그릴 수 있고, 다른 사람들보다 먼저 가능성을 본다. 네트워커로서 촉매들은 비즈니스 목표와 네트워킹 목표 둘 다를 갖고 있다. 다른 사람이 이루고자 하는 것을 돕기 위해 그 사람들의 목표가 무엇인지도 알아낸다.

자신감

촉매들은 자기 자신뿐만 아니라 팀원들에 대해서도 자신감을 갖고 있다. 자기 기술과 능력에 대해서도 자신감을 갖는다. 자신감은 지금 하는 일이 멋진 결과로 이어지도록 한다. '물 잔이 반이나 비어 있네'가 아니라 '반이나 차 있네'라는 긍정적인 태도를 갖고 있다. 그들의 자신감은 전염성이 있어 곧잘 다른 사람들로부터도 최선의 모습을 끄집어낸다.

동기부여

촉매들은 스스로 동기부여가 되어 있을 뿐 아니라 다른 사람들도 잠재력을 최대한 발휘하도록 동기부여를 한다. 그들은 다른 사람들도 신나게 기여하도록 만들며, 말과 행동을 통해 에너지와 기쁨을 나눠준다. 군중의 맨 앞에 서서 다른 사람들이 따라오도록 독려하고, 군중의 맨 뒤에서 다른 사람들을 앞으로 나아가도록 밀어준다. 그들은 또 군중 한가운데에서 대중이 계속 전진하도록 격려하기도 한다. 촉매들은 개인적, 직업적 보상을 이루기 위해 열심히 노력하며, 그렇게 이룬 것을 남들과 나누지 않고는 못 견디는 사람들이다. 그들은 다른 사람들이 성공하기를 간절히 바란다.

당신의 네트워크가 비즈니스에 도움이 되도록 만들려면 촉매가 되는 것을 목표로 삼아라. 당신의 네트워크를 한 줄로 서 있는 도미노로 생각해보라. 당신이 첫 번째 도미노를 건드리기 전까지 각각의 도미노는 가만히 서 있을 것이다. 촉매로서 당신이 쓰러지는 도미노들의 연쇄반응을 보기 위해서는 첫 번째 도미노를 밀어야만 한다. 당신의 네트워크도 당신이 각각의 조각들을 움직이게 하기를 기다리며 제자리에 서 있다.

촉매가 되기 위해서는 주도권, 의도, 자신감, 그리고 동기부여가 필요하다. 당신의 의도는 지금쯤 분명해야 한다. 비즈니스를 위해 네트워킹하는 것이다. 당신이 주도적인 행동으로 이 책을 샀으니 이 책에서 제시하는 전략도 주도적으로 실행하고 있으리라 생각한다. 본질적으로 이 책은 당신의 비즈니스의 촉매 정화장치다. 모든 전략이 네트워크에서 도미노 효과를 일으키기 위해서는 당신이 주도적으로 행동할 필요가 있다. 29%에 드는 사람들은 이 전략들을 알고 있고 매일매일 실천한다.

당신의 네트워크가 갖고 있는 능력과 이 전략들의 효과에 확신을 가져라. 호혜의 법칙이 존재한다는 것을 믿어라. 당신이 할 일은 당신의 네트워크라는 팀의 주장이 되고, 자신을 바쳐 팀원들에게 동기를 부여하는 것이다. 그들의 행복과 성공을 위해 몸을 바쳐라. 그러면 그들도 당신을 위해 자기 몸을 바칠 것이다.

당신이 할 일은 당신의 네트워크라는 팀의 주장이 되고, 자신을 바쳐 팀원들에게 동기를 부여하는 것이다.

16주 액션

이번 주의 미션은 촉매가 되기 위해 필요한 행동들을 하는 것이다. 첫 번째 도미노를 밀어야 한다. 누가 첫 번째 도미노일까? 당신의 네트워크 안에서 누가 가치를 더해주는 친구인가? 누구를 가장 신뢰하는가? 이번 주에 그에게 가서 당신이 어떤 의도를 갖고 있는지 알려라. 그리고 당신의 비즈니스를 네트워킹하는 것을 도와달라고 부탁하라.

Week 17

책임을 지게 하는 **파트너를 찾아라**

왜 사람들은 퍼스널 트레이너를 고용하는가? 왜 비즈니스 코치를 고용하는가? 대부분의 경우 답은 책임이다. 우리는 누군가에게 책임을 질 일이 있으면 더 나은 성과를 내는 경향이 있다. 그 누군가가 멘토나 스터디 파트너같이 존중하는 사람일 경우에는 더욱 그렇다. 자신의 행동, 성과, 서약에 대해 책임을 져야 할 경우 우리는 무엇을 하기로 약속했는지 더 강하게 자각한다.

자신의 행동, 성과, 서약에 대해 책임을 져야 할 경우 우리는 무엇을 하기로 약속했는지 더 강하게 자각한다.

비즈니스 네트워킹도 마찬가지다. 책임이 중요하다. 이 책을 읽어나가는 동안 시도해보고 싶은 전략을 많이 발견하게 될 것이다. 비즈니스 네트워킹을 시작하겠다고, 동굴에서 걸어 나와 생산적인 네트워킹 활동에 참여하겠다고 스스로에게 약속할 것이다. 주간 전략들을 달력이나 스케줄 관리기에 넣어놓기도 할 것이다. 그러나 현실을 직시하자. 한 보험회사가 광고에서 주장하는 것처럼 '인생은 갑자기 들이닥친다!' 전혀 예상치 못한 때에 놀랄 일이 생긴다. 그러면서 스스로에게 한 약속을 잊거나 뒤로 미루게 된다. 아침에 눈을 뜨면 오늘이야말로 운동을 시작해야겠다고 스스로에게 다짐한 것이 벌써 몇 번인가? 시간이 가면서 무슨 일이 일어났는가? 우리의 삶이 우리의 발목을 잡는다. 운동해서 기분 좋게 노곤하게 되는 대신, 예기치 않게 인생이 꼬여서 파김치가 된다.

자, 이제 이렇게 생각해보자. 트레이너가 6시 반에 기다리고 있었더라면 제시간에 가려고 더 노력했을까? 아마도 그랬을 것이다. 책임감 때문이다(당연히 트레이너 비용이 아깝기 때문이기도 하고). 누구도 일부러 다른 사람을 실망시키고 싶어 하지 않는다. 누구도 자신의 시간 또는 상대방의 시간을 낭비하고 싶어 하지 않는다. 비즈니스 코치도 마찬가지다. 그 주에 무슨 일이 일어나더라도 코치와 약속이 되어 있다면 어떻게든 미션을 완성할 것이다.

그러니 비즈니스 네트워킹에도 책임을 지울 파트너가 있으면 어떨까? 그렇게 하면 이 책의 전략을 실천하려고 마음먹을 때마다 파트너가 당신을 그 임무에 집중하도록 도와줄 것이다. 당신과 당신의 입소문마케팅팀이 함께 이 책을 읽는 것을 상상해보라. 아마도 매주 전화로 그 주의 전략을 정하기 위해 만날 것이고, 서로를 도와 그 임무를 완수하도록 이끌

것이다. 모든 사람이 성실하게 미션을 수행하는지 격려하고 체크하는 시스템을 만들 수도 있다. 팀의 리더(당신)가 주 중간에 모든 사람들에게 이메일로 그간의 활동에 대한 간단한 리포트를 요구할 수도 있을 것이다. 누군가가 당신의 어깨너머로 들여다보면서 일의 진행 소식을 기다리기 때문에 더욱 임무에 집중하게 될 것이다. 그다음 주 아무것도 보고할 것이 없는 유일한 사람이 되고 싶지는 않을 것이다. 그렇지 않은가?

17주 액션

이번 주 미션은 책임 파트너를 찾는 것이다. 되도록 친구는 피하기를 권한다. 친구들끼리는 서로 책임을 묻는 게 힘든 경우가 많기 때문이다. 스스로에게 다음 질문을 하면서 머리에 떠오르는 사람을 그려보라. 누군가를 찾아내면 전화를 걸어 이 책에 관해 대화를 시작하라. 책임 파트너로서 그의 도움이 필요하다는 것을 설명하라.

책임 파트너를 찾기 위한 질문

1 비즈니스 동료로서 누구를 존경하는가?

2 나를 독려하고 집중하도록 밀어붙이는 것을 두려워하지 않을 사람은 누구인가?

3 내가 결코 실망시키고 싶지 않은 사람은 누구인가?

4 비즈니스 네트워킹에 관심이 있어서 나와 서로 책임 파트너가 될

수 있는 사람은 누구인가?

5 미루기 잘하는 내 버릇을 아는 사람은 누구인가?

6 나와 한 약속을 끝까지 지킬 사람은 누구인가?

7 나를 도와줄 시간이 있는 사람은 누구인가?

책임 파트너는 당신이 속한 비즈니스 모임에서는 특히 중요하다. 그러나 역설적인 문제가 있다. 비즈니스 모임의 장점 중 하나는 멤버들이 서로 친구가 된다는 것이다. 그리고 비즈니스 모임의 약점 중 하나도 멤버들이 서로 친구가 된다는 것이다. 친구들은 서로 책임을 지고 싶어 하지 않는다. 그러나 비즈니스 네트워크에서는 책임이 성공의 열쇠다.

좋은 네트워킹그룹은 우정으로 뭉친 단체가 아니다. 소개 네트워크여야 한다. 네트워크가 작동하기 위해서는 우정이 생겨야 한다는 것은 당연하지만 바로 그 우정이 그룹 내 책임감을 유지하는 데 방해가 될 수도 있다.

여기서 우리는 탁월함을 선택할 수 있다. 강력한 소개 네트워크에 책임감을 더하는 것이다. 그러면 그 네트워크는 훨씬 더 탁월해질 것이다. 책임감을 고수하면서 우정을 쌓기 위해서는 '주는 자가 얻는다'는 철학의 받침목 위에서 균형을 유지할 필요가 있다. 우리는 우정을 만들어가는 동시에 책임감도 기대해야 한다. 책임을 지울 때는 상대에 대해 애정을 갖고 있고 그의 성공을 바란다는 것을 보여주는 방식으로 해야 한다. 우리는 그것을 '터프 러브'라고 부른다.

Week 18

조건없는 자원봉사로 얼굴을 알려라

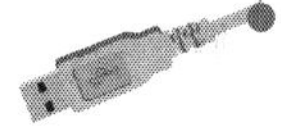

WEEK 18

비즈니스 네트워킹의 첫걸음 중 하나는 지역사회에서 얼굴을 알리는 것이다. 당신을 소개하기 위해서는 사람들이 당신을 알아야 하고, 좋아해야 하고, 믿어야 한다는 것을 기억하라. 이 전략은 '당신을 알아야 한다'에 집중한다. 사람들은 당신을 알아가는 동안 당신을 좋아하게 되고 신뢰하게 될 것이다. 적어도 우리는 그렇게 되기를 바란다. 사람들은 당신이 얼마나 그들에게 애정을 갖고 있는지 알기 전에는 당신이 얼마나 아느냐에는 관심이 없다.

사람들은 당신이 얼마나 그들에게 애정을 갖고 있는지 알기 전에는 당신이 얼마나 아느냐에는 관심이 없다.

자원봉사는 지역사회의 주요 인사들을 만날 기회를 만들어준다. 당신과 같은 열정을 가진 사람들과 연결해준다. 당신의 재주, 기술, 성실성뿐만 아니라 약속한 일을 팔로업하고 해내는 능력을 보여줄 기회를 제공한다. 당신의 직업상의 장점과 개인적인 장점을 모두 활용하게 한다. 순식간에 당신의 네트워크의 깊이와 넓이를 확장시킨다. 그리고 이 모든 것을 비즈니스의 장 밖에서 하기 때문에 당신을 알게 되는 사람들이 당신을 '고객' 마인드로 경험하지 않는다. 당신은 그들에게 팔지 않는다. 오히려 그들에게 베푼다.

자원봉사를 하는 사람들은 자신들이 개인적인 이득과 상관없이 대의명분에 헌신한다는 것을 보여준다. 봉사하는 기관이나 대의명분에 진정으로 관심과 애정을 갖고 있다. 당신도 그래야 한다. 봉사기관의 관리자나 다른 봉사자들이 당신이 기본적으로 뭔가를 얻기 위해 봉사한다는 인식을 갖게 되면 얼굴을 알리는 것이 오히려 해가 될 것이고, 목표에도 역효과를 낼 것이다.

자원봉사는 놀이가 아니다. 당신의 관심과 일치하는 기관이나 명분을 찾기 위해서는 건강한 사고와 전략으로 접근해야 한다. 소중한 여유시간의 일부를 어디에 투자하겠는가? 무엇이 당신에게 기쁨과 만족을 주는가? 자원봉사는 당신의 어떤 목표를 달성하는 데 도움이 되는가? 귀중한 시간을 바치기 전에 이 모든 문제를 주의 깊게 고려해봐야 한다.

18주 액션

이번 주 미션은 다음의 질문지를 작성하는 것이다. 당신의 관심과 열정을 찾아내줄 뿐 아니라 자원봉사의 옵션을 좁혀 집중할 수 있게 해줄 것이다. 자신에게 적당한 자원봉사 기회를 찾는 일은 시간이 걸린다. 그러므로 인내심을 가지고 그 프로세스를 시작하라.

자원봉사 옵션의 자가 분석을 위한 9가지 질문

1 여유시간에 무엇을 하기를 즐기는가?

2 즐기는 취미는 무엇인가?

3 남을 가르칠 만큼 잘하는 스포츠는 무엇인가?

4 당신에게 기쁨과 만족을 주는 것은 무엇인가?

5 당신은 자신과 가족과 친구와 관련된 사회적, 정치적 문제 또는 건강 문제 중 어떤 것에 열정적인 관심을 갖는가?

6 위의 5가지 질문을 기준으로 했을 때 솔깃한 3곳은 어디인가?(예를 들어 유소년 스포츠리그, 도서관, 클럽, 사회운동단체, 교회, 노숙자 보호소). 가장 마음에 드는 곳을 하나 골라 온라인과 지역사회에서 그곳에 대해 조사해보라.

7 그곳에 대해 조사해보니 당신의 직업적 또는 개인적 목표를 달성할 기회를 제공할 것 같은가? 그렇다고 생각되면 일단 방문해서 '시도'해보라.

8 방문한 후에도 여전히 그곳에 시간을 투자할 최종 결심이 서는가?

9 그곳의 다른 멤버들은 그 기관에 만족하는가?(이것을 알기 위해서는 멤버들 중 3명을 골라 인터뷰를 하고 그들의 만족도를 평가하라. 한 명은 새 멤버로, 한 명은 2~3년 된 멤버로, 한 명은 5~6년 된 멤버로 뽑아 인터뷰하라).

일단 이 9개의 질문에 답하기 위해 필요한 조사를 마쳤으면 선택한 그곳에 가입하여 얼굴 알리기를 목적으로 봉사활동을 시작하라. 당신의 장점, 재능, 기술을 보여줄 리더십 역할을 찾아라. 적극적인 자원봉사로 최대한 얼굴을 알려라.

Week 19
감사카드를 보낼 때는 명함을 빼라

이 장의 제목이 '기대 이상의 기억을 남겨라'라는 점을 기억하라. 간단한 감사카드 하나가 어떻게 기대 이상이 되는지 의문이 들 수 있다. 그러나 감사카드를 받는 것은 많은 사람들에게 기대 이상이다.

요즘은 구식의, 개인적인 내용이 담긴, 손으로 쓴 감사카드를 쓰는 대신 대부분 이메일을 쓴다. 전통적인 감사카드를 마지막으로 받은 게 언제였는가? 당신의 반응은 어땠는가? "어머나, 일부러 시간을 들여 나한테 이걸 썼다니!"였는가?, 아니면 "그냥 이메일로 하면 우표도 아낄 텐데, 이런 걸 보내다니 믿을 수가 없군. 시간이 되게 많은 모양이네"였는가? 보통 사람이라면 보낸 사람의 시간과 노력에 감사했을 것이다.

오늘날은 손으로 쓴 글로부터 빠르게 멀어지고 있다. 크리스마스카드나 연하장이 아직도 팔리고 있다는 것이 놀랍다. 물론 아예 이름이 인쇄

된 카드를 주문해서 일일이 사인하는 수고를 더는 사람들이 많아지고 있다. 우리는 이제 글로 하는 대부분의 커뮤니케이션을 컴퓨터에 의존함으로써 인생을 단순하게 만들고 있다. 그렇게 함으로써 개인적인 메시지를 어쩐지 덜 개인적인 것으로 만든다. 그런 면에서 손으로 쓴 감사카드는 그것이 일반적이었던 시절보다 훨씬 더 정성스러워 보인다.

감사카드는 세 문장으로 이루어진다(솔직히 말해서 이 세 문장을 쓰는 데 시간이 얼마나 걸릴까?). 그리고 봉투에 주소를 쓰고 우표를 붙여서(요즘은 침도 안 발라도 된다) 보내기만 하면 어떤 특별한 한 사람에게 작지만 대단히 개인적인 효과를 발휘한다. 직접 찾아가는 것 다음으로 좋은 것이고, 시작에서 끝까지 2분이면 족하다. 대부분의 사람들이 손으로 쓴 카드를 받는 것을 좋아한다. 그러나 그 일을 하는 사람은 별로 없다.

이렇게 생각할지도 모르겠다. '감사카드를 쓸 2분이 어디 있어?' 시간은 있다. 당신은 아이들을 태울 스쿨버스를 기다리며 차 안에 앉아 있기도 하고, 출근길에 기차를 타고 다니며, 혼자 점심을 먹고, 병원 대기실에서 몇 시간을 기다린다. 몇십 킬로미터나 이어지는 교통체증 속에 갇혀 있을 때도 있다. 그걸 다 더하면 2분보다 훨씬 더 긴 시간이 되지 않을까?

이 자투리 시간의 일부를 개인적인 터치를 가미한 네트워킹 관계를 강화하는 데 써라. 감사 표시가 마스터 네트워커의 10대 특징 중 하나라고 밝힌 7주 전략을 기억하라. 어떤 사람의 머릿속에 당신의 존재가 추가로 각인되면 그때마다 당신의 비즈니스는 전진할 것이다.

또 이렇게 물을지도 모르겠다. "감사카드는 언제 보내나요?" 복잡하게 생각할 것 없다. 누군가가 당신을 위해 기대 이상의 것을 해주면 카드를 보내라. 우리가 아는 사람들은 소개를 해준다든가, 직접 만나 사람을 소개해준다든가, 행사 진행을 도와준다든가, 문제를 해결해준다든가 하는 일에 대해 감사카드를 보낸다.

누군가 당신을 위해 기대 이상의 것을 해주면 카드를 보내라.

감사카드를 보낼 때 기억할 것이 있다. 절대로, 결코, 명함을 같이 넣지 말 것!(매우 중요하니 다시 한 번 읽을 것). 감사를 전하는 사람에게 명함이 왜 필요한가? 감사카드는 오로지 감사만 전해야지, 달라고 하지도 않은 사람에게 명함을 내미는 것은 절대 아니다. 명함을 집어넣는 순간 그것은 당신을 위한 것이지, 그 사람을 위한 것이 아니게 된다. 명함을 아껴라. 체면을 세워라. 아울러 (명함 만드는 데 쓰일) 몇 그루의 나무도 살려라!

감사카드를 보낼 때 기억할 것. 절대로, 결코, 명함을 같이 넣지 말 것!

19주 액션

이번 주 미션은 먼저 당신이나 당신의 비즈니스를 연상케 하는 감사카드를 몇 장 사는 것이다. 정원 가꾸기가 취미라면 정원 테마의 카드를 사

라. 부동산중개업을 한다면 주택 테마의 카드를 사라.

좀 더 사적으로 만들고 싶다면 직접 카드를 만들거나, 더 나아가 자신의 캐리커처를 넣은 카드를 디자인해볼 수도 있다. 그다음 지난달 당신에게 기대 이상의 것을 해준 사람의 리스트를 만들고, 카드와 우표 몇 장을 차 안이나 서류가방에 넣어두어라. 그렇게 하면 2분 정도 자투리 시간이 났을 때 얼른 카드를 꺼내 사연을 적은 후 가까이 보이는 우체통에 넣을 수 있을 것이다.

Week 20

팔로업은 오늘 당장, 그리고 정기적으로

지금은 뒤로 돌아가 7주 전략을 다시 검토하기에 좋은 때다. 2,000명도 넘는 사람들을 대상으로 한 조사에서 '받은 소개에 대해 팔로업하기'가 마스터 네트워커의 가장 중요한 특징으로 꼽혔다는 사실을 기억하라. 우리는 팔로업이 효과적인 네트워킹을 가능하게 하는 피 같은 것이라 믿는다.

당신을 잘 모르는 사람들은 그들이 기대한 것을 하지 않으면 혹독한 평가를 내리고 만다. 당신을 더 알아야 할지 결정하기 전에 당신을 테스트하려 들지도 모른다. 이런 평가는 당신이 약속을 실행할 수 있는 사람인지 판단하는 데서부터 시작된다. 당신의 일차적인 목표가 다른 비즈니스하는 사람들과 돈독한 관계를 형성하고 사회적 자본을 구축하는 것이라면 머뭇거리지 말고 시작하라. 그 시작은 당신이 다른 사람의 기대를 넘어 모든 약속, 모든 계약, 당신의 네트워킹 파트너를 도울 수 있는 모든 기회를 팔로업함으로써 약속에 대한 헌신을 보여주는 것이다.

자신의 경험에 비추어 당신이 어떤 판단을 하게 되는지 생각해보라. 난로가 고장 나서 당장 고쳐야 할 때는 어땠는가? 아마도 냉온방 수리회사 3곳쯤에 전화를 했을 것이고, 몇 시간 만에 한 회사가 답을 해왔을 것이다. 답을 해주지 않은 회사가 당신이나 당신의 지인으로부터 비즈니스를 받지 못할 것은 너무도 자명하다. 그들은 신뢰와 신용을 쌓는 데 엄청나게 중요한 팔로업이 부족했다.

당신이 하겠다고 말한 일, 그리고 언제 하겠다고 말한 일에 대한 팔로업 능력은 신뢰를 쌓고, 궁극적으로는 비즈니스 네트워킹의 성패를 좌우하게 된다. 자기가 하겠다고 말한 일을 하지 않는 사람하고 비즈니스를 하겠는가? 바로 그거다. 교육받은 소비자로서 우리는 서비스, 품질과 가격에 대해 대단히 높은 기대치를 갖고 있다. 기대치에 부합하거나 능가하기를 바란다. 그렇기 때문에 우리는 또한 하루 24시간 항상 최선을 다해야 한다. 거기에는 약속에 대한 팔로업도 포함된다. 효율적인 네트워커로서 29% 안에 들려면 팔로업은 선택이 아니라 죽느냐 사느냐 하는 필수사항이다.

훌륭한 팔로업은 단지 요구되는 것이나 하겠다고 약속한 것만 하는 것이 아니다. 기대되는 것 이상을 하는 것이다. 예를 들어 어떤 사람을 만나 관계를 쌓고 있다고 치자. 당신은 지난 몇 주 동안 그녀와 두어 번 약속을 했고, 그녀의 사무실에 기술적인 문제가 있었을 때 컴퓨터 전문가를 소개함으로써 문제를 해결해주었다. 그리고 다른 방식으로 그녀를 도와줄 수 있는 어떤 이벤트에 관한 소식을 듣게 되었다. 아마도 그녀는 모르고 있을 이벤트다. 당신은 그녀에게 이벤트 정보가 들어 있는 웹사이트 주소를 이메일로 알려주었다. 그렇게 함으로써 당신은 그녀와 그녀의 직업에 대해 가졌던 대화를 팔로업했다. 그러나 이것은 그녀가 기대하지 않았던 것이다. 기대 이상의 일을 해주는 이런 팔로업이 당신의 네트워킹 관계를 튼튼히 해줄 뿐 아니라 확장해준다. 당신은 그녀를 도와주었고, 동시에 '해결사'로서 당신의 명성도 더 높였다.

좋은 팔로업의 열쇠는 당신의 네트워킹 파트너를 지속적으로 관리하는 시스템이다. 그들과의 모임과 약속, 그들의 직업상의 필요나 개인적 관심사 등의 정보가 항상 준비되어 있고, 언제든지 쉽게 꺼내볼 수 있으면 그들에게 당신의 가치를 높일 수 있는 방법을 효과적으로 관리할 수 있다. 이 시스템을 시의적절한 팔로업으로 실행하는 것이 중요하다. 당신이 아는 누군가에게 도움이 될 것 같은 이벤트나 기회를 보면 당장 행동에 옮겨라. 그 일이 내일이든 6개월 후든 오늘 정보를 전달하라. 지체하면 당신의 동료나 지인의 옵션이 줄어들 수 있고, 아니면 바빠서 잊어버리고 전달 못할 수도 있다. 어제 일어난 일보다 더 쓸모없는 기회도 별로 많지 않다.

지인의 마음속에 당신과의 관계를 생생하게 유지하기 위해서는 일정한 간격을 두고 정기적으로 팔로업하는 것 역시 중요하다. 비즈니스 기회라든가, 소개, 컨퍼런스, 트레이드쇼, 기타 네트워킹 이벤트처럼 자연스럽게 네트워킹할 이벤트나 행사가 없을 경우에는 최소한 (첫해에) 석 달 간격으로 당신의 지인과 연락을 취할 것을 권장한다. 이런 습관은 관계를 살아 있게 하고 네트워킹 근육을 단련시켜 잘 유지하는 데 큰 도움이 된다. 주기적으로 팔로업하는 것을 일정으로 만들어 달력에 기록해두면 바쁜 상황에서도 일상적인 네트워킹 활동이 우선순위에서 밀리는 것을 막을 수 있다. 이것은 또한 당신이나 당신의 네트워킹 파트너에게 중요한 행사를 기억해내도록 도와준다. 그리고 때로는 그냥 전화를 해서 "그냥 생각나서 전화드렸어요. 잘 지내시죠?"라고 안부 인사를 하는 것도 중요한데, 상대방은 용건 없이 연락을 받으면 당신이 자신을 아끼고 있음을 알고 당신에게 호의를 품게 된다.

20주 액션

당신의 지인과 팔로업하고 계속 연락을 취하기 위해 가장 효과적인 시스템은 무엇일까? 답은 간단하고도 놀랄 만한 것이다. 왜냐하면 당신이 지금 사용하고 있는 바로 그것이기 때문이다. 중요한 것은 팔로업을 위해 어떤 식으로든 시스템을 갖추는 것이고, 그것을 성실히 사용하는 것이다. 아무리 근사한 시스템을 갖고 있어도 사용하지 않으면 없는 거나 마찬가지다.

당신의 지인과 모임을 관리할 수 있는 간단한 체크 시스템이 있다. 이번 주 미션은 이 시스템으로 마스터 네트워커의 첫 번째 특징에 집중하면서 당신이 지난주에 만난 모든 사람과 팔로업할 수 있게 도움을 줄 네트워킹 팔로업 리포트를 완성하는 것이다. 이 리포트를 복사해서 1년 동

네트워킹 팔로업 리포트 카드

연락할 사람 이름	처음 만난 날짜/장소	팔로업 필요	팔로업 완성	3개월 팔로업	6개월 팔로업	9개월 팔로업

안 매주 당신이 좀 더 효율적으로 팔로업할 수 있도록 사용하라. 이 리포트는 또 누군가와 언제 다시 연락을 취할 것인가를 파악하는 데도 사용할 수 있다. 엑셀 시트에 이런 서류를 만들어놓는 것도 좋겠다. 무엇을 선택하든 시스템 하나를 선택해서 이번 주부터 사용하기 시작하라.

제 4 장

놓치지 말고 가치 있게 써라

: 네트워킹 시간 투자법 :

어떤 일에 한 시간을 들였는데 잘 안 되었을 때 그 한 시간을 되돌려 받으려고 시도해본 적이 있는가? 물론 그건 불가능하다. 아, 그 시간동안 한 일에 들인 돈을 되돌려 받을 수는 있겠다. 그러나 시간은 되돌려 받을 수 없다. 시간위원회가 있어 탄원을 할 수도 없고 대체할 시간을 주는 쿠폰도 없다. 그냥 사라진 것이다. 젠장!

한 시간도 되돌려 받을 수 없는데 하루는 말할 것도 없다. 그러니 최대한 현명하게 효율적으로 쓰고 싶을 것이다. 투자한 시간에 대한 최고의 수익을 원할 것이다. 네트워킹에 투자한 시간으로부터도 분명히 높은 수익을 기대할 것이다.

그렇다면 당신은 여기에 제대로 찾아왔다. 4장은 네트워킹에 투자한 시간으로부터 최고치를 얻어내는 전략으로 가득하다. 주간 전략 21~28은 일상활동에서 네트워킹을 절대 잊어버리지 않도록 만들어주는 몇 가지 방법을 제시한다.

21주 전략(의미 있는 관계를 만드는 24시간 'on' 상태)은 네트워킹 생각이 하루 24시간, 일주일 7일, 항상 머릿속을 떠나지 않아야 함을 강조한다. 네트워킹 기회가 예상치 않은 장소와 시간에 모습을 나타내기 때문이다. 깜박 졸다가는 눈 깜짝할 사이에 놓칠 수 있다.

22주 전략(촉매 이벤트를 위해 배워야 할 것들)은 당신에게 골프 또는 다른 취미나 재주에 맞는 어떤 활동을 하도록 주문한다. 골프 코스나 배드민턴 코트, 축구장 등 모든 상황에서 비즈니스가 일어날 수 있는 것이다!

23주 전략(목적이 있는 식사 모임이란?)은 모임을 어떻게 더 가치 있게 활용할지를 보여준다. 식사를 한다면 단순히 배를 채우는 것보다 더 많은 것을 얻을 수 있어야 한다. 모임을 비즈니스 네트워킹을 위한 기회로 만들어라.

24주 전략(7초의 첫인상, 보고 또 듣게 하라)은 출발을 잘해야 한다는 사실을 환기시킨다. 당신의 외모나 보디랭귀지를 자세히 살펴보라. 좋은 대화를 시작하는 데 도움이 되는가, 아니면 입도 떼기 전에 끝내게 만드는가.

25주 전략(아낌없이 주는 네트워킹그룹을 찾아서)과 26주 전략(네트워크를 다양화하고 싶은 당신에게)은 12주 전략(동굴에서 나와 네트를 짜라)을 바탕으로 한다. 동굴에서 나와 리퍼럴 네트워킹그룹이나 상공회의소를 찾아보라고 권한다.

27주 전략(스폰서로 나서기 전에 던져야 할 몇 가지 질문)과 28주 전략(스포트라이트를 공유하는 이벤트를 개최하라)은 중요 인사들에게 자신의 비즈니스를 어필하기 위해 후원 기회나 이벤트를 어떻게 활용할지에 집중한다.

물론 당신이 적극적으로 움직여야 한다.

자, 이제 동굴에서 나왔으니 계속해서 움직이기를 바란다. 이 전략들을 익혀서 네트워크를 강화하고, 네트워킹 투자에서 더 많은 것을 회수하고, 지역사회 안에서 최대한 당신의 얼굴을 알릴 수 있게 해야 한다.

Week 21
의미 있는 관계를 만드는 **24시간 'ON' 상태**

집이나 사무실에 인터넷이 연결되어 있는가? 광대역이건 케이블이건 24시간 'ON' 상태를 유지하고 있는가?

7주 전략(마스터 네트워크는 무엇이 다른가)에서 봤듯이 네트워킹의 고수가 되려면 항시 ON 상태에 있어야 한다. 절대로 정신줄을 놓고 있으면 안 된다. 옆에 있는 사람이 굉장한 기회와 연결되어 있을지도 모른다. 졸고 있으면 그 기회를 놓쳐버린다. 그에 못지않게 나쁜 것은 그 사람이 엄청난 기회를 잡지 못하는 것이다. 바로 당신!

네트워킹의 고수가 되려면 광대역 서비스처럼 항시 ON 상태에 있어야 한다.

진짜 황당한 것은 이것이다. 당신이 그 사람에게 연결되지 못함으로써 엄청난 '기회비용'을 치를 수 있다는 사실이다. 당신이 네트워킹하는 것을 잊고 꾸벅꾸벅 졸다가는 그녀가 알고 있는, 다른 곳에서는 연결될 수 없는 사람을 놓칠 수 있다.

톰 행크스 주연의 〈포레스트 검프〉라는 영화를 본 적이 있는가? 포레스트는 전혀 모르는 사람에게 자기 얘기를 해준다. 그는 항시 ON 상태다. 버스를 기다리며 앉아 있다가도 누군가 옆에 앉으면 몇 초도 안 되어 아무도 흉내 낼 수 없는 느릿한 말투로 "초콜릿 드실래요?"라며 상자를 내민다.

생각해보라. 포레스트처럼 '낯선 사람'을 늘 열린 마음과 ON 상태의 친절함으로 맞는다면 내 인생에 어떤 가능성이 기다리고 있을까? 유명 가수에게 새로운 춤을 보여주고, 전쟁터에서 부상당한 동료를 안전한 곳으로 옮기고, 미국 대통령을 만나고, 허리케인 속에서 새우잡이 배를 운전하고, 매일 아침 아들을 스쿨버스까지 데려다준다면 관계의 가능성이 얼마나 높아질까?

물론 포레스트 검프는 가공의 캐릭터다. 그러나 당신도 다르지 않다. 당신이 입을 열고 말을 하기 전까지는 누군가에게 가공의 캐릭터이고 이방인일 뿐이다. ON 상태로 다가가야 비로소 당신은 이방인도 아니고 가공의 인물도 아니게 된다. 진짜 사람이고 새 친구가 된다.

다양한 환경에서 다른 사람들과 이야기할 수 있도록 주어지는 많은 기회를 생각해보라. 하루에도 스쳐 지나가게 버려둔 기회가 얼마나 많은가? 이제 여섯 다리 이론을 생각해보고 당신이 지나가게 둔 사람들을 상상해보라. 그중 네트워크를 통해 당신의 선호 고객 몇 사람과 연결되어 있을지도 모르는 사람은 누구인가? 그 가능성을 상상해보라!

우리가 항시 ON 상태에 있을 것을 권장하지만, 그리고 네트워킹이 모든 것에 반영되어야 할 라이프스타일이라고 말하지만, 우리는 또한 네트워킹 방식이 '행사의 의도를 존중하는' 것이어야 한다고 믿는다. 무슨 뜻인가 하면 상황에 따라 다르게 네트워킹하라는 얘기다. 예를 들어, 상공회의소 친목회에서 하는 네트워킹과 교회 사교 모임에서 하는 네트워킹은 완전히 다른 것이다.

첫째, 네트워킹의 진짜 의미를 알아야 한다. 네트워킹은 적극적인 관계 형성을 위한 도구여야 한다. 네트워킹은 사회적 자본을 형성하는 과정의 일부다. 사회적 자본은 무엇인가? 개인적 또는 직업상 네트워크를 통해 축적된 자원이다. 이 자원에는 아이디어, 지식, 정보, 기회, 연락처, 그리고 소개가 포함된다. 그러면 기업가는 사회적 자본을 축적하고자 할 때 무엇을 염두에 두어야 하는가?

사회적 자본은 의도적으로 기획해서 만들어지는 것이지 우연히 얻어지는 게 아니다. 《사회적 자본을 통해 성공하기(Achieving Success Through Social Capital)》의 저자 웨인 베이커는 "연구 결과에 따르면 운이 좋은 사람들은 정보를 낚아채는 '거미줄망 구조'를 구축함으로써 적절한 타이밍에 적절한 장소에 있을 가능성을 높인다", "성공은 사회적인 것이다…. 타고난 재능, 지성, 교육, 노력, 그리고 행운처럼 우리가 보통 개인적이라고 생각하는 성공의 모든 요소는 네트워크와 긴밀히 얽혀 있다"고 말한다. 네트워킹은 사회적 자본을 획득하기 위한 핵심적인 프로세스를 제공한다.

WEEK 21

성공적인 네트워킹을 위해서는 적극적으로 관계를 형성하고 유지하는 것이 중요하다. 문제는 우리가 더 이상 초원의 작은 집에 살지 않는다는 것이다. 그리고 더 단순했던 시대의 지역사회에서와 같은 비즈니스 관계를 갖고 있지 않다는 것이다. 오늘날 사업가들은 동네의 다른 사업가들은 고사하고 이웃조차도 거의 모른다. 따라서 그 어느 때보다 더 네트워킹이 비즈니스의 성공에 중요한 요소가 되었다.

사회적 자본 형성은 다른 사람들과의 의미 있는 관계 형성에 달려 있다. 우리는 이 의미 있는 관계 형성을 위해 항상 네트워킹을 해야 한다. 그러나 누군가에게 무언가를 팔려고 노력해야 한다는 이야기는 아니다. 여기에 네트워킹의 의미에 대한 일반적인 오해가 있다. 네트워킹을 통해 끈질기게 상품이나 서비스를 팔아야 하는 것으로 생각하지만, 그런 접근법은 의미 있는 관계 형성에 도움이 되지 않는다.

의미 있는 관계 형성에 가장 좋은 방법은 항상 뭔가를 파는 것보다 가능한 한 언제든지 누군가를 돕는 것이다. 훌륭한 네트워커는 귀가 두 개이고 입이 한 개인 의미를 잘 알고, 말하기보다 2배로 더 상대의 말을 듣는다. 당신이 네트워킹을 관계를 형성하고 사회적 자본을 구축하는 데 사용하는 프로세스로 이해한다면 사교모임을 포함해 어느 곳에서든 네트워킹해야 한다는 사실에 동감할 것이다. 중요한 점은 행사의 의도를 존중해야 한다는 것이다.

의미 있는 관계 형성에 가장 좋은 방법은 항상 뭔가를 파는 것보다 가능한 한 언제든지 누군가를 돕는 것이다.

행사의 의도를 존중하려면 적절한 방법으로 네트워킹할 필요가 있다. 이것은 어느 모임에서는 아는 사람을 늘리고, 사람들을 단합시키고, 다른 사람을 돕고, 관계를 형성해야 한다는 것을 의미한다. 우리가 여기서 비즈니스를 하는 것에 대해서는 한마디도 하지 않은 것에 주목하라. 그보다는 오로지 사람들을 단합시키고 서로 돕게 하는 것에 초점을 맞추어야 한다.

교회 행사에서 비즈니스를 하는 것은 적절치 못하다. 그러나 누군가를 돕는 것은 그렇지 않다. 효과적인 네트워킹은 진정으로 다른 사람들을 도움으로써 관계를 형성하는 것이다. 그리고 누구를 돕는 데 '잘못된' 시간이란 없다. 우리의 경험 하나를 예로 들어보자.

효과적인 네트워킹은 진정으로 다른 사람들을 도움으로써 관계를 형성하는 것이다.

교회의 한 행사에서 아이번은 만나고 싶었던 사람을 봤다. 예배가 끝나고 마침 이 사람이 포트럭(potluck, 역주: 참석자 각자가 한 가지씩 음식을 해오는 모임) 브런치에 참석했다. 이때 그에게 다가가 이렇게 말했다면 완전 부적절했을 것이다. "안녕하세요? 정말 만나고 싶었습니다. 우리 함께 비즈니스 좀 할 수 있을 것 같은데요." 그 어떤 경우에도 이런 식의 접근은 권장하지 않지만, 교회 행사에서는 더더욱 부적절하다.

대신 아이번은 그의 비즈니스에 대해 질문을 하기 시작했다. 누가, 무엇을, 언제, 어디서, 왜와 같은 질문을 했고, 말하기보다 듣기를 더 많이

WEEK 21

했다. 그 사람이 회사의 자선사업으로 작은 재단을 하나 만들려고 하고 있으며, 그것이 생각보다 훨씬 더 돈이 많이 들고 복잡하다는 것을 실감했다는 사실을 알게 되었다.

아이번은 그에게 캘리포니아지역사회재단(CCF)을 알고 있는지 물었다. 그는 모르고 있었다. 아이번은 CCF가 대부분의 지역사회재단과 마찬가지로 개인이나 회사가 지역사회재단의 '하위 재단'처럼 보이고 활동할 수 있게 펀드를 조성하는 일을 돕는다고 설명했다. 자신의 재단도 그런 식으로 만들어졌고 그것이 얼마나 쉽게 성사되었는지도 설명했다. 그는 매우 솔깃해하며 아이번에게 월요일에 연락해서 좀 더 구체적으로 들을 수 있겠느냐고 물었다. 아이번은 그에게 명함을 주며 기꺼이 돕겠다고 말했다.

몇 주 후 아이번은 그 사람에게 전화를 걸어 비즈니스 얘기를 했다. 그가 아이번의 전화를 받았다고 생각하는가? 물론이다.

어떤 행사에서든 네트워킹 목표를 시야에 넣고 있으면 예상 밖의 기회를 맞을 수도 있다. 그렇지만 네트워킹 사냥꾼이 되거나 사람들이 당신을 기피하게 해서는 안 된다. 행사의 의도를 존중하라, 그리고 네트워킹 전략을 그에 맞추어 당신이 그 행사에 잘 어울리도록, 그래서 왕따가 되지 않게 하라.

당신은 또한 진실되어야 한다. 네트워킹을 잘해서 어느 곳에서도 네트워킹할 수 있는 사람들이 있다. 그들은 자기 자신만을 위해서가 아니라 다른 사람들을 이어주는 것에 진정으로 관심을 가지고 있다. 그렇기 때문에 성공하는 것이다. 순전히 이기적인 목적으로 네트워킹하는 사람들은 다른 사람들에게 천박하고 진실하지 않게 비친다.

순전히 이기적인 목적으로 네트워킹하는 사람들은 천박하고 진실하지 않게 비친다.

오해하지 마라. 이기적인 목적을 마음에 두고 네트워킹할 수 있다. 그러나 진정으로 '주는 자가 얻는다'는 만트라를 삶에서 실천한다면 아주 다른 모습으로, 아주 긍정적인 모습으로 다른 사람에게 보일 것이다. 누구도 도움이 되는 정보를 우연히 교환하는 것을 마다하지 않는다. 그런 교환이 설령 유대교 성인식이나 종교행사에서 명함을 교환하는 식이어도 말이다.

명절 파티에서, 야구장에서, 이웃과의 피크닉에서, 집들이 파티에서, 아이들 축구시합에서, 학교, 클럽, 또는 교회 모임에서 네트워킹 스위치를 켜두라. 이 모든 장소가 네트워크를 만들기 위한 대화의 기회를 수없이 제공한다. 호혜의 법칙을 염두에 두고, 누군가가 당신에게 물어주기를 바라는 것과 똑같은 질문을 그들에게 하라. 예를 들어, "어떤 일을 하세요?"라든가 "하시는 일에서 어려움이나 보람은 무엇입니까?" 같은 질문을 함으로써 그의 비즈니스에 있는 문제점으로 대화를 이끌어갈 수 있다. 그리고 당신의 네트워크 안에 있는 누군가에게 그를 소개함으로써 그를 도울 기회를 만들 수 있다. 당신이 그를 도우면 그도 어떻게 당신을 도울 수 있을지 물을 것이다. 그때 구체적인 답을 준비해놓는 것은 당신의 몫이다.

결국 장소와 경우를 존중하면서 24시간 ON 상태로 있는 것이 핵심이다. 굉장히 많은 노력이 필요하다고 느껴지는가? 그래서 네트워크(net-WORK)라고 하는 것이다. 비즈니스의 네트워크를 위해서는 일을 좀, 때로는 아주 많이, 해야 한다.

21주 액션

이번 주는 사람들과 연락을 어떻게 해왔는지 검토해볼 절호의 타이밍이다. 얼마나 많은 사람들과 대화를 나누었는가? 항상 ON 상태에 있었는가, 아니면 멍 때리고 있었는가? 각각의 행사를 존중함으로써 적절히 네트워킹했는가? 이 기회에 다음 주를 생각하며 스케줄을 검토하라. 언제 어디서 사람들과 어울릴 것인가? 매일 몇 명의 새로운 사람들과 이야기할 것인가? 이론적으로 1년 동안 하루에 한 명씩만 새로운 사람과 이

사람 중심 활동	거기서 대화한 사람	어떻게 팔로업할 것인가
와인 맛보기 이벤트	1. 멀로 시라즈- 가게 주인 2. 샤도네이- 신문 편집인	1. 가게에서 만나 신상품에 대해 팔로업 2. 점심 약속을 잡아 칼럼니스트 찾는 걸 도울 수 있을지 알아봄

야기해도 내년 이맘때면 365명의 새로운 사람들을 만날 것이다. 보수적으로 봐서 그 365명 중 실제로 12명(한 달에 한 명)과 연결된다고 치자. 그 12명 한 사람 한 사람이 각각 250명을 안다고 하면 어느 시점에선가 1년에 3,000명에게 당신 얘기가 전해지게 된다. 네트워킹에 투자하는 시간으로 꽤 가치 있지 않은가?

24시간 ON 상태의 전략은 몇 개의 다른 전략들과 잘 어울린다. 당신이 더 많은 사람들을 만나고 네트워크를 다양화하는 데 도움을 준다(8주 전략). 당신을 동굴에서 나오게 하고(12주 전략), 네트워킹의 목표(1주 전략)를 달성하게 도와준다.

앞 페이지의 주간 작업표는 사람 중심의 활동을 조직하고 얼마나 많은 사람들을 만날 것인지 전략을 짜는 데 도움을 주기 위해 고안되었다.

WEEK 21

Week 22

촉매 이벤트를 위해 **배워야 할 것들**

정치 컨설턴트인 로버트 홉스에 따르면 '비즈니스'와 '골프 코스'는 그것이 만들어진 이후 동의어처럼 붙어 다녔다. 대부분의 사람들이 골프는 전혀 위협적이지 않은 특성(최소한 골프를 칠 줄 아는 사람들에게는 위협적이지 않다) 때문에 관계 형성에 좋은 것이라고 말한다. 일부 사람들이 골프를 배운 이유도 필드에서 이루어지는 비즈니스 기회를 놓치는 것 같고, 그것을 용납할 수 없었기 때문이다.

물론 모든 사람들이 골프를 좋아하는 건 아니다. 그러므로 다른 활동을 이용하여 회의실 밖에서 사람들과 만나고 우호적인 관계 형성을 돕는 환경을 만들 수도 있다. 볼링이나 소프트볼, 조류 관찰, 배드민턴, 당구, 북클럽 등 무엇이든 좋다.

어떤 활동을 선호하든 그것을 '촉매 이벤트'로 이용할 수 있다. 촉매 이벤트는 공생관계를 형성하는 데 도움이 되는 상황에 사람들을 불러 모은다. 많은 사람들에게 얼굴을 알리고(가시화, Visibility), 그것이 신뢰감으로 이어지며(신뢰감, Credibility), 결국에 당신 회사의 수익성으로 연결된다(수익창출, Profitability). 이것은 '네트워킹의 VCP 프로세스™'으로 잘 알려져 있다.

촉매 이벤트는 공생관계를 형성하는 데 도움이 되는 상황에 사람들을 불러 모은다.

어떻게 하면 촉매 이벤트의 잠재력을 이용하여 소개 기회를 만들 수 있을까? 적절한 사람들을 행사에 초대하면 된다. 골프의 예로 돌아가보자. 몇몇 비즈니스 관계의 지인과 4인의 팀을 만든다. 서로 소개를 주고받을 수 있는 사람들, 예컨대 당신의 공인회계사, 재정 자문, 부동산 투자자문 같은 사람들로 말이다. 이들 중 몇몇은 다른 사람 중 한 명과 미팅을 가지려고 몇 달을 노력했을 수도 있다. 골프는 그 사람들을 한자리에 모을 수 있는 적절한 촉매가 될 수 있다.

이 골프 멤버들이 서로 더 깊은 관계를 형성하게 되면 그들은 자기들을 불러 모은 게 당신이라는 사실을 기억할 것이다. 그리고 그 보답으로 당신이 필요로 하는 것을 얻게 해주기 위해 최선을 다할 것이다(우리는 다른 사람들이 필요한 것을 얻도록 도와줄 때 생기는 그 역동을 좋아한다. 그러면 언제나 그들도 당신이 필요한 것을 얻을 수 있도록 방법을 찾아낸다).

그러나 전략적 동맹을 맺기 위해서는 '구식' 골프게임보다 좀 더 창의적인 촉매 이벤트들이 필요하다. 한 예를 들어 보자. 우리가 아는 구세군의 전무이사는 자기 이사회에 많은 BNI 멤버들을 두고 있었다. 이 BNI 멤버들은(물론 대단한 네트워커들이다) 지역사회에 봉사도 하고 동시에 자신의 비즈니스를 연결해줄 이사회의 다른 사람들과도 관계를 맺고 싶어 했다. 그 멤버 중 재정자문이 있었다. 그는 같은 이사회 소속이면서 백만장자인 3명 중 한 사람과 회의장 밖에서 약속을 잡으려고 애쓰고 있었다. 몇 번의 시도가 다 실패로 돌아가자 그는 전술을 바꿔 이사회 전원을 바다낚시에 초대하는 아이디어를 생각해냈다. 그때 고맙게도 구세군 전무이사가 3명의 이사회 멤버들에게 바다낚시에 관심이 있느냐고 물어 주었다. 그는 그들이 올 생각이 있다면 재정자문에게 물어보겠다고 말했다. 그들은 재정자문과의 약속이라면 받아들이지 않았겠지만 이런 종류의 사교 이벤트에 참가할 용의는 있었다. 그렇게 해서 바다낚시 여행이 성사되었는데, 얼마나 신나는 이벤트였던지 그날 다른 일로 참석 못한 한 명은 나중에 다시 한 번 할 수 있는지 묻기까지 했다.

이런 종류의 촉매 이벤트는 가능하다면 정기적으로 그리고 반복적으로 열 필요가 있다. 초대받은 사람은 자기 스케줄에 끼워넣을 수 있고 없고를 떠나 감사할 것이고, 초대받지 않은 사람들은 소문을 통해 듣고 다음에는 자기들도 초대해달라고 할 것이다.

한 직원이 최근에 조금 다른 형태의 이벤트를 우리에게 소개했다. 사업하는 친구가 주최한 플라이낚시 여행에 대한 얘기였다. 그 여행은 좀 배타적이어서 100만 달러 이상의 자산을 투자한 사람들만 참여할 수 있었다! 그 사업가와 그의 고객 한 명이 플라이낚시 장비를 임대하기 위해 스포츠용품 가게에 갔다. 누가 참여하는지를 알게 된 스포츠용품 점장은 장비를 공짜로 빌려주겠다고 했다. 그다음에 사업가는 허머(Hummer. 역주: 탱크같이 생긴, 전쟁터에서 쓰이던 아웃도어용 자동차) 딜러에게 갔는데, 딜러는 자기도 동참해 그 거물들을 만나는 조건으로 허머 몇 대를 빌려주었다.

촉매 이벤트가 잘되기 위해서는 독점적 요소가 필요하다. 참여하는 사람들은 자신의 사회적 자본을 투자하는 것이므로 대부분 들어갈 수 없는 프라이빗클럽에서의 이벤트나 쉽게 부킹할 수 없는 골프 코스 같은 것을 선호한다.

초대하는 호스트(당신)는 그 활동에 열정을 갖고 있어야 한다. 당신이 오페라를 좋아하지 않는다면 레 미제라블 오페라 오프닝 등을 촉매 이벤트로 쓰지 않는 편이 좋다!

촉매 이벤트가 잘되기 위해서는 독점적 요소가 필요하다.

WEEK 22

22주 액션

이번 주의 미션은 당신의 관심사를 생각해보고, 당신과 취미나 여가활동이 같은 사람들과 어울려 무엇을 얻을 수 있는지 알아보는 것이다. 당신이 정말 즐기는 것은 무엇인가? 무엇을. 배우고 싶은가? 당신과 관심사가 같은 사람들을 어디서 만날 수 있을까? 서너 명의 사람들과 이벤트를 열어라. 작게 시작해서 점점 규모를 키워라.

Week 23
목적이 있는 **식사 모임**이란?

목적이 있는 식사 모임이란 어떤 것일까? 목적이 있는 식사 모임은 일로부터 도망가기 위한 것이 아니다. 얼근하게 술에 취할 핑계도 아니다. 낭만적인 데이트도 아니다. 새로 문을 연 레스토랑이나 좋은 와인에 대해 어딘가에 글을 쓰기 위한 것도 아니다.

이 모든 것들이 굉장히 즐거울 것이라는 데는 이의가 없다. 하지만 그 어느 것도 생산적인 네트워킹에 집중하고 있지 않다. 우리의 관점에서 보자면 목적이 있는 식사 모임이란 구체적이고 의미 있는 목적이 있는 모임, 그 이상도 그 이하도 아니다. 우리의 경우에는 그 목적이 네트워킹이 된 것뿐이다.

이런 식사 모임의 네트워킹 목적은 관계를 더욱 발전시키는 것, 동료의 문제를 해결하도록 돕는 것, 네트워크 안에 있는 사람을 어떻게 소개하는지 배우는 것, 동료를 중요한 사람에게 소개하는 것, 네트워크 멤버에게 어떻게 자신의 비즈니스를 네트워크에 있는 다른 사람들에게 소개하는지 가르쳐주는 것이다. 전략적이고 결과 중심적인 이런 모임은 당신이 투자한 시간에 높은 가치를 제공한다.

이 전략을 위해 먼저 1주일에 일하는 날이 평균 5일임을 염두에 두기 바란다. 우리는 하루에 세끼를 먹는다. 목적이 있는 식사 모임을 가질 수 있는 기회가 일주일에 15번이다. 1년에는 780번이다.

그런데 780명과 다 밥을 먹다가는 호주머니에 구멍이 나거나 개인적인 관계에도 구멍이 날 수 있다. 현실적으로 생각하자. 모든 식사를 매번 다른 사람과 밖에서 먹는다면 배우자가 어떻게 생각할지 상상해보라. 우리는 가정의 분란을 원치도 않고, 아이들이나 애완동물이 당신의 얼굴을 잊어버리는 것을 원치도 않는다. 그래서 보수적으로 잡아 그중의 반을 가족과 보낸다 하더라도 아직 390번의 목적 있는 식사를 할 기회가 있다. 그리고 11주 전략(황금알을 낳는 거위, 가족에게 말하라)을 실천한다면 실제 횟수는 그 중간쯤 될 것이다.

횟수가 어떻든 식사를 하며 네트워킹할 수 있는 상당한 기회가 존재한다는 사실을 인식하는 것이 중요하다. 이 개념을 가장 잘 설명한 것이 키스 페라지의 저서 《혼자 밥 먹지 마라》이다. "나는 무엇을 하든 항상 다른 사람들을 끌어들이려고 한다. 그들에게도 좋고 나한테도 좋고, 교우를 넓히고자 하는 모든 사람에게 좋은 일이다."

이런 정도의 네트워킹이면 그의 생산성을 높여주고 그가 속한 지역사회의 다른 사람들과 연결하는 데도 도움이 된다. 페라지는 자신의 가장 튼튼한 유대는 모두 식탁에서 이루어졌다고 믿는다. 그는 디너 파티를 여는 것이 추억을 만들고 관계를 돈독히 하는 데 얼마나 막강한 힘을 발휘하는지 알고 있었다. 친구들이 밥을 같이 먹으면 뭔가 마술적이고 친근한 것이 생긴다. 그러나 그는 우리가 늘 똑같은 사람들하고만 디너 파티를 하다 보면 그 모임은 결코 커지지 못한다고 덧붙인다. 그가 제시한 해법은 앵커 임대인(anchor tenant. 역주: 백화점이나 쇼핑몰에서 많은 사람들이 찾아오도록 하는 인기 있는 상점)과 비슷한 앵커 게스트를 찾아 초대하는 것이다. 앵커 게스트란 다른 분야의 사람들을 알고, 다른 일들을 경험했고, 그래서 함께 나눌 것이 많은 사람들이다. 그들은 당신 친구들의 인생에 긍정적인 영향을 미친다. 페라지는 이것이 임원들의 저녁 모임에 사장을 초대하는 것과 같다고 말한다. 머지않아 다른 임원들도 거기에 오고 싶어 할 테니 말이다.

아이번은 키스 페라지의 네트워킹 파티를 직접 경험할 기회가 있었다. 그날 밤 앵커 게스트는 전설적인 작가 고어 비달이었다. 공연은 미국의 가장 오래된 대학생 아카펠라그룹인 예일대의 위펀푭스(Whiffenpoofs)가 맡았다.

물론 우리 모두가 네트워킹 파티에 고어 비달과 위펀푭스를 초대할 수는 없다. 짐작컨대 키스 페라지도 자기가 연 첫 번째 파티에 그들을 초대하지는 못했을 것이다. 그러나 지역사회에 당신의 얼굴을 알리는 데 이 방법을 시도해보기 바란다.

키스 페라지는 밥 한 끼가 어떻게 비즈니스 네트워킹 기회에 적절히 이용될 수 있는지 유심히 들여다본 사람이다. 그러나 가장 중요한 것은 언제나 관계 형성에 초점을 맞춰야 한다는 것이다. 서로에 대해 알고, 상대의 문제 해결을 돕고, 자신이 가진 것을 주는 것, 그것이 바로 목적이 있는 식사 모임이다.

서로에 대해 알고, 상대의 문제 해결을 돕고, 자신이 가진 것을 주는 것. 그것이 바로 목적이 있는 식사 모임이다.

관계는 우리의 인생과 비즈니스를 앞으로 나아가게, 목표에 가까워지게 한다. 달라이 라마는 이렇게 말한다.

"인간은 사회적 존재다. 우리가 세상에 온 것은 다른 사람의 행동의 결과다. 우리는 여기서 다른 사람에게 기대어 살아남는다. 싫든 좋든 우리 인생에서 다른 사람의 활동으로부터 도움을 받지 않는 순간은 거의 없다. 그렇기 때문에 우리가 누리는 행복의 대부분이 다른 사람과의 관계에서 생긴다는 것이 하나도 놀랍지 않다."

디너 파티를 주관하는 것은 초보자가 할 일은 아니다. 사교계에 이제 막 발을 들여놓았다면 점심이나 조찬 모임을 주선하는 것이 당신 속도에 맞는다.

점심이나 조찬 모임을 주선할 때 첫 단계는 모임의 구조와 목적을 생각하는 것이다. 앞서 얘기한 2개의 시나리오를 좀 더 자세히 들여다보자. 당신과 서로 비즈니스를 도와주기로 한 네트워킹 파트너를 중요한 사람에게 소개하는 것, 파트너가 어떻게 당신의 비즈니스를 소개할지 배울 수 있도록 도와주는 것, 2가지 예를 놓고 모임의 구조를 짜는 법을 알아보자.

예 1 : 네트워킹 파트너를 중요한 사람에게 소개하기

네트워킹 파트너를 중요한 사람에게 소개할 때 당신의 목표는 그와 그의 비즈니스를 멋지게 추천함으로써 그 사람에 대한 신뢰도를 높이는 것이다. 이 모임에 대비해 다음 질문에 대한 답을 준비하라.

- 네트워킹 파트너가 자신의 고객을 위해 어떤 문제를 해결해주었는가?
- 고객들은 파트너에게 오기 전에 어떤 문제를 겪고 있었는가?
- 문제를 해결하기 위해 파트너는 무엇을 했는가?
- 고객에게 어떤 결과를 가져왔는가?
- 오늘 만나야 할 인물로 파트너가 적절한 이유는?

파트너를 중요한 사람에게 소개할 때 당신의 목표는 파트너에 대한 신뢰도를 높이는 것이다.

이 질문들에 답할 수 없다면 파트너와 좀 더 많은 시간을 보내면서 그가 하는 일이 무엇인지 이해해야 한다.

만약 파트너가 재무컨설턴트라면 위 질문들에 당신은 이런 답을 내놓을 것이다.

"캐시, 오늘 우리와 함께 점심식사에 응해줘서 고마워요. 당신을 소피

루이스에게 소개하고 싶어서 만나자고 했어요. 소피는 제가 말씀드린 재무컨설턴트예요. 제가 소피를 진짜 좋아하는 이유는 그녀가 고객들이 정말로 필요로 하는 서비스를 하기 위해 그들의 얘기를 경청한다는 거예요. 제품을 파는 게 아니에요. 예를 들어볼게요. 최근 소피는 50대 커플과 일을 했어요. 그들은 현재 하고 있는 활동과 은퇴 후 플랜을 맞추는데 도움이 필요해서 소피에게 왔어요. 소피가 그들의 저축과 투자를 잘 관리해줘서 그들이 안정된 은퇴생활에 대해 편안한 마음을 갖게 되었지요. 정말 기분 좋은 일은, 그들이 은퇴 후에 대한 걱정 없이 올해 오스트레일리아로 오래전부터 꿈꿨던 여행을 떠나게 되었다는 거예요. 소피가 알아서 잘 챙겨주어 더 충실한 인생을 살 수 있게 된 거죠. 그녀는 그들이 신뢰하는 컨설턴트가 되었어요. 당신도 비슷한 걱정을 하고 있는 것 같아서 소피를 직접 만나보라고 한 거예요."

제삼자가 말로 추천하는 이 전략은 캐시로 하여금 소피를 신뢰하게 만든다. 보통은 그들 사이의 더 깊은 대화로 이어진다.

이 예에서 공통의 연결고리는 당신이다. 소피는 파트너로서 당신과 관계를 맺고 있고, 캐시는 당신의 네트워크 안에 있는 누군가의 도움을 필요로 하는 사람이다. 이것이 바로 윈-윈-윈의 기회이자 목적 있는 모임이다.

예 2 : 파트너가 어떻게 당신의 비즈니스를 다른 사람에게 소개할지 배울 수 있게 도와주기

이 예에서는 당신이 모임을 주도한다. 목적은 어떻게 하면 당신에게

WEEK 23

적절한 비즈니스를 찾아줄 수 있을지 파트너에게 잘 알려주는 것이다. 관계는 탄탄하고 서로의 비즈니스를 키우는 데 도움을 주기로 했다. 이 모임을 위해 한 가지 비즈니스를 염두에 두고 다음 질문에 답해보기 바란다.

- 당신이 선호하는 고객의 프로파일은?
- 파트너가 안고 있는 문제 중 당신의 도움을 필요로 하는 것은 무엇인가?
- 파트너의 불만은 무엇인가?
- 당신의 도움이 필요한 사람을 알아보기 위해 파트너가 눈여겨봐야 할 문제는 무엇인가?
- 사람들의 거절을 극복하기 위해 파트너가 할 수 있는 말은 무엇인가?
- 당신에게 좋은 소개는 어떤 것인가?
- 당신에게 좋지 않은 소개는 어떤 것인가?

이 질문들에 대한 답을 글로 써서 파트너나 당신이 만나는 사람에게 주면 큰 도움이 될 것이다. 이런 미팅을 위한 인쇄물을 만드는 것도 좋은 방법이다. 동시에 당신도 상대방을 도울 수 있다. 상대방은 당신이 하는 것을 보고 '아, 소개를 받으려면 이런 정보를 제공해야 되는구나' 하고 배워 따라할 수 있는 것이다.

이 모임의 목적은 서로의 비즈니스를 키우기 위해 서로 돕는 것이다.

이 전략을 사용하면 관계가 훨씬 더 탄탄해지고, 윈-윈-윈의 기회가 만들어지며, 당신과 파트너에게 더 많은 비즈니스가 생길 것이다.

23주 액션

네트워킹 목표에 목적이 있는 식사가 포함되어 있지 않다면 지금이 바로 그것을 정할 시간이다. 다이어리나 핸드폰의 달력을 열어 목적 있는 식사 모임을 위해 쓸 수 있는 모든 날짜와 시간에 표시하라. 그리고 나서 이번 주 미션을 수행하라. 세 번의 목적 있는 식사 모임 잡기. 일단 모임의 틀이 잡히면 다음 단계로 네트워크 안에 있는 세 사람에게 전화를 걸어 식사 모임을 잡아라. 상대방에게 미리 모임의 목적을 알려주어라. 그에게 누군가를 소개시켜주고 싶다거나, 그의 비즈니스에 대해 좀 더 알고 싶다거나, 그를 당신의 네트워크에 소개할 수 있는 방법을 알려주겠다는 등의 뜻을 전달하라.

Week 24

7초의 첫인상, 보고 또 듣게 하라

"좋은 첫인상을 남길 기회는 단 한 번뿐이다." 이런 말을 한두 번쯤은 들었을 것이다. 이 말을 당신에게 처음 해준 사람은 뭔가 아는 사람이다. 네트워킹에서도 마찬가지다. 이렇게 중요한 첫인상을 만들 기회는 딱 한 번밖에 없다. 처음 당신을 만나는 사람들은 당신이 원하든 원치 않든 당신을 판단한다.

중요한 첫인상을 만들 기회는 딱 한 번밖에 없다.

사람들이 첫 만남에서 당신을 판단하는 데 어느 정도의 시간을 쓴다고 생각하는가. 7초다. 그 짧은 시간에 사람들은 당신이 좀 더 시간을 들일 가치가 있는 사람인지 아닌지 미리 재고, 판단하고, 분류한다. 누군가가

7초 동안의 교류에 근거해 당신과 관계를 맺지 않기로 결정한다고 생각하면 좀 무섭지 않은가? 불행하게도, 사실이 그렇다(정도의 차이는 있겠지만 우리도 다른 사람들에게 똑같은 짓을 한다).

이 7초짜리 기회의 창은 네트워킹에 어떻게 적용될까? 앞서 말했듯이 네트워킹은 연락 스포츠다. 당신이 새로운 사람과 연결하려 할 때마다 7초 시계는 여지없이 카운트다운을 시작한다. 그 사람은 당신의 외모, 보디랭귀지, 단어 선택, 그리고 프로다운 모습에 근거해 당신을 평가하기 시작한다. 눈 한 번 깜빡하는 사이에 그것들을 모두 합쳐 당신에 대한 인식을 만들어낸다. 당신에 대한 이 인식은 아무리 피상적이라 하더라도 거의 한순간에 그 사람에게는 실재하는 현실이 된다.

네트워킹은 연락 스포츠다.

네트워킹에 들이는 시간을 가능한 한 효율적으로 만들어야 한다는 사실을 생각한다면 무엇보다 강력하고도 긍정적인 첫인상을 심어야 한다. 어떻게 하면 좋을까?

외모부터 시작해보자. 당신이 비즈니스 네트워킹 이벤트에 참석하는 퍼스널 트레이너라고 가정해보자. 당신은 아마 이렇게 생각할 수 있다. '흠… 홍보가 목적이라면 헬스클럽에서 일할 때와 비슷해야 할 거야.' 그래서 운동복 바지에 티셔츠와 운동화를 신고 나가야 한다고 생각할지도 모르겠다. 이 의견에 대해 나름대로 강한 신념을 갖고 있을 수도 있다. 하지만 당신은 자신의 의견 따위는 무시해야 한다. 중요한 것은 거기서 만날 사람들의 의견이기 때문이다. 그렇다. 어느 정도는 '그 옷차림'이 그럴듯한 전술일 수도 있다. 그러나 그건 실수라는 것이 우리의 강력한 의견이다. 비즈니스 네트워킹 이벤트는 당신이 자신을 전문적인 사업가로 사람들에게 소개하는 곳이다. 당신의 선호 고객이 비즈니스 프로들이라면 캐주얼한 카키색 바지에 당신 회사의 로고가 들어간 드레스 셔츠(넥타이는 필요 없다)를 입고 드레스 슈즈를 신는 것이 더 강력한 인상을 줄 것이다.

다음으로 보디랭귀지, 즉 몸짓언어를 보자. 보디랭귀지는 대화를 소리 없이 죽일 수 있는 무서운 녀석이다. 상대방에게 첫 마디를 하기도 전에 당신은 이미 많은 것을 말해버렸다. 바로 당신의 보디랭귀지로!

보디랭귀지는 대화를 소리 없이 죽일 수 있는 무서운 녀석이다.

실험을 해보자. 다음 네트워킹 모임에 갈 때 믿을 만한 친구를 데리고 가서 그로 하여금 당신의 보디랭귀지를 관찰하게 하라. 당신의 행동과 관련해 그에게 주목해달라고 부탁할 몇 가지가 있다.

- 눈 맞추기. 대화 내내 눈 맞추기를 잘하는가? 아니면 누가 왔는지 보려고 상대방의 어깨 너머로 한눈을 팔고 있는가?
- 팔 움직임. 팔은 어떻게 하고 있는가? 팔짱을 꼈는가(아이, 지루해), 아니면 뒷짐을 졌는가(흥미있는데)?
- 위치. 다른 사람을 환영하는 열린 자세로 서 있는가, 아니면 사람

들이 대화에 끼어드는 것을 가로막는 자세인가? 지루하거나 피곤하다는 듯 어디엔가 기대고 있는가? 음식을 잔뜩 들고 있어서 악수하기가 힘든가?

- 얼굴 표정. 미소 짓고 있는가, 아니면 하품을 참고 있는가? 관심을 나타내고 있는가? 당신의 얼굴은 무슨 말을 하고 있는가?

친구가 관찰한 것과 상대방의 반응에 대해 함께 얘기해보라. 피드백을 귀 기울여 듣고, 자신에 대해 좀 더 의식적으로 성찰하고, 적절하게 조절하라. 보디랭귀지는 기본적으로 무의식적이다. 우리는 우리가 만드는 보디랭귀지에 대해 또는 그것이 보내는 숨은 메시지에 대해 알지 못한다. 그래서 믿을 수 있는 사람으로부터 솔직한 피드백을 받을 필요가 있다.

사람들이 처음 만나서 7초 안에 시각적으로 당신을 체크한다는 사실은 이미 얘기했다. 그러나 그것은 우리가 사용할 수 있는 오감(또는 육감) 중 하나일 뿐이다. 그들이 무엇을 듣는가가 중요하다. 그것이 당신의 첫 인상에 상당한 영향을 미치기 때문이다.

네트워킹 이벤트에 참가하는 대부분의 사람들은 한 가지 목표를 갖고 있다. 비즈니스. 그 모티브가 네트워킹하는 사람을 판매 마인드로 몰아가고, 동시에 세일즈에 초점을 맞춘 언어와 동작을 하게 만든다. 하지만 일반적인 믿음과는 반대로 네트워킹 이벤트의 목적은 그 자리에서 비즈니스 소개를 받기 위한 것이 아니다. 따라서 당신의 언어와 동작을 통제하는 전혀 다른 사고방식이 필요하다. 새로운 사람을 만난 지 7초 안에 이 질문을 하라. "제가 어떻게 도움을 드릴 수 있을까요?" 그 사람이

하는 일이 무엇인지 물어보라. 상대방 위주의 이 네트워킹 접근법은 강력하고도 긍정적인 첫인상을 만든다. 상대방은 당신이 뭔가를 팔려고 한 많은 사람 중의 하나가 아니라, 도움을 자청하고 나선 흔치 않은 사람으로 기억할 것이다. 무언가 팔려고 하면 상대방이 금방 알아차린다. 그리고 그 상황에서 빠져나가려고 한다. 반면에 자신에게 도움을 주려고 내민 손길은 알아차리고 받아들인다.

일반적인 믿음과는 반대로 네트워킹 이벤트의 목적은 그 자리에서 비즈니스 소개를 받기 위한 것이 아니다.

당신을 소개하기 전에 사람들이 당신을 알아야 하고, 좋아해야 하고, 신뢰해야 한다는 사실을 항상 기억하라. 특히 '신뢰해야 한다'를. 신뢰는 마스터 네트워커의 10대 특징 중 하나다(7주 전략 참조). 여섯 다리 실험에서 성공한 참가자에게 신뢰가 없었다면 다른 사람의 도움을 받을 수 없었을 것이다. 그러므로 처음 누군가를 만날 때는 자신감을 나타내고, 정직함을 보여 그들의 신뢰를 얻으라. 이렇게 함으로써 당신은 자신의 전문가다운 모습을 보여줄 수 있고 상대방의 네트워크에 받아들여질 확률을 높일 수 있다. 상대방을 돕는 데 초점을 맞추면 긍정적이고 강력한 첫인상을 만드는 데 도움이 된다.

24주 액션

이번 주 당신에게 주어진 첫 번째 미션은 집을 나서기 전에 거울을 보고 스스로 묻는 것이다. '나를 처음 만날 사람에게 내가 보내는 메시지는 무엇인가? 내가 입을 열기 전에 그들은 나에 대해 어떻게 생각할까?'

집을 나서기 전에 거울을 보고 스스로 물어라. "나를 처음 만날 사람에게 내가 보내는 메시지는 무엇인가?"

두 번째 미션은 피드백을 받음으로써 당신의 보디랭귀지에 대해 제대로 파악하는 것이다. 당신이 말 한마디 하지 않으면서 하는 말은 무엇인가? 당신의 보디랭귀지에 대한 피드백을 받을 수 있도록 다음 네트워킹 모임에 믿을 만한 사람을 한 명 데리고 가라.

WEEK 24

Week 25

아낌없이 주는 **네트워킹그룹**을 찾아서

당신에게 새 비즈니스를 찾아주기 위해 대신 뛰어줄 세일즈맨들이 수십 명 있다면 얼마나 도움이 되겠는가? 근사하지 않겠는가? 잠깐, 더 좋은 일도 있다. 월급이나 커미션을 안 줘도 된다면? 사무실 공간을 내줄 필요도 없고, 퇴직금 적립을 안 해도 된다면 어떨까?

당신에게 새 비즈니스를 찾아주기 위해 대신 뛰어줄 세일즈맨들이 수십 명 있다면 얼마나 도움이 되겠는가?

"솔직히 말해봐요, 무슨 꿍꿍이가 있는 거요?"라고 물을지 모른다. 하지만 숨겨진 꿍꿍이 같은 건 없다. 다만 이런 일을 가능하게 해주는 것이 있다. 바로 '리퍼럴(비즈니스 소개) 네트워크'다.

"진짜라고 믿기엔 너무 좋은 걸?"이라고 말하겠는가? 비난할 생각은 없다. 거의 공짜로 세일즈팀이 생긴다는 사실이 믿기지 않을 수 있다. 사업가들이 이런 기회를 매일 마주치는 것도 아니다. 그리고 우리는 어릴 때부터 진짜라고 믿기에 너무 좋은 건 결국 진짜가 아닌 것으로 밝혀진다고 배웠다.

그러나 이건 진짜다. 별로 잘 지켜지지 못했던 이 비밀에 대해 이미 알고 있는 사람도 있을 것이다. 특히 아이번의 다른 책들을 읽어봤다면 말이다. 그러나 네트워킹 세계가 아직 생소하다면 알파벳 세 글자를 기억하면 된다. BNI.

이 책의 공동 저자인 아이번 마이즈너 박사는 1985년에 BNI를 설립했다. BNI는 마치 로켓처럼 갑자기 떠버렸는데, 갈수록 더 많은 비즈니스맨들이 리퍼럴 네트워킹그룹에 참여하는 것이 공짜로 세일즈팀을 얻는 것과 같다는 사실을 깨달았기 때문이다. 그 후 BNI는 비즈니스 네트워킹과 리퍼럴에 관한 한 세계 최대 기관이 되었고 전 세계 수십 개 국가에 '챕터(chapter)'라 부르는 사업가들의 모임을 수천 개나 운영하게 되었다.

BNI는 소개로 비즈니스를 일으키는 구조화된 시스템을 제공한다. BNI의 목적은 비즈니스를 하는 사람들이 미래의 비즈니스로 이어질 지속적인 관계를 형성하도록 도와주는 것이다. BNI는 '주는 자가 얻는다'라는 모토를 갖고 있는데, 네트워킹에 성공하려면 먼저 다른 사람들이 성공하도록 도와주어야 한다는 사실을 처음부터 강조한다. 줄리엔 샤프의 독립적인 연구에 의하면 BNI의 참가자들은 매년 수백만 건의 소개를 주고받고, 전 세계의 멤버들을 위해 수조 원에 달하는 비즈니스를 창출해준다. 그 어떤 네트워킹기관도 이런 성공을 한 곳은 없다. BNI는 왜 네트워킹그룹에 참여해야 하는지 단순하고 확실하게 보여준다.

사실 이 책을 쓰자는 아이디어는 공동 저자인 미셸 도너번이 자신의 지역인 웨스트 펜실베이니아에서 BNI 멤버들의 교육에 적극적으로 관여하면서 나왔다. 그녀는 BNI가 자신의 비즈니스에 도움이 된 것을 직접 경험했고, 다른 많은 사람들에게 막강한 영향을 미쳤다는 사실도 알고 있었다. BNI는 그녀의 비즈니스 네트워킹의 주요 통로가 되었다.

25주 액션

이번 주 미션은 www.BNI-korea.com과 www.bni.com을 방문하여 BNI그룹이 제공하는 기회를 탐색해보는 것이다. 당신이 사는 도시를 찾아보고, 가까운 챕터를 방문할 약속을 하라. 목적이 있고 결과 중심적인 네트워킹 모임을 경험해보라. 세계 최대의 가장 생산적인 비즈니스 네트워킹 기관을 놔두고 그 이하의 것에 만족할 필요는 없지 않은가?

Week 26

네트워크를 다양화하고 싶은 당신에게

계란을 한 바구니에 다 담아라. 그리고 그 바구니를 잘 지켜라. 이것이 바로 앤드류 카네기가 1903년 비즈니스에 성공하고 싶은 사람들에게 한 조언이다. 사람들은 그의 경구를 잘 기억하고 자주 인용했지만 지금은 1세기 동안 얼마나 많은 변화가 있었는가를 보여주는 데 주로 쓰인다. 오늘날 재무컨설턴트는 절대로 계란을 한 바구니에 다 담지 말고 위험에 대한 노출을 분산하고 소득을 다변화하라고 말한다.

비즈니스 네트워킹도 마찬가지다. 시간을 보내는 곳을 다양화하는 것이 건전한 비즈니스 네트워킹 전략이다. 8주 전략(만남을 다변화하라)에서 설명했듯이 다양한 백그라운드와 직업을 가진 네트워킹 파트너를 가지면 여러 네트워크에서 활동하는 린치핀 같은 사람들과 그들의 네트워크에 접근할 기회가 더 많이 생긴다. 다양성이 당신의 네트워크를 더 다양한 직업과 지역, 목표 달성을 위한 방법으로 폭발적으로 확장시켜줄 수 있다.

시간 보내는 장소를 다양화하는 것이 건전한 비즈니스 네트워킹 전략이다.

지난주 우리는 리퍼럴 네트워킹그룹에 참여하는 것에 대해 얘기했다. 이제 다른 옵션을 찾아보자.

질문 하나. 당신은 현재 어디서 네트워킹 시간을 보내고 있는가? 아마도 네트워킹과 관련된 것을 아무것도 안 하고 있을 수도 있다. 그래서 이 책을 산 것이다(잘했다!). 앞서(9주 전략에서) 우리는 적절한 사람을 만나는 것의 중요성에 대해 알아보았다. 적절한 장소에서 네트워킹하는 것도 그와 마찬가지로 중요하다.

네트워킹하기에 적절한 장소를 찾기 위해 3주 전략에서 얘기한 선호 고객의 프로파일을 다시 한 번 검토하기 바란다. 당신의 선호 고객은 누구이고 그 사람은 어디서 시간을 보내는가? 선호 고객이 있는 곳에 있다면 도움이 될까? 더 중요한 것은 4주 전략에서 다룬 입소문마케팅팀이다. 당신과는 다른 이유로 당신의 선호 고객을 상대하고 당신의 상품이나 서비스에 대해 믿음을 가진 사람들을 찾으려면 그들이 있는 곳에서 네트워킹해야 하지 않겠는가?

당신이 프로젝트 매니저인데 선호 고객의 비즈니스는 리로케이팅(역주: 직장을 다른 지역으로 옮길 때 이사를 포함한 일괄 서비스를 해주는 것)이라고 하자. 그러면 당신은 인테리어 디자이너가 당신의 입소문마케팅팀과 환상의 궁합이 되겠다고 생각할 것이다. 그런데 어디서 인테리어 디자이너를 찾을 것인가? 그 질문에 답하면 어디서 네트워킹을 할 것인지도 결정된 것이다. 한 예로 근처의 상업부동산 여성인협회(Commercial Real Estate Women, CREW)의 챕터(그룹)에서 그런 인테리어 디자이너를 찾을 수 있을 것이다. 그렇게 함으로써 네트워킹의 가치가 높아질 뿐 아니라 당신의 선호 고객을 상대하는 사람과도 가까워질 수 있다. 이런 식으로 목표를 정해서 접근하는 것이 현명한 네트워킹 습관이다.

그런데 CREW 외에 당신의 '네트워크 다양화' 리스트에 포함시켜야 할 또 다른 기관이 있다. 바로 전문가협회(때로 '전문가 소사이어티'라고도 불린다)다. 상상할 수 있는 거의 모든 분야에 협회라는 게 있다(당신의 상상 밖의 분야에도 물론 있다). 전문가협회는 대부분 비영리단체로 활동의 유일한 목적이 특정 직업 또는 특정 직업 내에서 좁은 범위의 전문성을 가진 회원들에게 교육, 네트워킹, 연구, 증명서 발행, 출판, 기타 서비스를 지원하는 곳이다.

동업자단체는 전문가협회와 비슷하지만 직업 자체보다는 특정 산업이나 비즈니스 형태에 초점을 맞춘다. 예를 들어 미국기업교육협회(American Society for Training and Development, ASTD) 같은 것이다. 그들은 전문가협회와 비슷한 서비스를 제공하지만 로비, 공공정책, 관련 사건 변호 같은 것에 더 관여하는 경향이 있다. 때로 전체 산업의 인지도를 높이기 위한 마케팅이나 광고캠페인에 자금을 대기도 하는데, 결과적으로 회원사들을 지원하는 역할을 한다. 전국적 또는 주정부 규모의 컨퍼런스, 트레이드쇼, 전시회 등을 통해 수많은 네트워킹 기회를 제공한다.

또 하나의 장소는 지역 상공회의소다. 상공회의소는 광범위한 멤버십 기반을 갖고 있지만 보통은 특정 지역, 시나 군 단위로 되어 있다. 이런 종류의 지역 멤버십이 당신의 비즈니스에는 중요할 수도, 중요하지 않을 수도 있다. 리퍼럴 네트워킹그룹, 전문가협회, 또는 동업자단체와 달리 상공회의소는 회원을 제한하지 않는다. 한 지역에 여러 명의 인테리어 디자이너가 속할 수 있다. 그래서 지역 상공회의소에 가면 당신의 입소문 마케팅팀을 위한 다수의 후보자들을 만날 수 있다.

상공회의소의 멤버가 되면 지역사회에 봉사할 기회와 멤버로서 받는 혜택을 활용할 수 있다. 임원으로 봉사하면 당신과 당신의 비즈니스의 지명도와 신뢰도를 높일 수 있다.

상공회의소의 멤버가 되면 지역사회에 봉사할 기회와 멤버로서 받는 혜택을 활용할 수 있다. 또 임원으로 봉사하면 당신과 당신의 비즈니스의 지명도와 신뢰도를 높일 수 있다.

이런 종류의 단체에 참여하는 것에 대한 조언 한마디(오케이, 정확히 말하면 두 마디다). 적극적으로 참여하라. 가치 있는 관계 형성의 열쇠는 소매를 걷어붙이고 최대한으로 참여하는 것이다. 몇 시간이든 상관없다. 회원들에게 감사하고 보상하는 것이면 된다. 위원회에 자원하거나 멤버십 확장 캠페인에 참여하는 등, 관심이 있으면 아무거나 좋다. 당신이 원하는 몇몇 사람만 만날 수 있기 바라면서 가끔 있는 이벤트에만 참여한다면 시간과 돈의 낭비일 뿐 아니라 동료 회원들의 선의를 얻는 데도 실패한다.

BNI와 전문가협회, 동업자단체, 상공회의소를 소개한 것은 그런 단체들이 네트워킹을 위한 장을 제공하기 때문이다. 그러나 이런 종류의 단체에 너무 많이 속하다 보면 튼튼한 관계를 형성하는 능력에 제한을 받게 되고 지쳐버릴 수 있다. 한 개의 상공회의소, 한 개의 리퍼럴그룹, 한 개의 전문가협회에 가입해 당신의 능력과 장점과 재주를 집중적으로 드러냄으로써 인지도를 높여야 네트워킹에서 최고의 가치를 끌어낼 수 있다.

한 개 이상의 네트워킹 바구니에 계란을 나눠 담아라.

26주 액션

이번 주 전략은 (앤드류 카네기에게는 미안하지만) 계란을 한 개 이상의 네트워킹 바구니에 나눠 담으라는 조언으로 시작했다. 이번 주 미션은 지역 상공회의소를 알아보는 것이다. 사무실 위치와 멤버십에 관한 정보를 알아보라. 연락할 수 있는 회원의 이름도 물어보라. 멤버십이 당신에게 잘 맞는지 한두 개의 이벤트에도 참가해보라. 상공회의소가 주최하는 교류 모임에도 가볼 수 있을 것이다. 서두르지 말고 미션을 수행한 다음 비즈니스의 필요를 충족시켜줄 회의소를 찾아라. 네트워킹 이벤트를 주관하는 방법을 알고 멤버십이 튼튼하고 활발한 회의소를 하나 골라라. 단, 멤버십은 공짜가 아니다. 그러나 전통적인 광고보다는 훨씬 싸다.

Week 27

스폰서로 나서기 전에 던져야 할 몇 가지 질문

스폰서십은 소비자 문화의 영원한 한 부분이 된 것 같다. 텔레비전으로 중계된 나스카(NASCAR, 전미 자동차경주), 골프 토너먼트, 테니스 경기, 아니면 대형 운동장에 가서 축구나 야구 경기를 본 적이 있을 것이다. 이런 경기에는 그때마다 스폰서가 빠지지 않는다. 나스카에서 자동차들은 온갖 회사들의 로고와 스티커로 뒤덮여 트랙을 돌 때 거의 구별할 수가 없을 정도다.

서비스클럽이나 전문가그룹 같은 지역사회나 기관과 단체의 행사도 스폰서에 의존한다. 트레이드쇼나 전시회도 마찬가지다. 이런 종류의 이벤트에 스폰서가 되는 데 드는 돈은 수백 달러에서 수천 달러 정도다.

당신은 스폰서가 되어달라는 부탁을 몇 번이나 받았는가? 당신의 네트워크에 있는 누군가를 돕기 위해 스폰서 요청을 수락한 적이 몇 번이나 되는가? 잘만 하면 두 상황 모두 당신과 당신의 비즈니스를 널리 알릴 수 있는 엄청난 잠재력을 갖고 있다. 게다가 입소문마케팅팀의 누군가를 위한 이벤트에 스폰서를 하면 그 사람과의 관계를 깊게 할 수 있다.

누구와 어디서 네트워킹할 것인지 신중하게 고려해야 하는 것처럼, 이벤트에 스폰서를 할 때도 조심스럽게 선택해야 한다. 시간과 돈을 투자할 좋은 기회인가? 부탁을 받아서 하든 자원해서 하든, 결정하기 전에 다음의 질문들을 스스로에게 던져라.

이벤트에 스폰서를 할 때 조심스럽게 선택하라. 시간과 돈을 투자할 좋은 기회인가?

- 이 이벤트의 목표 시장은 어디인가?
- 나의 투자로 어느 정도의 노출을 얻을 수 있을까?
- 투자 없이도 이런 종류의 노출을 얻을 수 있을까?
- 청중 앞에 설 수 있는 기회가 있을까?
- 내가 거기 참가하는 것이 적절할까?
- 어떤 비즈니스 네트워킹의 목표를 달성하는 데 도움이 되는가?
- 다른 스폰서들은 내 경쟁자들인가?
- 이것이 어떻게 나에 대한 사람들의 신용을 높일까?
- 하지 않는다면 그 이유는 무엇인가?

이 질문들이 스폰서십의 가치를 결정하는 데 도움을 줄 것이다.

이제, 어느 날 당신이 거대한 이벤트의 책임을 맡게 되었다고 상상해 보자. 부담감이 몰려올 것이다. 그런데 갑자기 네트워크에 있는 어떤 사람이 이벤트에 돈이 필요하다는 걸 누군가로부터 듣고 당신에게 상당한 액수의 후원을 하겠다고 자청하고 나선다. 그 사람에 대해 어떻게 생각하겠는가? 이와 같이 당신도 스폰서가 됨으로써 누군가에게 똑같은 느낌을 줄 수 있다. 까다롭게 선별하고 직접 만나서 지원 의사를 밝혀라. 실제로 당신의 관계 계좌에 상당한 '예금'을 하는 것이다. 이런 행동은 시간이 지나면 반드시 선물이 되어 돌아온다. 그러나 지금 당장은 당신의 네트워크 안에 있는 누군가의 목표를 달성하는 것을 도움으로써 그 사람과의 관계를 증진시킬 수 있다는 사실만 명심하자.

27주 액션

이번 주에는 당신의 네트워크에 있는 사람들을 생각하라. 누가 재정적 지원을 필요로 하는 이벤트, 예컨대 컨퍼런스, 매장 오픈, 자선 마라톤과 같은 행사를 계획하고 있는가? 그 사람과의 관계를 강화하기 위해 할 수 있는 한 최대의 도움을 당신의 비즈니스에서 제공하라.

Week 28

스포트라이트를 공유하는 **이벤트를 개최하라**

지난주의 전략에서는 이벤트의 스폰서가 되는 것의 장단점을 살펴봤다. 이번 주에는 그것과 보완적인 전략에 집중한다. 바로 당신 자신이 이벤트의 호스트가 되는 것이다.

간단한 디너 파티나 뒷마당에서의 바비큐 파티를 말하는 게 아니다. 진정한 의미의 네트워킹 행사가 되기 위해서는 이벤트에 목적이 있어야 한다. 그냥 사람들을 불러 모으는 것을 넘어선 목표가 있어야 한다.

목적 있는 이벤트를 주최하고 싶으면 이번 주의 전략과 지난주의 전략을 결합하여 네트워크에서 스폰서가 되어줄 특정 멤버들를 찾아 접근하라. 이론적으로 말하면, 당신이 그들에게 얼굴을 알리고 신뢰를 쌓을 아주 특별한 기회를 제공할 수 있다. 네트워크 안의 특정 멤버에게 이런 제안을 하면 관계도 더 돈독해질 것이다.

이 전략이 주는 이점을 이해하기 위해 목적 있는 하나의 이벤트가 네트워크의 멤버에게 어떻게 여러 가지 기회를 제공할 수 있는지 예를 들어 알아보자.

그랜드 오프닝

로리가 새 매장을 오픈하려고 한다. 그래서 특별 초대 손님만을 위한 오픈하우스를 개최할 생각이다. 이벤트를 계획하기 전에 제일 먼저 해야 할 일은 아래 질문들을 검토하는 것이다.

- 이 이벤트의 목적은 무엇인가?
- 나의 목표는 무엇인가?
- 누구를 초대할 것인가?
- 내 네트워크 안에 있는 사람들 중 누가 내 고객과의 접촉을 가치 있게 생각할까?
- 비용은 얼마나 들까?
- 내 네트워크 안의 누가 나를 도울 방법을 찾고 있을까?
- 나는 어떻게 누군가의 비즈니스 목표 달성을 도울 수 있을까?
- 내 이벤트에 스폰서가 되어줄 사람한테 나는 무엇을 줄 수 있을까?

로리는 이벤트를 도와줄 사람을 네트워크 안에서 찾을 것이다. 현명하게 선택하면 그들이 예스라고 말할 확률이 높다.

위 질문들에 대한 답을 근거로 로리는 자신의 이벤트가 이롭다고 생각할 사람들을 꼽는다. 재무컨설턴트, 보험영업자, 그리고 인쇄업자. 이들은 모두 로리의 고객으로 노출되는 것을 환영할 것이다. 로리는 이들의 비즈니스가 성장하도록 돕는 데 시간과 에너지를 투자해왔다. 이제는 그들 모두가 그녀에게 되갚고 싶어 한다. 이벤트 예산을 짠 그녀는 3,000달러를 후원받으면 비용을 커버할 수 있다고 생각하고 예상 스폰서들이 보게 될 혜택을 강조한 리스트를 작성한다. 그 외에도 참고를 위해 이벤트가 자신의 비즈니스에 가져다줄 이점에 대한 리스트도 작성한다.

스폰서가 되면 이로운 것

- 로리의 이벤트 브로슈어, 행사장 입구에 놓일 안내판, 오프닝 인사를 통한 감사와 홍보
- 자신의 네트워크에 있는 2명의 멤버에게 각 스폰서를 소개하겠다는 로리의 약속
- 절대 만날 일이 없는 로리의 고객들 네트워크에 이름을 알리는 것
- 앞으로 그들이 개최할 이벤트를 후원하겠다는 로리의 약속
- 그들의 비즈니스를 전파할 수 있는 자연스러운 기회 조성

로리의 비즈니스에 이로운 것

- 행사 참석자들에게 접근할 기회 마련
- 비즈니스가 언론에 알려지는 것

- 매장 방문자 증가
- 자신의 상품과 서비스에 대한 관심 고조
- 다른 비즈니스와 협업할 수 있는 기회 창출
- 동료들과 비즈니스 관계를 형성할 기회 모색

로리의 예에서 보듯이 목적 있는 이벤트를 계획하는 것은 당신에게 네트워크에 기여할 기회를 제공하는 동시에 네트워크의 사람들에게도 당신에게 기여할 기회를 부여한다. 그러나 이것은 한 주일 안에 완성될 수 있는 전략이 아니다. 이벤트 하나를 개최하려면 치밀하게 생각하고 세심하게 준비하고 많은 시간을 들여야 한다. 린다 슈마허의 저서 《준비하고 착수하고 성공하라: 성공적인 프로젝트가 어떻게 통상적인 비즈니스를 이기는가(Ready, Set, Succeed: How Successful Projects Triumph Over Business as Usual)》는 이런 종류의 프로젝트를 운영하는 데 좋은 참고가 된다. 린다는 출발부터 결말까지 프로젝트를 계획하고 실행하는 복잡한 길을 안내하는 단순하고 융통성 있는 로드맵을 제시한다. 목적 있는 이벤트는 복잡할 필요가 없다. 예를 들어, 동료들에게 친목을 도모할 기회를 주기 위해 매주 금요일 '해피 아워(happy hour. 역주: 술집에서 바쁘지 않을 때 할인가격으로 음료를 제공하는 서비스 타임)'를 열어줄 수도 있다. 입소문마케팅팀에 집중하여 그것을 좀 더 전략적으로 만들 수도 있다. 매달 와인 맛보기 행사를 주최해서 사람들을 불러 모을 수도 있다. 네트워킹 이벤트나 점심식사를 준비해 고객들이 서로 만날 수 있게 해주면 당신을 도움을 주는 사람으로 자리매김할 수 있다. 이 접근법은 15주 전략(같이 있는 친구? 가치 있는 친구!)과도 잘 들어맞는다.

목적이 있는 이벤트는 복잡할 필요가 없다.

공통의 관심사가 있는 사람들을 불러 모으는 또 다른 좋은 방법은 골프다. 우정 어린 경쟁, 음식, 동료 의식이 복합되어 막강한 이벤트가 된다. 골프는 고객이나 비즈니스 소개를 해주는 사람들에게 그들의 지원에 대한 감사의 표시로 사용될 수 있고, 부담스럽지 않은 환경에 전략적으로 특정 인물들을 모으는 데도 이용될 수 있다.

비즈니스의 빛은 네트워크에 있는 다른 사람들과 스포트라이트를 공유할 때 더 밝게 빛난다.

28주 액션

이번 주 미션은 어떤 종류의 이벤트를 개최할 수 있을지 결정하기 위한 브레인스토밍을 시작하는 것이다. 그것은 그랜드 오프닝일 수도 있고 영화 시사회일 수도 있고 명절 가족모임, 아니면 네트워크 안에 있는 주요 인사들과의 소규모 친목회가 될 수도 있다.

자신에게 물어볼 몇 가지 질문도 있다. 이벤트를 개최하는 것이 어떻게 당신과 당신의 네트워크에 맞는 특정한 사람들의 관계를 발전시킬 수 있을까? 어떻게 그들과 함께 공동의 성공을 위해 협업할 수 있을까? 이 이벤트가 네트워크의 멤버들에게 어떤 가치를 부여해줄 것인가? 그것으로 어떤 목표를 이루고자 하는가?

이벤트를 통해 당신은 네트워크의 멤버들이 그들의 비즈니스를 알리는 것을 도울 수 있고, 그 과정에서 당신 자신의 비즈니스도 전파할 수 있다. 비즈니스의 빛은 네트워크에 있는 다른 사람들과 스포트라이트를 공유할 때 더 밝게 빛난다.

제 5 장

반복할 수 있게 전달하라

: 효과적인 메시지 커뮤니케이션 :

아이들 게임인 '귓속말 이어가기'를 해본 적이 있는가? 이 게임은 '고장 난 전화기'라는 이름으로도 알려져 있는데, 한 사람이 바로 옆에 앉은 사람에게 귓속말로 메시지를 전하는 것이다. 그 사람은 다시 똑같은 메시지를 옆 사람에게 전하고, 그렇게 끝까지 진행된다. 메시지는 마지막 사람에게 도달하기도 전에 킬킬거림 속에서 어김없이 왜곡된다. 결과는 꽤 웃기는 경우가 많고, 마지막 메시지는 원래의 것과 조금도 비슷하지 않은 것이 되기 일쑤다. 단어가 빠지거나 왜곡되고 바뀌고 의미가 완전히 사라지는 경우도 많다. 시작 메시지가 길고 복잡할수록 더 그렇다.

게임으로는 웃기는 것일 수 있지만 그것이 당신의 비즈니스와 관계가 있을 때는 웃을 일이 못 된다. 입소문마케팅에서도 커뮤니케이션은 결정적이다. 메시지의 전달 방법과 영향력에 성패가 달려 있다.

메시지란 무엇인가? 그것은 당신이 일대일 네트워킹 만남이나 프레젠테이션에서의 자기소개 때 당신의 비즈니스와 선호 고객을 어떻게 묘사하느냐의 문제다. 보통은 한두 줄의 문장으로 표현되는데, 의미 전달에 10초정도밖에 안 걸릴 것이다.

메시지가 너무 복잡하고 열정이 없으며 듣는 사람의 귀에 쏙 들어오지 않으면 기억되기 힘들다. 기억되지 못하면 반복될 수 없고, 반복되지 못하면 입소문의 '귓속말 체인'에서 살아남지 못한다. 어떻게 해서 메시지가 목적지에 도달하더라도 이상한 단어들을 포함하고 있거나 의미가 엉망이 되어버린다면 오히려 더 나쁘다.

당신이 이렇게 말했다고 하자. "안녕하세요? 저는 존이라고 하는데, 제가 하는 사업은 처음 엄마가 된 사람과 아기에게 애완동물과 어떻게 안전하게 살 수 있는지 가르쳐주는 일입니다." 그런데 어쩐 일인지 네트워킹 모임에서 당신을 소개하는데, 메시지가 바뀌어버렸다. "여러분, 안녕하세요? 조를 소개하지요. 조는 개한테 물린 아기들을 수술합니다. 이 말씀을 드리고 싶어요, 조. 그렇게 중요한 일에 시간을 내어 봉사하시다니 정말 훌륭하시네요."

분명 이건 좋은 시나리오가 아니다. 당신의 메시지와 정체성이 뒤죽박죽이 되어버렸다. 당신의 비즈니스에 미칠 영향을 상상할 수 있을 것이다. 효과적인 커뮤니케이션은 비즈니스 성공에 절대적으로 필요하다.

이번 장의 매주 전략(29~33주 전략)은 어떻게 당신의 메시지를 다른 사람들에게 명확히 전달할 수 있을지에 집중한다.

29주 전략(받고 싶은 질문을 상대방에게 하라)은 네트워킹을 통해 메시지를 전달할 때 호혜의 법칙을 어떻게 사용해야 하는지를 보여준다.

30주 전략(특징 말고 이점을 이야기하라)은 메시지의 내용을 얘기한다.

연구 결과에 따르면 사람들은 특징이 아니라 이점에 근거해 물건을 산다. 비즈니스 메시지를 구상할 때 고려해야 할 요인이다.

31주 전략(프로파일러처럼 묘사하고 요청하라)은 네트워크 안에 있는 사람들에게 당신의 비즈니스를 설명할 때 프로파일러의 입장에 서라고 요구한다. 프로파일이 구체적일수록 네트워킹에 대한 투자가 더 많은 수익을 가져다줄 것이다.

32주 전략(가슴으로 말하는 동기부여 연설가가 되라)은 당신 속 깊이 숨겨져 있는 열정적이고 고무적인 연사를 끌어낸다. 오늘의 당신이 있게 만든 열정이 입소문마케팅 계획을 포함한 마케팅 노력에 영향을 주어야 한다.

33주 전략(명함은 어떻게 강력한 마케팅 도구가 되는가)은 가장 작고 싼 광고판(명함)을 최대한 활용할 것을 제안한다. 명함은 당신의 첫인상을 결정짓는 데 중요한 역할을 한다. 대개 명함이 갖는 소통의 힘은 제대로 사용되지 못하거나, 모르고 넘어가거나, 때로 악용되기도 한다.

이 전략들 중 몇 가지는 쉽게 실행할 수 있다. 비즈니스에 대해 얘기하는 방식을 수정하려고 조금만 노력하면 당신의 진짜 열정이 빛을 발할 것이다. 메시지에 진심을 담고 동기부여를 하라. 그러면 당신의 파트너가 그것을 '귓속말로 전달'할 것이다. 명확하고 간결하게 만들어라. 그러면 당신의 메시지가 온전하게 목표에 도달하게 될 것이다. 당신의 선호 고객에게 말이다.

Week 29

받고 싶은 질문을 상대방에게 하라

이 책은 호혜의 법칙을 얘기한다. 비즈니스에서는 이것이 어떻게 인간의 본성과 연결되는가를 이해하는 것이 중요하다. 우리들 대부분은 어릴 때부터 누군가가 내게 좋은 일을 해주면 언젠가 그것을 갚아야 한다고 배웠다. 누군가가 당신을 위해 발 벗고 나설 때 기분이 어땠는지 생각해 보라. 아마도 그것을 잊지 않으리라 결심할 것이고, 빨리 그것을 되갚으려고 노력하게 될 것이다.

호혜의 법칙에 의해 우리는 서로에게 어떤 의무와 약속이 있는지 결정하고 행동한다. 다른 사람에게 빚진 느낌을 원하지 않기 때문이다.

비즈니스에서 그것은 좋은 일이다. 호혜의 법칙을 믿어도 되고, 누군가에게 베푼 시간과 노력은 언젠가 되돌아오리라 믿어도 된다. 그것을 '관계의 은행계좌'로 보라. 누군가에게 좋은 일을 할 때마다 그 사람의 은

행계좌에 당신의 선의를 저금하는 것이다. 선의를 상당량 저금했다면 부탁을 함으로써 그 계좌로부터 뭔가를 인출할 수 있을 것이다.

호혜의 법칙을 믿어도 되고, 누군가에게 베푼 시간과 노력은 언젠가 되돌아오리라고 믿어도 된다.

호혜의 법칙은 우리가 네트워킹할 때의 대화에도 영향을 미친다. 누군가가 당신에게 어떤 질문을 해주기를 바란다면 그 사람에게 먼저 똑같은 질문을 하라. 그는 이렇게 생각할 것이다. "정말 좋은 질문이군요." 답을 한 후 그도 당신에게 똑같은 질문을 할 것이다(하지 않는다면 그는 '자기밖에 모르는 사람'일 수 있으니 앞으로는 피하는 것이 낫다).

누군가가 당신에게 어떤 질문을 해주기를 바란다면 그 사람에게 먼저 똑같은 질문을 하라.

좀 더 구체적으로 살펴보자. 여기 네트워킹할 때 누군가에게 물어볼 10가지 근사한 질문이 있다. 당신이 다시 되돌려받고 싶을 바로 그 질문들이다.

1 무슨 일을 하는가?
2 목표 시장은 어디인가?
3 당신이 하는 일에서 가장 좋아하는 점은 무엇인가?

4 당신의 비즈니스의 새로운 점은 무엇인가?

5 당신과 당신의 비즈니스가 직면한 가장 큰 도전은 무엇인가?

6 경쟁자와 다른 점은 무엇인가?

7 왜 비즈니스를 시작했는가?

8 사업장은 어디인가?

9 가장 인기 있는 상품은 무엇인가?

10 고객은 어떻게 발굴하는가?

저서 《끝없는 리퍼럴(Endless Referrals)》에서 우리 친구 밥 버그는 누군가에게 무슨 일을 하는지 묻는 질문 중 최고의 것을 밝혀놓았다. 밥에 의하면 질문은 "부드럽고 진지하게, 그리고 처음의 서먹한 관계가 좀 가신 다음에 해야 한다. 질문은 이렇다. '제가 누군가와 얘기할 때 그 사람이 당신에게 좋은 단골 고객이 될지 어떻게 알아볼 수 있습니까?'"라고 하는 것이 최고다.

밥은 이 질문의 중요성을 제대로 봤다. 이것은 당신을 다른 사람들과 구별짓는다. 평범한 사람들은 하지 않는 질문이다. 그리고 마스터 네트워커의 10대 특징 중 하나를 당신이 갖고 있음을 보여준다. 도움이 되는 사람(7주 전략 참조) 말이다.

29주 액션

다음 네트워킹 행사에 참가하기 전에 다른 사람들이 당신에게 무슨 질문을 하기 원하는지 생각해보라. 호혜의 법칙을 염두에 두고 그 질문들을 당신이 만나는 모든 사람들에게 하라. 그렇게 하면 성취할 수 있는 것이 몇 가지 있다. (1) 그의 선호 고객과 그의 성격으로 볼 때 그가 내가 좀 더 알고 싶은 사람인지 알아볼 수 있다. (2) 그 사람에게 뭔가를 팔기보다 그에게 도움을 자청함으로써 대화의 문을 열 수 있다. (3) 스스로에게도 자신의 비즈니스를 좀 더 효과적으로 네트워킹할 수 있는 기회를 준다.

7주 전략에서 얘기했듯이 이번 주는 마스터 네트워커의 10대 특징 중 하나가 잘 듣는 기술이라는 사실을 기억하기 좋은 주다. 그러니 그들이 같은 질문을 당신에게 되돌려주기를 바라면서 질문을 하되, 그보다 먼저 당신이 현재 그리고 미래에 요긴하게 쓸 수 있는 그 사람에 대한 귀중한 정보를 모을 수 있는 환상적인 기회임을 생각하라.

Week 30

특징 말고 **이점을 이야기하라**

세일즈 트레이닝에서는 흔히 고객이 구매 결정을 내리는 것은 2가지에 근거한다고 가르친다. (1) 그들의 감정('스테이크' 말고 '지글지글'을 팔아라), (2) 상품이나 서비스가 그들에게 주는 가치. 마케팅 전문가들은 고객의 감정에 근거한 구매 습관을 이용한다. 고객은 상품이나 서비스를 특징이 아니라 이점에 근거해 선택한다. 특징은 상품이나 서비스에 국한된 팩트일 뿐이다. 이점은 고객이 누리는 가치다. 그들의 문제를 해결해주고, 그들의 고통을 없애주며, 인생을 황홀하게 만들어주는 것이다. 그 차이점을 자동차를 예로 들어 살펴보자.

자동차의 특징

- V-6 엔진, 이중 배기통, 전륜 구동, 선루프, 넓은 내부 공간, 시트

히팅, 유리 히팅.

특징의 이점

- V-6 엔진– 머뭇거림 없이 고속도로를 질주하는 능력(친구들을 감동시킨다).
- 이중 배기통– 더 높은 연비와 강력한 파워(소리가 끝내주고 역시 친구들을 감동시킨다).
- 전륜 구동– 구동축 터널이 없어 내부 공간이 더 넓다.
- 선루프– 세단의 안전성과 보안성을 갖고 있으면서 컨버터블의 열린 느낌을 준다.
- 내부 공간– 장거리 운행 때 훨씬 더 안락하고, 커가는 아이들을 위해 더 넓은 공간을 제공한다.
- 시트 히팅– 몹시 추운 날이나 밤에 편안하게 운전할 수 있고 장거리 운행 때 등이 편안하다.
- 유리 히팅– 겨울철에 창문의 얼음을 긁어내지 않아도 되는 편리함이 있다.

이점이 더 많은 가치를 준다고 생각될수록 구매 결정에서 순위가 올라간다. 객관적으로 볼 때 선루프는 그리 대단한 특징은 아니지만 그것이 고객에게 경주용 자동차 운전자처럼 느끼게 해준다면 그 이점 때문에 가치는 더 올라갈 것이다. 시트 히팅도 좋기는 하지만 기후가 따뜻한 곳에 사는 사람들에게는 그리 큰 이점으로 작용하지 않으므로 구매 결정에 큰 영향을 미치지 않을 것이다. 그러나 이중 배기통의 이점은 모든 구매자들에게 이점으로 작용할 것이다. 연비도 높고 힘도 더 세고, 사람들의 사랑을 받았지만 지금은 없어진 1957년형 시보레를 생각나게 하는 장점이다.

그런데 이것이 입소문마케팅 메시지와 무슨 상관인가? 간단하다. 사람들은 아무 생각 없이 특징에 대해서만 얘기한다. 전문가이자 세일즈맨들인 그들에게는 가장 친근한 것이니까. 그들은 고객 입장에서 자신들의 상품이나 서비스를 보는 것에 익숙하지 않다.

스스로를 고객의 입장에 놓아보라. 당신의 상품과 서비스의 이점은 무엇인가? 그것이 어떻게 고객의 인생이나 비즈니스를 더 쉽게, 더 편안하게, 더 만족스럽게, 더 수익이 많게 만들 것인가? 어떻게 당신의 메시지를 간결하고 단순하게 만들어 입소문마케팅팀이 이 이점들을 더 명확하고 확실하게 전달할 수 있게 할 수 있을까?

30주 액션

비즈니스의 이점에 초점을 맞추기 위해 당신이 먼저 해야 할 일은 최고 고객들에 집중하는 것이다. 당신한테 오기 전에 그들은 무슨 문제를 겪고 있었는가? 당신은 그들의 어떤 문제를 해결해주었는가? 어떻게 그들의 삶을 더 쉽게 만들어주었는가? 이 질문들에 대한 답이 당신의 상품이나 서비스를 살 동기에 당신을 연결시켜주기 시작할 것이다. 돈을 쓰기에 충분할 만한 가치를 그들에게 전달하게 될 것이다.

이번 주 추가 미션은 당신이 제공하는 상품이나 서비스 중 하나를 골라 다음의 표를 완성하는 것이다. 그렇게 한 다음 당신의 파트너에게, 잠재 고객에게, 그리고 네트워크 멤버에게 보내는 메시지에 이점을 포함시켜라. 모든 상품과 서비스에 대해 이 작업표를 완성하면 좋을 것이다.

상품 또는 서비스의 특징 vs 이점

이 상품 또는 서비스의 특징	특징의 이점

Week 31

프로파일러처럼 묘사하고 요청하라

커뮤니케이션은 언제나 어렵다. 그것이 쉽다면 그 많은 연구, 책, 트레이닝 프로그램 같은 게 없었을 것이고, 이혼이나 전쟁도 훨씬 더 적었을 것이다. 네트워킹에서는 커뮤니케이션이 더욱더 중요하다. 입소문에 의한 비즈니스 마케팅에 성공하려면 당신의 커뮤니케이션 기술이 절대 필요하다. 메시지가 명확하고 간결할수록 입소문마케팅팀에 의해 더 쉽게 전달될 것이다.

입소문에 의해 비즈니스 마케팅에 성공하려면 당신의 커뮤니케이션 기술이 절대 필요하다.

사람들이 커뮤니케이션을 잘못하는 3가지 경우

1 너무 말을 많이 한다.

2 전문용어를 사용한다.

3 일반론을 얘기한다.

이 중 어느 것을 해도 문제다. 메시지가 방향을 잃고 오해되거나 무시된다. 더 나쁜 경우는 그것이 잘못된 정보나 혼란을 야기하고, 심지어 사람들이 당신에게 등을 돌리게 만들어 전혀 커뮤니케이션을 시도하지 않은 것보다 더 못하게 되는 것이다. 이러한 커뮤니케이션의 덫에 대해 하나씩 살펴보자.

첫 번째 덫. 우리는 가끔 말을 너무 많이 하는 것을 발견할 때가 있다. 지나치게 열성적인 자동차 세일즈맨, 수다 떠는 아줌마, 군대 시절의 무용담에 빠진 남자, 훈화하는 교장 선생님. 당신이 다른 사람들한테 이런 실수를 한다면 비즈니스 네트워킹의 희망은 사라진다.

말을 너무 많이 하는 것은 종종 긴장의 표시거나 결과다. 잠재 고객이나 새로운 사람을 처음으로 만나는 자리에서 할 말이 없을까 봐, 또는 당신의 비즈니스에 대해 설명할 시간이 없을까 봐 걱정이 되어 그럴 수 있다. 이때는 언제 떠드는 것을 멈춰야 할지를 인식함으로써 불안감을 극복할 수 있다. 눈 맞춤 피하기, 뒤로 물러서기, 어깨 너머 바라보기, 하품, 시계 들여다보기 등 "그만 떠드시죠"라고 말하는 상대방의 보디랭귀지에서 신호를 읽어라.

친목회나 네트워킹 이벤트 등에 갈 때 입구에 들어서기 전에 스스로에게 큰 소리로 말하라. "당신의 비즈니스에 대해 얘기해주세요." 세 번 반복하라. 이 간단한 문장을 머릿속에 간직한 채 행사장으로 들어가라. 대화가 시작되고 몇 마디 자기소개를 한 다음 당신의 잠재 고객에게 미리 연습한, 또는 대화 속 문맥에 맞춰 약간 변형한 질문을 하라. "정말 흥미롭네요. 개 안과의사는 무슨 일을 하는지 얘기해주시겠어요?" 호혜의 법칙(29주 전략: 받고 싶은 질문을 상대방에게 하라)에 따라 상대방이 나중에 당신의 비즈니스에 대해서도 물어올 확률이 상당히 높다.

불안으로 인해 지나치게 말을 많이 하게 될 때 질문하고, 여유를 갖고, 상대방이 말하게 하라. 그렇게 하면 당신이 상대방을 도울 방법을 찾는데 관심이 있다는 것을 알려주게 된다. 그리고 어떻게 서로에게 이익이 되는 방식으로 상대방과 당신을 맞출지에 관한 귀중한 정보를 얻게 된다. 당신이 자기도취의 강박증 있는, 게걸스럽게 모든 비즈니스를 훑어가려는 사람이 아니라는 사실도 보여줄 것이다. 가장 중요한 것은 테이블의 사람들이 돌아가면서 얘기를 하고 당신 순서가 되었을 때 말을 멈춰야 할 시점임을 보여주는 비언어적 신호에 주의를 기울이는 것이다.

두 번째 덫. 알 수 없는 전문용어로 상대방의 정신을 혼미하게 하는 것은 상대방의 이해 수준을 생각하지 않고 '나 중심'으로 말할 때 발생한다. 이런 오류는 열렬히 상품의 특징에 대해 말하면서 정작 고객들이 관심을 갖고 있는 이점(30주 전략: 특징 말고 이점을 이야기하라)에 대해서 말하는 것을 소홀히 할 때 생기기 쉽다.

당신이 IT컨설턴트라고 가정해보자. 누군가가 당신이 하는 일에 대해 묻는다. 이에 대해 당신이 "파이어월 매니지먼트에 스플릿 GPO 어프로치"라거나 "소프트웨어 인텔리전스를 장착해 리얼타임으로 비구조화된 데이터를 사용하고" 어쩌고 한다면 당신의 얘기가 당신 자신마저 꿈나라로 보내지 않을까? 다른 IT컨설턴트와 전문가로서 얘기하는 상황이 아니라면 듣는 사람의 이해 수준을 한참 뛰어넘는 것이고, 상대방은 그냥 '너는 짖어라'라는 심정이 되어 듣지도 않을 것이다. '전문용어 아가리'의 또 다른 희생양이다.

우리들 중 누구라도 '전문용어 아가리'가 될 수 있다. 그들은 업계를 너무나 잘 알기 때문에 듣는 사람은 생각지도 않고 자기 얘기만 하는 경향이 있다. 네트워킹 환경에서는 같은 업계 사람이 아니라면 전문용어는 빼야 한다는 것을 기억하라. 당신이 하는 말을 평범한 사람들도 알아들게 단순화하라. 누군가가 당신에게 "무슨 일을 하십니까?"라고 물었을 때 당신의 대답은 이래야 한다.

- "저는 IT컨설팅과 시스템 하드드라이브 분석을 합니다"라고 말하는 대신 "저는 컴퓨터에 문제가 생기지 않도록 수리하고 조율하는 일을 합니다"라고 말하라. 컴퓨터에 문제가 없도록 한다는 것은 쉽게 알아들을 수 있지만 'IT컨설팅'이나 '하드드라이브 분석' 같은 용어는 사람들을 혼란스럽게 한다.
- "저는 마케팅 컨설턴트입니다" 대신 "저는 다른 사람들에게 기업의 비즈니스를 알리는 일을 합니다"라고 말하라.
- "저는 텔레커뮤니케이션 하드웨어와 시스템을 분석합니다" 대신

"회사가 전화시스템에 쓰는 돈을 줄여주는 일을 합니다"라고 말하라.

또한 이 예들이 업계의 전문용어 대신 이점에 대해 얘기하고 있는 것에 주목하라. 즉, 특징과 관련된 복잡한 업계용어를 이점과 관련된 덜 복잡한 용어로 바꾼 것이다.

세 번째 덫. 너무 일반적인 용어로 얘기하는 것이다. 네트워킹에서는 일반적인 요구가 전달되기 힘들다. 듣는 사람이 아는 사람들 중에서 구체적인 사람이나 상황을 떠올릴 수 없기 때문이다.

부동산중개업자에게 어떤 잠재 고객을 만나고 싶으냐고 물어본다고 했을 때 부동산업자가 "집을 팔려는 사람이면 누구든지요"라는 대답을 들었다고 생각해보자. 당신이 '집을 팔려는 사람'을 알 확률은 매우 낮다. 그리고 혹시 그런 사람을 안다고 해도 그 사람은 이미 다른 부동산업자와 거래를 하고 있을 것이다. 그러나 부동산업자가 "자녀를 다 시집 장가 보내서 작은 집으로 옮기려는 사람"이라고 말하면 금세 막내를 결혼시킨 부부를 떠올리게 될 것이다. 이 질문은 구체적이다. 그리고 좀 더 작은 집으로 옮겨야겠다는 생각을 하기 시작한 사람들을 떠올리게 한다.

이상하게 들릴지 모르지만 질문이 좁고 구체적일수록 그 질문을 듣는 사람의 마음의 문은 더 넓게 열린다. 프로파일러들은 구체적인 것의 가치를 안다. 용의자에 대한 목격자의 묘사가 너무 일반적이면 용의자를 찾을 확률이 매우 낮기 때문이다. 네트워킹에서도 선호 고객에 대한 묘사가 일반적일수록 상대방이 그를 알 확률이 낮아진다. 비즈니스 네트워킹을 효과적으로 하기 위해서는 당신 자신을 프로파일러로 생각해야 한다. 프로파일이 정확할수록, 그리고 메시지가 구체적일수록 더 좋은 소개를 받을 것이다.

구체적인 것은 누군가에게 도움을 요청할 때도 도움이 된다. 네트워크 안에 있는 사람에게 당신을 누군가에게 소개해달라고 부탁한다고 치자. "존, 우리 둘하고 X사 CEO 루스 싱클레어하고 한 시간 정도 점심식사 약속을 잡아줄 수 있겠어요? 정말 만나고 싶은 사람인데, 당신이 둘 다 잘 아니까 같이 있어주면 좋겠어요"라고 말해야 한다. 이 요청은 구체적이고 존에게 그가 완수해야 할 임무를 명확하게 알려준다.

31주 액션, 파트 1

너무 말을 많이 하는 것을 피하는 가장 확실한 방법은 메시지를 전달하는 연습을 하는 것이다. 네트워킹에서 가장 많이 하는 질문, "그래서 무슨 일을 하십니까?"에 대한 답을 연습하라. 그리고 그 답을 1분 안에 간단하고 명확하게 할 수 있는지 시간을 재라. 질문이 무슨 일을 하느냐지, 그것을 어떻게 하느냐가 아님에 주의하라. 29주 전략(받고 싶은 질문을 상대방에게 하라)의 질문을 기억하는가? 이번 주 첫 번째 미션은 그 각각의 질문에 1분 안에 답할 수 있는지 시간을 재보는 것이다.

31주 액션, 파트 2

두 번째 미션은 당신이 네트워킹에서 사용해온 전문용어 10개를 찾아내는 것이다. 다음의 작업표에 그것을 쓰고 그것을 어떻게 비전문가의 용어로 대체할 수 있는지 브레인스토밍하라. 당신과 직업이 다른 동료의 통찰력을 빌리는 것도 도움이 된다. 이미 얘기했듯이 때로 당신에게는 너무 친숙하기 때문에 자신이 전문용어를 쓰고 있다는 사실을 잘 모를 수 있다.

전문용어를 제거하라

전문용어	일반인의 용어로 바꾸기

31주 액션, 파트 3

마지막 미션은 네트워크 멤버들에게 소개 요청서를 써보는 것이다. 소개받고 싶은 사람의 이름, 회사, 프로파일을 포함하여 요청 내용을 구체적으로 만들어라. 그 멤버들이 무엇을 찾아보아야 하며 당신을 대신해 무슨 일을 해주기를 바라는지 명확한 이미지를 그려라. 실험 차원에서 작성한 요청서를 가까운 사람에게 보여주고, 명확하고 간단하며 구체적이고 사실적인지 물어보라. 비즈니스의 프로파일러가 되는 것은 당신의 메시지를 명확하게 만드는 것뿐 아니라 입소문마케팅을 성공시키는 데도 도움이 된다.

Week 32

가슴으로 말하는 **동기부여 연설가가** 되라

앞서 우리는 당신의 메시지가 명확하고 간단하며 구체적일 필요가 있다는 사실을 밝혔다. 이어서 비즈니스 네트워킹에서 매우 중요한 또 하나의 요소인 '메시지를 어떻게 전달할 것인가?'를 알아보자. 사실 메시지를 어떻게 전달하느냐가 메시지 자체보다 더 중요할 때도 있다.

잭 캔필드, 브라이언 트레이시, 지그 지글러 같은 동기부여 전문가들의 강연을 들어본 적이 있는가? 듣는 동안 무엇을 느꼈는가? 감정적인 면에서 당신과 연결되기 위해 강사가 무엇을 했는가? 강사의 메시지 깊은 곳에 무엇이 숨겨져 있었는가?

동기부여를 하는 강사의 숨겨진 요소는 열정이다. 강연을 들어보면 강사의 말, 행동, 이미지를 관통하여 흐르는 열정을 느낄 수 있다. 열정은 우리의 심장을 뚫고, 우리를 움직이고, 감동시키고, 영감을 준다. 열정은 우리로 하여금 이 특별한 강사에 대해 소문을 내게 한다.

열정이 없으면 강사의 메시지는 밋밋하고 감동도 없으며 자극도 주지 못할 것이다. 열정이 없는 강사는 실패한 강사다. 강연도 그냥 평범할 뿐이다. 이것이 당신의 메시지에 시사하는 바는 무엇인가?

자, 이제 동기부여를 하는 강사의 입장에 서보자. 당신과 당신의 세일즈팀, 그리고 입소문마케팅팀은 모두 당신의 비즈니스를 위한 동기부여 강사들이다. 그러나 메시지는 당신에게서 나온다. 정말로 당신에게서 시작된다. 마스터 네트워커의 10대 특징 중 하나가 열정과 자극이라는 것을 절대로 잊지 마라(7주 전략 참조).

선택은 당신 몫이다. 메시지가 머리로부터 나올 것인가, 가슴으로부터 나올 것인가? 메시지가 머리로부터 나올 때는 지성적이고 비감성적이다. 그것은 그냥 팩트이고 숫자이고 특징이다. 그러나 가슴으로부터 나온 메시지는 감성과 열정으로 가득 차 있다. 어떤 메시지가 당신을 업계의 다른 사람들과 구별짓겠는가? 어느 것이 동기부여 전문가처럼 사람들을 끌리게 만들겠는가? 당신이 듣는 쪽에 있다면 어느 것을 더 좋아하겠는가? 어느 방식이 당신의 메시지를 다른 사람들에게 전달하도록 부추기겠는가?

선택은 당신 몫이다. 메시지가 머리로부터 나올 것인가, 가슴으로부터 나올 것인가. 메시지가 머리로부터 나올 때는 지성적이고 비감정적이다. 그것은 그냥 팩트이고 숫자이고 특징이다. 그러나 가슴으로부터 나온 메시지는 감성과 열정으로 가득 차 있다.

네트워킹에서 당신의 도전은 당신의 메시지에 독특한 판매 제안(USP, unique selling proposition)을 담고 아주 특별하게 전달하는 것이다. USP는 당신을 경쟁자와 구별짓는다. 경쟁자가 도저히 자기 것이라고 말할 수 없는, 당신과 당신의 비즈니스만이 갖고 있는 바로 그 요소다. 당신은 경쟁자처럼 평범할 여유가 없다. 실패할 여유가 없다. 당신의 메시지는 열정으로 가득 차 있어야 한다. 자신이 하고 있는 일에 신이 나지 않으면 다른 사람은 말할 것도 없다. 입소문마케팅에서는 재앙이 될 수 있다.

USP는 당신을 경쟁자와 구별짓는다.

그러면 어떻게 열정을 불러내어 비즈니스 메시지로 연결시킬 것인가? 당신이 하는 일을 다른 누구보다 잘하는 비결은 무엇인가? 당신이 하는 일을 사랑하는가? 당신의 일이 당신을 행복하게 하는가? 자신의 일이 너무나 좋은 나머지 돈을 안 준다고 해도 하겠는가? 왜? 그것이 어떻게 당신을 충족시키는가?

이런 질문들에 망설임 없이 대답할 수 있다면 당신은 이미 자신의 열정을 충분히 활용하고 있는 것이다. 여기서 중요한 것은 당신의 마케팅팀이 당신의 열정을 느끼고, 다른 사람들과 얘기할 때 당신을 대신해 그 열정을 재창조할 수 있어야 한다는 것이다. 열정적인 사람은 자신의 열정을 다른 사람들에게 감염시킬 수 있고, 그것이 원하던 비즈니스 상대를 소개받고 목표를 달성하는 것을 도와주게 된다.

32주 액션

이번 주 미션은 당신의 내면의 영혼을 깨워 표면으로 끌어내는 것이다. 그것을 당신과 마케팅팀에 드러내 보여라. 가슴 속 열정을 이용하라. 당신만의 독특함에 스포트라이트를 비춰라.

다음의 몇 가지 질문에 답해보라. 머리가 아니라 가슴으로 응답하는 것을 잊지 마라.

1 당신과 당신의 비즈니스에 대해 경쟁자가 할 수 없는 말을 할 수 있는가? 어떤 말인가?
2 당신의 일은 어떻게 당신에게 충만함을 주는가?
3 당신은 일의 어떤 요소를 가장 좋아하며, 그 이유는 무엇인가?

Week 33

명함은 어떻게 강력한 마케팅 도구가 되는가

1930년대부터 1950년대 사이 미국의 고속도로 주변에는 좀 별난 메시지의 광고판들이 줄줄이 붙어 있었다. 여기 샘플이 있다.

DINAH DOESN'T
TREAT HIM RIGHT
BUT IF
HE'D SHAVE
DINAH-MITE!
Burma-Shave

디나는 그를

제대로 대접하지 않네
하지만 그가 면도를 하면
디나가 대접해줄지도 모르는데
버마-쉐이브

재미있고 대중적인 이 짧은 문구는 당시 미국인들의 영혼에 버마-쉐이브를 확실하게 각인시켰고, 그것이 쓰인 광고판을 한 세대의 문화적 아이콘으로 만들었다. 전기면도기가 아직은 사치품으로 여겨지고 거의 모든 남자들이 매일 아침 쉐이빙 크림과 면도날을 사용하던 시절에 이 작은 광고판은 버마-쉐이브에 명성과 수익을 가져다주었다. 종국에는 재벌 회사가 이 회사를 잡아먹어버렸지만, 버마-쉐이브의 브랜드와 마케팅 교훈은 그 뒤에도 계속해서 살아남았다.

당신도 사람들의 가슴속에 당신을 각인시킬 버마-쉐이브와 같은 기회를 갖고 있다. 그 목표를 달성할 도구도 거의 똑같은 것을 갖고 있다. 바로 명함이다. 물론 광고판보다는 훨씬 작다. 그러나 그것은 광고판이다.

명함은 마케팅에서 중요한 부분이다. 크기나 가격으로 볼 때 당신이 소유하고 있는 마케팅 도구 중 가장 강력한 것일지도 모른다. 지금 당신의 명함 한 장을 꺼내 들여다보라. 명함이 당신과 당신의 비즈니스를 정확하게 반영하고 있는가? 명함의 첫인상은 어떤가? 기억하기 쉬운가? 만약 그렇지 않다면 그것은 이미 사라진 회사들의 낡고 구겨지고 잊힌 명함들로 가득한 서랍에 처박힐 것이다.

물론 명함이 모든 것을 다 말해줄 것이라고 기대할 수는 없다. 명함이 당신 회사의 전모를 얘기해줄 수는 없다. 명함은 브로슈어도 아니고 카탈로그도 아니다. 명함은 제한된 공간을 갖고 있으므로 단어와 이미지를 조심스레 선택해야 한다. 그럼에도 불구하고 명함은 사람들이 기억할 만한 고유한 이미지를 표현해야 한다. 한 장의 명함이 회사에 대한 고객의 첫인상을 좌우할 수 있다. 이 작은 광고판이 당신 자신의 모습만큼이나 진한 인상을 새겨준다(첫인상의 중요성을 일깨우기 위해 24주 전략을 다시 한 번 참조하라).

당신의 비즈니스와 업종에 잘 어울리는 명함 스타일을 선택하라. 당신이 장의사라면 만화 주인공이 그려진 명함을 주고 싶지는 않을 것이다. 당신이 오래된 폭스바겐 비틀을 듄 버기(dune buggy. 역주: 모래언덕용 자동차)로 바꿀 수 있는 특기를 가진 자동차정비사라면 흰 바탕에 검은 글씨가 새겨진 명함은 쓰레기통 신세를 면치 못할 것이다. 당신의 비즈니스 이미지를 가장 잘 표현해주는 스타일을 선택하라.

당신의 비즈니스와 업종에 잘 어울리는 명함 스타일을 선택하라.

여기에 5가지의 각각 다른 명함을 소개한다.

기본 명함. 이것은 유용성만 중요할 때 선택하면 좋은 스타일이다. 화려한 디자인에 감동받지 않는 고객들에게 어필할 수 있다. 실용적인 성향의 고객들은 '오로지 사실만'을 원한다. 단순한 디자인에 명확하고 간단한 정보를 좋아한다. 기본 명함은 흰색이나 크림색 바탕에 검정색 글씨를 쓴다.

WEEK 33

그림 명함. 명함에 당신 얼굴을 넣는 것(사진이든, 그림이든, 캐리커처든)은 다음에 만났을 때 그 사람이 당신을 기억하게 하는 데 도움이 된다. 상품이나 서비스 또는 비즈니스가 제공하는 이점을 표현하는 이미지는 수십 마디 말보다 더 전달력이 크다. 단순한 흰색과 검정색보다 약간의 색깔을 넣는 것이 도움이 될 수 있다.

촉감 명함. 어떤 명함은 모양보다 감촉으로 구별되기도 한다. 기본적인 재질이 아닌 것, 예컨대 금속이나 나무, 아니면 특이한 모양, 테두리, 접힌 모양, 엠보싱 등을 사용한다. 촉감 명함은 기본 생산 과정이 아닌 특수 공법을 쓰기 때문에 일반 명함보다 비싸다. 그러나 일부 비즈니스에서는 이 특별한 명함이 가치가 있을 수도 있다.

다용도 명함. 명함은 이름과 비즈니스를 알리는 것 이상의 일을 할 수 있다. 할인쿠폰이나 약속 리마인더 또는 기타 기능으로 쓰일 수도 있고 사람들이 필요로 하는 중요한 정보를 제공할 수도 있다. 예를 들어, 호텔의 명함에는 근처에 산보를 나가는 투숙객을 위해 뒷면에 지도를 넣을 수도 있다. 이런 특징들을 추가함으로써 어떤 종류의 명함이라도 다용도로 만들 수 있다.

별난 명함. 굉장히 독창적이고 화려하거나 엉뚱한 모양은 눈을 끌게 마련이다. 창의성에는 한계가 없다. 돈을 얼마나 쓸 것인가를 제외하고는. 예를 들면 초콜릿으로 만든 명함, 카드놀이의 가장 좋은 패를 그린 명함, 접으면 작은 물건들을 담을 수 있는 미니 상자가 되는 명함 등이다. 우리가 본 것 중 가장 오래 기억에 남는 것은 치과의사의 명함인데 치실을 끼워 넣을 수 있는 작은 공간이 딸린 것이었다. 이런 것들이 전부

'별난' 비즈니스 아이디어의 예들이다.

어떤 스타일을 선택하든 명함이 줄 영향은 일관성이 있어야 한다. 여러 종류의 명함과 그 영향력에 대해 더 자세히 알고 싶으면 아이번 마이즈너, 댄 조지비치, 캔디스 베일리의 《명함 속에 있다(It's in the Cards)》를 읽어보라. 저자들은 10개국의 2,000장이 넘는 명함을 검토했다. 200가지 이상의 최고 예들이 컬러로 소개되어 있다.

33주 액션

이번 주 첫번째 미션은 당신의 명함을 자세히 들여다보고, 그것이 긍정적으로 당신과 당신의 비즈니스를 대표하고 있는지 확인하는 것이다. 다음의 조언이 너무 뻔해 보일수도 있지만, 꼼꼼히 체크하지 않으면 인쇄소에 두 번 발걸음을 해야 할 것이다. 기본적인 내용을 체크하라. 이름, 직책, 회사 이름, 주소, 전화번호, 이메일 주소, 웹사이트.

두 번째 미션은 언제 어떻게 명함을 건넬지 생각해보는 것이다. 어느 행사에 갔다가 당신에게 다가와 불쑥 명함을 손에 쥐어 주거나 주머니에 찔러 넣는 사람을 얼마나 많이 봤는가? 이런 행동은 일종의 명함 학대로 우리는 이런 사람들을 '명함 강매인'이라고 부른다. 그들은 '팔아라! 팔아라! 팔아라!'만 가르치는 곳에서 곧장 온 사람들로, 만나는 사람마다 명함을 강제로 들이민다. 네트워킹 이벤트에서 그들의 목표는 얼마나 많은 명함을 돌리느냐에 달려 있고, 단지 명함만 주면 자신이 그들의 네트워크에 들어갈 거라는 환상을 갖고 있다. 그들은 관계를 형성하려는 진짜 노력은 하지 않는다. 이렇게 공격적인 명함 강매의 상대가 되면 기분이 좋지 않다.

이런 상황은 피하고 싶지 않은가? 그렇다면 누구에게도 이런 짓을 하지 않도록 노력하라. 가장 좋은 방법은 상대방이 요청하지 않으면 명함을 주지 않는 것이다.

그렇다. 당신은 제대로 읽었다. 메시지를 분명히 하기 위해 다시 한 번 말하겠다. 명함을 이용하는 가장 좋은 방법은 사람들이 요청하지 않으면 주지 않는 것이다. 네트워킹 중에 이것을 실천하면 다른 사람들에게 갖는 영향력에 놀라게 된다. 이 방법은 참신하고, 자유로우며, 가장 중요하게는 '통제가 된다'는 사실이다. 당신에게 명함을 요청하는 사람은 진정으로 당신의 명함을 원한다는 확신을 갖게 된다. 보너스로 돈도 절약하고 나무도 살릴 수 있다!

당신은 명함을 주고 싶은데 그 사람이 요청하지 않으면 어떻게 해야 할까? 간단하다. 29주 전략에서 언급한 호혜의 법칙을 기억하는가? 그 사람의 명함을 달라고 하라. 그가 명함을 내밀면서 당신 명함도 달라고 할 것이다.

제 6 장

사람들이 당신을 찾게 하라

: 전문가 되기와 전문가로 알리기 :

전문가가 되는 것은 사람들을 당신의 세계로 끌어들이는 확실한 방법이다. 저자들이나 기자들은 항상 전문가의 말을 인용하려 한다. 사람들도 자기가 전문가를 안다고 말하고 싶어 한다. 신용도 더 좋아지고 자신이 좀 더 중요한 사람인 것처럼 느껴지기 때문이다.

저자들이나 기자들은 항상 전문가의 말을 인용하려 한다.

전문가로서의 명성을 얻는 것은 당신이 생각하는 것만큼 어려운 일은 아니다. 시간과 노력과 지구력이 필요하기는 하다. 이 장에서는 당신이 전문가로 알려지기 위해 취해야 할 4가지 행동 전략을 조명한다.

34주 전략(프레젠테이션에 '높은 가치'를 담아라)은 당신의 지식과 다른 사람에게 비치는 당신의 가치를 전파하기 위해 강사의 세계에 들어갈 것을 권장한다.

35주 전략(다음 호가 기다려지는 뉴스레터 만들기)은 정기적으로 당신의 비즈니스나 업종에 관한 가치 있고 유용한 정보를 전달할 수 있는, 그래서 당신을 전문가로 만들어줄 수 있는 아이디어를 제시한다.

36주(기사화 가능성이 높은 보도자료를 작성하라)와 37주 전략(당신의 브랜드를 창조하는 기사를 꾸준히 올려라)은 실행하는 데 가장 많은 시간이 들 것이다. 그러나 대중에게 당신 자신을 글로 표현해 보이는 것은 확실하게 당신을 전문가로 만들어주고 신뢰를 높여준다. 장기적으로 볼 때 그 가치는 측량할 수 없을 정도로 크다.

Week 34

프레젠테이션에 '높은 가치'를 담아라

당신의 상품이나 서비스에 관심이 있을 거라고 생각되는 사람들과 만날 때 시간이 문제가 될 수 있다. 똑같은 약속을 20명 혹은 50명의 사람들과 한다고 상상해보라! 이럴 때 당신이 할 일이 프레젠테이션이다.

프레젠테이션은 비즈니스를 키우는 데 훌륭한 단기 접근법이다. 그리고 입소문마케팅이라는 장기 프로세스와도 잘 맞는다.

어떤 그룹으로부터 프레젠테이션 요청을 받아내는 데 성공했다고 하자. 그런데 무슨 얘기를 해야 할지 확실치 않다. 어떻게 하면 좋을까? 그냥 군더더기 없이 당신이 하는 일을 사람들이 더 잘 이해하게 돕는 프레젠테이션을 하는 게 좋을까? '직업 이해의 날'에 6학년짜리 딸아이의 반 친구들을 위해 하는 것이라면 괜찮을지도 모른다. 하지만 늘 시간에 쫓기는 사람들이 당신이 하는 일에 대해 뭐 그리 관심이 있을 거라고 기대하는가? 당신이 우주비행사인가? 아마도 아닐 것이다. 어느 나라의 대통령인가? 그럴 가능성은 더욱 낮을 것이다. 당신은 사업을 하거나 전문직에 종사하고 있을 것이다.

누구나 자신의 비즈니스에 대해 장황하게 늘어놓을 수는 있다. 그러나 불행하게도 이 광경을 즐길 사람은 단 한 사람, 본인밖에 없다. 아마 당신도 그런 프레젠테이션을 참고 들은 경험이 있을 것이다.

걱정하지 마라. 우리가 권하는 프레젠테이션은 이런 것이 아니다. 찬양조의 세일즈 선전도 아니다. 대신에 우리는 두 단어를 제시한다. 높은 가치.

30주 전략에서 우리가 한 말을 기억하는가? '특징 말고 이점을 이야기하라.' 프레젠테이션을 할 때도 비슷한 원리가 작동한다. '내가 하는 일'에 대해 떠든다면 청중에게 특징을 얘기하는 것이다. 애당초 가망 없는 일이고, 그들에게 싸늘한 반응을 보이라고 부추기는 것과 다름없다. 그러나 청중에게 유용한 뭔가를 준다면, 예컨대 비즈니스나 가정에서 도움이 될 정보, 알고 있어야 할 이슈나 트렌드, 그도 아니면 활력이 솟고 자극이 되는, 재미있고 감동적이고 거부할 수 없는 스토리를 전해준다면 반응이 다를 것이다. 그것이 바로 높은 가치의 프레젠테이션이다.

'높은 가치'란 무슨 의미인가? 그것은 당신이 청중에 대해 생각하고, 그들의 필요와 관심을 고려하며, 그들에게 중요한 주제에 대해 더 많은 것을 알려주는 프레젠테이션을 한다는 의미다. 그런 와중에 알게 모르게 당신의 전문성도 함께 알리는 것이다. '주는 자가 얻는다'를 실천하는 전형적인 예다.

우리의 경험에 의하면 어떤 그룹을 상대로 얘기하는 것만으로도 당신에게 새로운 비즈니스가 생기기도 한다. 당신이 높은 가치의 프레젠테이션으로 명성을 쌓으면 강연 요청이 더 많이 들어올 것이다. 강연을 많이 하면 할수록 더 많은 지인과 기회, 소개를 해주는 사람들이 생길 것이다. 프레젠테이션에서 높은 가치를 제공하는 데 집중하면 갖가지 보상이 따라온다.

어디서 이런 프레젠테이션을 할 것인가? 당신은 이미 봉사단체에 참여하는 것이 가져다주는 엄청난 가치에 대해서 알고 있을지 모른다. 그럼으로써 지역사회에서 당신의 신용이 높아졌기 때문이다. 하지만 그런 봉사단체들이 주최하는 모임에서 발표하는 것이 얼마나 많은 비즈니스 기회를 가져다 주는지에 대해서는 생각해보지 않았을 것이다. 그것이 바로 우리가 당신에게 당신의 홈구장이라 할 봉사단체나 비즈니스 조직에서 강연할 기회를 확보하는 데 집중하라고 권하는 이유다.

봉사단체나 비즈니스 조직의 강연 스케줄에 들어가는 일은 당신이 생각하는 만큼 어렵지 않다. 약간의 창의성만 있으면 좋은 정보를 주면서 교육적이고 심지어 재미있기까지 한 강연 기회를 잡을 수 있다. 가장 중요한 것은 당신을 청중 앞에 서게 도와준 그로부터 소개를 받을 수 있다는 점이다.

강연 프로그램 담당자들은 대부분 남다르고 매혹적이며 재미있는 강연을 해줄 누군가를 찾느라 분주하다. 당신이 할 일은 그들이 당신이 어디에 있는지 찾을 수 있도록 도와주는 것이다. 당신 자신을 그런 프로그램 담당자들에게 알리는 노력의 예로, 어떤 사람이 특정 그룹의 사람들로부터 강연 요청을 받기 위해 제공한 편지를 소개한다.

> 프로그램 담당자님,
>
> XYZ컨설팅은 중소기업을 상대로 하는 컨설팅회사입니다. 지난 2년 동안 우리는 '80년대의 기업가 정신'이란 제목의 프레젠테이션을 귀사를 포함, 60개도 넘는 서비스 기관에 해왔습니다.
>
> 이번에 우리가 새롭게 준비한 프레젠테이션은 직원들을 관리하고 동기부여하는 내용입니다. 청중이 참여하고 상호작용을 주고받는 적극적인 내용이며 마지막에 질문할 시간을 줍니다.
>
> 그간 우리가 받은 코멘트 몇 개가 있습니다.
>
> "굉장하다, 모든 봉사단체가 들어야 한다!" _LA 동부 로터리클럽
>
> "뛰어난 강사의 뛰어난 강연" _어윈데일 로터리클럽
>
> "훌륭하다, 강력히 추천한다. 질문도 많이 나왔다" _허모사 키와니스
>
> 내용에 관심이 있으시다면 기꺼이 귀 단체를 방문해 프레젠테이션을 해드리겠습니다.
>
> 궁금한 사항이 있으시면 언제라도 연락 주십시오.
>
> XYZ컨설팅 ____________ 드림

이 편지를 여러 네트워킹 모임과 필요하지만 어떻게 해야 하는지 몰랐던 사람들에게 보냈고 그 결과 이어지는 프레젠테이션 약속들로 많은 비즈니스 기회를 발굴할 수 있었다. 그중 하나는 이 회사의 최대 고객 중 하나가 되었다.

먼저 높은 가치의 프레젠테이션을 준비하고 연습한 후 이런 편지 한 통을 발송할 것을 권한다. 이 편지 때문에 누군가가 당신의 프레젠테이션에 대해 알게 된다면 그가 당신의 상품이나 서비스를 살지도 모를 많은 사람들 앞에 당신을 세워줄 수 있다. 이렇게 연결의 기회를 만들게 되면 그것이 어떤 환상적인 기회로 당신을 인도할지 모른다.

또 한 예를 보자. 하드웨어스토어 사장이 어떤 단체의 주간 미팅에 자신을 자리매김시킨 사례다. 의아해할지도 모르겠다. 어떻게 하드웨어스토어 사장이 강연 프로그램 담당자에게 어필할 수 있었을까? 쉽다. 가정의 안전은 언제나 시의적절한 이슈다. 가정의 안전과 주거 환경에 숨겨지거나 드러난 위험이 없도록 하는 일에 대해 하드웨어스토어 사장보다 더 잘 프레젠테이션을 할 사람이 누가 있겠는가. 그리고 그 미팅에 참석한 멤버들이 강사가 제시한 몇 가지 문제점에 대해 조치를 취해야 할 필요가 있을 때 누구에게 연락하겠는가. 그렇다! 그 주의 강사인 사장이 그 일에 대한 적임자라 생각하지 않겠는가.

핵심은 정보와 교육, 즉 높은 가치의 프레젠테이션을 하는 것이지, 요란한 세일즈 선전이 아니다. 사람들은 강매당하는 것은 싫어하지만 사는 것은 좋아한다! 훌륭한 프레젠테이션은 사람들로 하여금 당신이 파는 것을 사고 싶게 만든다. 그들이나 그들의 지인들과 네트워킹할 때 당신을 더 호의적으로 대하도록 한다. 또 그들이 당신을 소개할 수 있게 만든다.

요란한 세일즈 선전이 아니라 정보와 교육, 즉 높은 가치의 프레젠테이션을 해야 한다.

34주 액션

이번 주 미션은 당신의 목표 시장을 상대로 높은 가치의 프레젠테이션을 소개하는 편지를 작성하는 것이다. 10통의 사본을 만들고 당신의 확장된 네트워크에 배포하여 사람들이 당신의 프레젠테이션 기회를 찾아주는 것을 도와라.

Week 35
다음 호가 기다려지는 **뉴스레터 만들기**

전문가라고 생각되는 사람들을 생각해보라. 그들은 자신의 지식을 책, 논문, 칼럼, 기사, 뉴스레터 등을 통해 다른 사람들과 나눈다. 그들은 글을 쓴다. 당신도 전문가로 보이고 싶다면 정보가 있는 뉴스레터를 작성하라.

물론 밤새 책상 앞에 앉아 있는다고 해서 좋은 뉴스레터가 나오는 것은 아니다. 이모저모 잘 생각하고 뉴스레터의 여러 가지 특성을 사전에 계획해야 한다. 이 아이디어가 마음에 들고 그것을 당신의 비즈니스 네트워킹에 사용하고 싶다면 스스로에게 10가지 질문을 던져라.

1 뉴스레터의 목적은 무엇인가?

2 목표 수신인은 누구인가?

3 수신인이 왜 이것을 읽고 싶어 한다고 보는가?

4 수신인에게 돌아갈 이익은 무엇인가?

5 어떤 특징을 담을 것인가?

6 내용은 누가 작성할 것인가?

7 뉴스레터를 디자인할 전문가를 고용해야 할까?

8 얼마나 자주 발송할 것인가?

9 어떻게 발송할 것인가?

10 구독신청은 어떻게 하도록 할 것인가?

비즈니스 네트워킹에서 뉴스레터가 효과적으로 활용되기 위해서는 수신인들에게 가치를 제공할 수 있어야 한다. 그렇지 않다면 사람들이 소중한 자유 시간에 그것을 읽느라고 시간을 보낼 리 없다. 그것은 당신의 프레젠테이션(34주 전략 참조)처럼 정보가 있어야 하고 교육적이어야 한다. 사람들이 읽고 싶도록 동기를 부여할 수 있어야 한다. 사람들이 그것에 대해 얘기하고 다음 호를 받아보기를 기다리게 해야 한다.

당신의 비즈니스에 대해 좋은 인상을 주지 못하는 뉴스레터는 보내지 않는 것이 낫다. 종이에 인쇄하든 이메일로 보내든 뉴스레터는 당신의 브랜드와 이미지를 효과적으로 반영해야 한다. 잘 썼고 이해하기 쉬운가, 아니면 오자투성이에 전문용어와 엉터리 문법이 난무하는가? 편집도 좋고 디자인도 예쁘고 인쇄 상태도 좋은가, 아니면 공작용 판지 위에다 이것저것을 아무렇게나 흩뿌려 놓은 것 같은가? 수신인들을 염두에 두고 만들었는가? 혹시 은퇴한 그들이 보기에는 글자가 작지 않은가? 이메일이라면 다운로드해서 모든 사람들이 똑같은 양식으로 프린트할 수 있는가, 아니면 각자 사용하는 환경에 따라 모양이 다르게 나오는가?

종이에 인쇄하든 이메일로 보내든 뉴스레터는 당신의 브랜드와 이미지를 효과적으로 반영해야 한다.

직원 중에 출판 전문가나 웹디자인 전문가가 있지 않다면 뉴스레터는 다른 전문가에게 아웃소싱하는 것을 심각하게 고려해야 한다. 네트워크 안에 있는 사람이라면 더 좋을 것이다.

뉴스레터는 비즈니스의 연장이고 당신이 갈 수 없는 곳에 대신 가주는 것이다. 잠재 고객이 가장 먼저 당신을 만나는 곳이다. 새로운 고객과 만나는 자리에 청바지와 티셔츠를 입고 가겠는가? 그럴 수도 있지만 비즈니스를 창출하기는 어려울 것이다.

사람들이 어떤 방법으로 구독신청하게 할지도 결정해야 한다. 공통적으로 중요한 것은 구독을 중단하고 싶을 때 어떻게 해야 하는가다. 최대한 쉽게 해주는 것이 좋다. 뉴스레터가 정크메일이나 스팸으로 취급당하지 않게 하는 데 도움이 된다.

매주 또는 매달 뉴스레터를 발간하려면 많은 시간이 소요되며 강한 집념이 없으면 안 된다. 하지만 그것은 강력한 네트워킹과 마케팅의 도구가 될 수 있다. 수신인들에게 기대감을 주며 다음 호를 기다리게 만들고 싶지 않은가? 그것은 뉴스레터를 제때 그리고 최고의 품질로 발간하는 것을 의미한다. 전문가는 최고의 것이 아니면 절대 만들지 않는다.

35주 액션

이번 주 미션은 정기적으로 뉴스레터를 발간하는 사람과 얘기해보는 것이다. 앞서 자신에게 던졌던 질문을 하라. 그로부터 뉴스레터 발간의 이점과 어려움, 성공 스토리와 실패담 등 귀중한 정보를 얻게 될 것이다. 마지막으로 뉴스레터 발간에 들인 노력과 비용이 과연 투자 대비 적절한 보상을 낳을 수 있는지 따져보라.

Week 36

기사화 가능성이 높은 **보도자료를 작성하라**

입소문 다음으로 비즈니스 마케팅에 사용할 수 있는, 비용 대비 효과가 높은 전략이 PR이다. 그것은 당신의 신뢰도를 높이고 경쟁자보다 우위에 서게 해준다. 물론 긍정적인 PR인 한에서 그렇다.

제일 먼저 광고와 PR의 차이를 이해하는 것이 중요하다. 광고의 주목적은 새 고객을 확보하는 것이다. 당신이 광고문을 작성하고 광고 매체도 컨트롤한다. 그리고 돈을 낸다. 오늘날의 독자들 그것을 다 안다. 그래서 광고에 대해 회의적인 것이다. 그들은 당신이 자기들한테 뭔가를 팔려고 한다는 걸 안다.

이와 대조적으로 PR의 주목적은 공개하고 정보를 주는 것이다. PR는 대부분 무료다. 보도자료를 신문에 올리기 위해 돈을 지불하는지는 않는다. 당신(또는 작가)이 보도자료 초안을 작성하지만 신문사의 누군가가 그것을 편집하고 기사로 만든다. 그래서 마지막에 인쇄되어 나오는 것을 당신이 컨트롤할 수 없다. 주목할 만하고 뉴스 가치가 있는 보도자료인가 아닌가가 기사화 여부를 결정한다. 대부분의 독자들은 기사에 대해서는 덜 회의적이다. 그들은 신문이 가치가 있는 정보만을 싣는다고 생각한다.

PR의 주목적은 공개하고 정보를 주는 것이다.

오랜 기간 비즈니스 전문가들과 일한 경험을 통해 우리는 대부분의 사람들이 보도자료를 제대로 이용하지 않는다는 것을 알고 있다. 당신 얘기를 하는 것 같은가? 그렇다면 그 이유는 (1) 어떤 것이 뉴스 가치가 있는지 모르거나, (2) 보도자료를 어떻게 작성하는지 모르거나, (3) 그걸 할 시간이 없어서일 것이다. 이 문제들을 하나씩 들여다보고 어떻게 해결할지 알아보자.

어떤 것이 뉴스 가치가 있는지 어떻게 알 수 있을까? 첫째, 스스로 솔직해야 한다. 지역사회가 당신이나 당신의 비즈니스에 관한 정보를 당장 알 필요가 있다고 진실로 믿는가? 둘째, 독자의 입장에 서봐야 한다. 옆집 사람들이나 아이들 친구의 부모 또는 같은 치과의원에 다니는 사람들이 이 정보를 읽는 데 관심을 가지겠는가? 왜? 셋째, 편집자의 입장에 서봐야 한다. 그의 관심은 독자를 만족시키는 데 있다. 그는 보도자료가 '냄새 맡기 테스트'에 합격해야 기사화한다. 그것이 단순한 판촉이거나 별 내용 없는 시시한 얘기면 곧바로 쓰레기통으로 보낸다.

당신의 비즈니스가 지역사회와 공유할 가치가 있는 뭔가를 가졌던 적이 몇 번이나 되는가? 언론을 통해 당신이 성취한 것을 발표한 적이 몇 번이나 있는가?

보도자료는 책임감 있고 신중하게 사용되었을 때 비즈니스를 네트워크화하고 판촉하기에 굉장히 좋은 방법이 될 수 있다. 회사가 새로운 곳으로 이사를 가는가? 두 번째 지점을 내는가? 신상품을 소개하는가? 창립기념일인가? 그랜드 오프닝 이벤트를 여는가? 자선사업에 기부하는가? 대단한 성장을 했는가? 이런 예들이 뉴스 가치가 있다.

보도자료의 첫째 목적은 발표를 통해 공개하는 것이지 새 고객을 만드는 게 아니다. 약간의 새 고객이 생긴다고 해서 당신이 불평하진 않겠지만 말이다. 또 지난주의 실적에 환호작약하려는 것도 아니다.

보도자료의 첫째 목적은 발표를 통해 공개하는 것이지 새 고객을 만드는 게 아니다.

보도자료를 어떻게 작성하는지 잘 모르더라도 겁 먹지 말라. 인터넷에 들어가면 어떻게 보도자료를 구성하고 설계하고 포맷하는지 가르쳐주는 수많은 정보가 있다. 훌륭한 보도자료를 작성하기 위한 12개의 유익한 팁을 소개한다(www.press-release-writing.com에서 발췌).

1 제목으로 독자를 유인하라.

2 흥미로운 각도에서 접근하라.

3 한두 개의 명확한 문장으로 당신의 상품이나 서비스에 대해 얘기하라.
4 시의적절한 정보를 사용하라. 현재의 이벤트나 트렌드와 관련된 것이면 더 좋다.
5 팩트만 다뤄라. 하찮은 것은 피하라.
6 동사를 사용하여 생동감 있게 만들어라.
7 형용사, 부사, 전문용어는 될 수 있는 한 쓰지 마라.
8 문법과 문체의 규칙을 따라라.
9 반드시 필요한 경우가 아니면 절대 한 페이지를 넘기지 마라.
10 모든 단어를 의미 있게, 그리고 단어의 개수를 제한하라.
11 충분한 연락 정보를 포함하라. 이름, 주소, 전화번호, 근무시간 후 연락처, 팩스, 이메일, 웹사이트.
12 지역의 신문뿐 아니라 전국적인 신문, 라디오, 텔레비전, 인터넷에 광범하게 소개되도록 하고 모든 잠재 고객들에게 알려지도록 하라.

보도자료는 어디에. 어느 매체에 보내는 것이 좋을까? www.PRWeb.com과 같은 곳을 참고하면 도움이 될 수 있다. 회원제로 운영하는 온라인 보도자료 배급서비스로, 미디어에 접근할 수 있도록 해주는 일을 한다. 멤버십 서비스를 이용하기 싫으면 당신의 네트워크 안에서 매체 관련 조언을 해줄 수 있는 사람들을 접촉하라.

마지막으로, 보도자료를 직접 쓸 시간이나 흥미가 없다면 프로 작가를 고용하라. 그가 편집자의 눈길을 끌 훌륭한 보도자료를 작성해줄 것이다. 혹시 작가와 편집자가 아는 사이라면 기사화될 가능성이 더욱 커질 것이다.

분기별로 한 번 이상 보도자료를 작성할 것을 권한다. 그것이 당신과 당신의 비즈니스를 항상 살아 있게 해줄 것이다.

분기별로 한 번 이상 보도자료를 작성하라.

36주 액션

이번 주 미션은 3가지다. 첫째, 보도자료의 주제 하나를 잡아라. 당신의 비즈니스에서 일어나고 있는 일들 중 사람들이 알아야 할 것은 무엇인가? 둘째, 보도자료 양식과 형식을 찾아보고 위에서 제시한 12개의 팁을 활용하여 보도자료를 작성하라. 직접 작성하는 것이 어려우면 네트워크의 지인들에게 전문 작가를 소개해달라고 부탁하라. 셋째, 캘린더에 다음 분기에 보도자료 작성할 날짜를 표기해두라.

비즈니스 네트워킹은 행사에 나가 악수만 한다고 되는 게 아니다. 당신의 얼굴을 알리고 신뢰를 높이려면 PR가 필요하다. 보도자료의 결과는 꼭 챙기도록 하라.

Week 37

당신의 브랜드를 창조하는 **기사를 꾸준히 올려라**

아이번의 책을 읽고 그의 트레이닝에도 참가한 적이 있는 분이 그에게 전화를 해 이렇게 말했다. "당신의 자료는 정말 훌륭해요. 하지만 '당신이 누구인가 하는 정체성을 브랜드로 만드는' 아이디어, 그리고 그것이 네트워킹에 얼마나 영향을 미치는지에 대해서 왜 좀 더 강조하지 않는지 의문입니다. 개인적으로, 나는 누구인가를 브랜드화하는 아이디어가 제 비즈니스에 엄청난 영향을 미쳤거든요. 하지만 당신은 그 중요성에 비해 별로 말하지 않는 것 같습니다."

아이번은 그의 지적이 옳다고 인정했다. 자기 자료에서 정체성에 대해 별로 말하지 않았다. 아이번은 더 많이 말해야 한다는 데 동의했다. 그런데 왜 그러지 않았을까? 이번 주 전략의 마지막에서 알게 될 것이다.

수십 년 전 첫 비즈니스를 시작했을 때 아이번은 자신의 네트워킹을 증진시키는 한 방법으로 자신의 회사와 자신을 브랜드화하는 데 집중하는 것이 얼마나 중요한지 실감하지 못했다. 그 개념을 광고와 마케팅 관점에서는 이해했지만 비즈니스 규모가 작았기 때문에 자신과 회사를 어떤 형태의 브랜드로 만들 여력이 없었다. 그것이 당시 그의 생각이었고, 그래서 그것을 무시했다. 큰 실수였다는 것은 나중에 깨달았다. 1990년대 초가 되어서야 비로소 브랜드화가 얼마나 네트워킹 노력에 도움이 되는지 생각하기 시작했다.

네트워킹은 관계가 전부다. 관계는 신뢰를 쌓는 것이다. 신뢰는 시간이 걸린다. 아이번은 그 과정을 최대한 신속하게 하는 동시에 시장에서도 신뢰를 구축하는 일을 해야 했다. 예산이 없으므로 창의성을 발휘해야 했다.

아이번은 지역사회에서 얼굴을 알리고 신뢰를 높이려면 전문가로 알려져야 할 필요가 있다는 것을 알았다. 그가 택한 방법은 기사를 쓰기 시작하는 것이었다. 그렇다면 이렇게 말할지도 모르겠다. "그게 뭐 그리 대단한 아이디어야? 전에도 사람들이 그런 제안을 하는 걸 들었는데." 글쎄, 중요한 건 이것이다. 듣는 것과 하는 것은 굉장히 다르다.

아이번이 그랬던 것처럼 기사를 쓰는 것으로부터 정체성 세우기, 브랜드 알리기의 이점을 끌어낼 수 있다. 놀랍게 들릴지도 모르지만 편집자나 기자들은 항상 좋은 이야깃거리를 필요로 하며, 어디서든 찾기만 하면 그것을 사용한다. 당신이 가장 잘 알고 이해하는 것들에 대해 생각해보라. 그것의 어떤 요소가 일반 대중이나 특정 산업 또는 계층에 흥미를 불러일으킬까? 당신이 선택한 대중을 대상으로 기사를 쓸 미디어의 종류를 검토해보라. 신문, 잡지, 업계 소식지를 고려해보라. 웹진이나 온라인 뉴스레터, 정보 사이트들(예를 들어 www.Entrepreneur.com) 같은 온라인 매체도 세심히 살펴보라.

편집자나 기자들은 항상 좋은 이야깃거리를 필요로 하며, 어디서든 찾기만 하면 그것을 사용한다.

편집자에게 전화나 편지로 왜 독자들이 당신이 제공하는 얘기에 흥미를 느낄지 또는 왜 그것이 뉴스 가치가 있는지 말해주라. 당신의 비즈니스에서 하는 어떤 일이 지역사회에 반향을 일으킬 수 있는가? 편집자의 독자들을 교육하기 위해 무엇을 공유할 수 있는가? 그러나 한 가지 주의할 점이 있다. 너무나 많은 사람들이 신문이나 잡지에 소개되기를 바라면서 회사 브로슈어와 똑같은 것을 매체에 보낸다는 것이다. 그들은 편집자나 기자들이 산만하고 발작적인 독자들과 공감대를 형성하기 위해 주의를 확 끄는 낚시바늘 같은 것이나 새로운 시각을 필요로 한다는 사실을 모른다.

리퍼럴 인스티튜트(www.referralinstitute.com)에서 공인 네트워커 트레이닝을 받은 우리 멤버 한 명은 자기가 아는 주제 하나를 선택해 한동안 글쓰기 작업을 했다. 그는 여행업에 종사하기에 여행에 관한 일련의 기사를 써서 한 달에 한 번씩 몇 달 동안 여러 매체에 보냈다. 몇 곳으로부터 "죄송합니다"라는 응답이 왔다. 그러다 마침내 한 지역 신문사의 전화를 받았다. 그의 얘기를 다음 날 신문에 쓰고 싶다는 것이었다. 기사가 나간 뒤 그 신문사에서 다시 전화를 해 한 달에 한 번씩 쓸 의향이 있는지를 물었다. 오래지 않아 다른 매체에서도 자기네 신문에도 써줄 수 있는지를 물어왔다.

지금 그는 몇몇 매체에 정기적으로 글을 쓴다. 더 중요한 것은 그로 인해 그의 비즈니스가 완전히 바뀌었다는 것이다. 엄청난 변화 때문에 대부분의 여행업계가 도산하고 있지만 그의 비즈니스는 오히려 번창하고 있다. 그의 기사들이 그와 그의 회사의 정체성과 브랜드를 창조해냈기 때문이다. 게다가 그는 여전히 활동적인 네트워커인데, 자기가 쓰는 기사 덕에 만나는 사람들 사이에서 신뢰도가 높아져 경쟁자들보다 훨씬 우위에 서게 되었다. 그는 최근의 기사를 네트워킹 모임에 가져와 매우 잘 활용하고 있다.

이 사람의 이야기는 당신의 네트워킹 노력에도 어떤 것이 가능한지를 보여주는 아주 좋은 예다. 당신의 이야기 중 일부라도 활자화되면 그것을 판촉하라. 하룻밤 사이에 세일즈가 늘어나지는 않아도 네트워킹 과정을 통해 당신의 신뢰를 엄청나게 키워줄 것이다. 시간이 지나면 세일즈도 늘어날 것이다. 우리의 친구는 또 현재 고객과 잠재 고객에게 신뢰도를 높이기 위한 한 방법으로 자신의 웹사이트에 자신이 쓴 온라인 기사를 링크한다고도 말했다.

그런데 그렇게 좋은 아이디어를 아이번은 왜 더 얘기하지 않았을까? 저서 《거장에게 배운다》에서 그는 성공에 대해 이렇게 말한다. "상식의 비상식적 적용". 성공한 사람에게 성공의 비밀을 물어보면 비밀 같은 건 절대로 없다. 신뢰를 높이고 네트워킹 기회를 확장하기 위해 정기적으로 지속적으로 기사를 쓰는 것은 비밀이 아니다. 그냥 대부분의 사람들이 너무 게을러서 이 아이디어를 실천하지 못할 뿐이다.

성공한 사람에게 성공의 비밀을 물어보면 비밀 같은 건 절대로 없다

결국 당신들 중 98%는 안 할 것이다. 아니면 잠깐 해보다가 포기할 것이다. 이 전략에 대해 더 많이 얘기하라고 아이번에게 권한 멤버도 이렇게 말했다. "그 아이디어를 실천할 저 같은 2%의 사람들을 위해 해주십시오. 그 아이디어가 사람들에게 놀라운 변화를 가져올 겁니다. 저한테 그랬던 것처럼요."

그렇다. 꽤 괜찮은 충고다. 이제 질문은 '당신은 2%에 속하는가, 98%에 속하는가?'이다. 2%에 속한다면 당신은 29%를 향한 길로 가고 있는 것이다. 98%에 속한다면 아마도 71%에 머물고 말 것이다. 선택은 당신 몫이다.

37주 액션

우리는 당신이 2%에 속하기를 권한다. 오랫동안 이 전략을 고수할 수 있다고 믿는다면 말이다.

이번 주 미션은 책상 앞에 앉아 당신의 비즈니스와 네트워킹 목표에 맞는, 그리고 특정 매체의 독자들에게도 좋을 거라고 생각하는 기사 작성을 위한 주제 4개를 간단히 메모하는 것이다. 그런 다음 매체의 편집자에게 편지를 써서 당신의 아이디어를 얘기하라. 그의 답이 예스이면 쓰기 시작하라! 답이 노이면 어떤 종류의 기사가 그의 필요에 더 부합하는지 알아보기 위해 다시 팔로업할 생각을 하라.

여기 그 매체가 원할 기사의 종류를 미리 확인하는 데 도움이 될 전문가의 팁이 있다. 해당 매체의 웹사이트에 들어가 잠재 광고주를 위한 섹션을 잘 살펴보라. 광고주들에게 매달 또는 이슈마다 어떤 테마를 제공하는지 알 수 있다. 편집 캘린더도 찾아보라. 편집 캘린더를 검토해보고 당신이 자신 있게 쓸 수 있는 주제를 찾도록 하라.

글을 써본 경험이 없으면 보내기 전에 연습을 하는 게 좋다. 최소한 처음 몇 기사는 누군가에게 교정을 봐달라고 부탁하라(매체에도 편집자들이 있지만 오자나 탈자가 없는 글을 보내는 것이 더 신뢰성 있게 보인다). 또 사전이나 어휘집, 투고를 하려는 미디어가 선호하는 문체 및 형식에 관한 정보를 갖춰놓고 시작하기 바란다.

제 7 장

당신의 비즈니스를 자랑하라

: 성공 스토리 캡처하기 :

이 장에서는 대부분의 사람들이 자신의 비즈니스에 제대로 이용하지 않는 방법을 집중적으로 다룬다. 바로 성공 스토리를 캡처하는 것이다.

우리들은 대부분 어릴 때 겸손해야 하고 주제넘게 나서지 않아야 하며 성공을 자랑하지 말아야 한다고 배웠다. 사실 이런 교훈은 현명한 것이다. 그런 교훈이 성숙한 태도를 키운다. 그러나 우리 부모들이 가르치지 않은 것이 있다. 이 교훈은 개인적인 인생을 살아가는 데 적용되는 것이지, 비즈니스에는 적용되지 않는다는 점이다.

우리는 부풀린 자랑거리를 늘어놓는 사람들을 싫어하기는 하지만 어떻게 한 회사가 성공했는지를 보여주는 비즈니스 사례나 신화에 곧잘 매료되곤 한다. 이런 스토리들이 메말라버리면 어떻게 될지 상상해보라. 비즈니스 잡지와 책들은 팸플릿 정도로 줄어들 것이고 대학의 강의도 10시에 시작해서 10시 5분이면 끝나야 할 것이다. 알겠는가? 성공 스토리는 전혀 금기가 아니다. 그것은 자신의 사업체를 최대한 성공시키기 위해 배울 수 있는 것은 무엇이든지 배우겠다고 굳게 결심한 우리 같은 사람들에게는 굉장히 중요한 것이다.

당신의 성공 스토리를 캡처하는 것은 당신의 상품이나 서비스를 사용함으로써 고객들이 얼마나 많은 것을 얻었는지 항상 관심을 갖고 지켜보는 것이다. 당신의 성공 스토리는 당신 것이며, 당신의 상품이나 서비스에만 있는 독특한 것이다. 그리고 그것은 당신의 열광적인 팬들로부터 나오는 것이다.

당신의 성공 스토리를 캡처하기 위한 4가지 전략을 살펴보자.

당신의 성공 스토리를 캡처하는 것은 당신의 상품이나 서비스를 사용함으로써 고객들이 얼마나 많은 것을 얻었는지 항상 관심을 갖고 지켜보는 것이다.

38주 전략(그들의 서면 추천서로 신뢰도를 높여라)은 만족한 고객이나 동료로 하여금 당신과 당신의 비즈니스에서 겪은 긍정적인 경험을 소개하는 편지를 쓰게 하는 것이다. 이 편지는 다른 사람들을 당신의 고객으로 만들기 위해 다양하게 사용될 수 있다.

39주 전략(3가지가 들어 있는 성공 스토리 2개를 작성하라)은 네트워크의 사람들이 당신의 대표적인 선호 고객이 누구인지 이해할 수 있도록 당신의 성공 스토리를 써보는 것이다. 당신이 누구보다 잘하는 것이 무엇인지를 분명하게 강조해야 한다.

40주 전략(모두를 위한 자기소개는 없다. 청중에 맞게 조정하라)은 네트워크의 사람들이 당신의 선호 고객의 프로파일에 맞는 사람들과 만나서 사용할 수 있는 자료를 어떻게 제공하는지 보여준다. 세일즈팀이 당신에 관한 얘기를 아무렇게나 지어내는 걸 원하지 않을 것이다. 이 자료는 그들의 수고를 덜어주고 정확도를 보장한다.

41주 전략(나팔을 불어라. 비즈니스 기회가 온다)은 당신의 비즈니스가 하는 좋은 일에 대해 얘기하도록 사람들을 격려한다. 당신의 놀라운 골프 핸디캡을 자랑하거나 실크 넥타이에 관한 고상한 취미를 내보이는 것이 아니다. 비즈니스의 강점과 지역사회에서 합법적으로 행하는 선행을 집중 조명하는 것이다.

이 각각의 전략을 실천하면 골프나 전형적인 네트워킹 행사를 훨씬 뛰어넘는 네트워크 기회를 창출할 수 있을 것이다.

Week 38

그들의 서면 추천서로 신뢰도를 높여라

서면 추천서는 전혀 생각지도 않게 수많은 경로로 우리의 행동과 선택에 영향을 미친다. 예를 들어보자. 친구와 금요일에 영화를 보러가기로 한다. 취향이 항상 일치하는 건 아니어서 함께 신문을 뒤져 영화평론가가 쓴 평을 찾아본다. 저녁을 먹으려고 하는데 식당이 너무 많아 어디로 가야 좋을지 모른다. 그래서 식당 잡지를 뒤져 음식평론가의 소개를 살펴본다.

그러나 이런 '직업적' 추천보다 더 강력한 것은 신뢰하는 지인으로부터의 소개다. 시간이 있다면 전화나 이메일로 친구들에게 영화와 식당 소개를 부탁할 것이다. 그리고 그들의 조언을 따를 가능성이 높다. 그들은 당신이 무엇을 좋아하고 싫어하는지 잘 안다는 사실을 알고 있기 때문이다.

비즈니스에서도 마찬가지다. 사람들은 당신에게 오기 전에 다른 사람들이 당신에 대해 뭐라고 했는지 알고 싶어 한다. 당신이 마루를 새로 까는 일을 한다고 하자. 사람들은 당신이 집으로 장비를 끌고 들어오기 전에 이것저것 알아볼 것이다. 서면 추천서나 당신의 작업을 보증해줄 사람들의 전화번호를 요구할지도 모른다. 새 직장을 구할 때 신용 확인을 해줄 자료를 제출하는 경우도 있다. 회사는 당신과 당신의 업무 능력에 관해 서면으로 또는 말로 응답해주기를 기대한다. 추천서가 직업을 구하는 데 결정적인 역할을 하는 것은 자주 있는 일이다. 누군가의 말에 굉장한 무게가 실리는 것이다!

추천서는 상당한 신뢰성이 있다. 당신의 상품이나 서비스를 직접 경험한 누군가로부터 나온 것이기 때문이다. 일반적으로 소비자는 회사의 마케팅 메시지보다 다른 소비자의 추천에 더 많은 신뢰를 갖게 마련이다. 편견이 없고, 소개를 한다고 해서 얻을 게 아무것도 없다고 믿기 때문이다. 회사는 오로지 그들의 이익을 위해 움직이므로 무슨 말을 해도 신뢰도가 낮은 것으로 비친다. 실제로 비즈니스가 진실하더라도 소비자의 결정은 딱딱한 사실보다 그들의 인식에 따른다.

이런 소비자의 심리를 알기 때문에 회사는 소비자의 추천을 일상화하고 있다. 일반 소비자가 아닌 다른 회사를 상대로 일하는 비즈니스도 마찬가지다. 소비자보다 회사는 더 까다로운 고객이 될 수 있다. 회사의 명성과 이익이 걸려 있기 때문이다. 그래서 공식적인 회사의 추천서는 당신을 위한 더욱 강력한 언어가 된다. 추천해준 회사의 신뢰도가 높을 경우에는 더욱 그렇다.

만족한 고객에게 서면 추천을 부탁해본 적이 있는가? 이것을 비즈니스 습관의 일부로 만들 것을 권한다. 서면 추천서는 여러 가지 방법으로, 예를 들면 비즈니스 웹사이트에, 당신의 신뢰를 높이고 당신을 경쟁자보다 우위에 서게 하는 데 쓰일 수 있다. 어떤 웹사이트는 전략적으로 그것을 여기저기 뿌려놓아 웹사이트의 매 페이지마다 최소한 한 개의 추천의 말이 보이도록 한다. 여러 추천서를 동시에 볼 수 있게 아예 한 페이지를 할당한 곳도 있다. 둘 다 각각의 이점이 있다. 어느 것이든 각각의 추천을 스캔해두도록 하라. 추천의 신뢰도뿐 아니라 당신의 신뢰도도 높여줄 것이다.

당신의 비즈니스가 고객들이 직접 사업장을 방문하는 형태라면 서면 추천서를 전시하는 것도 도움이 된다. 각 추천서를 코팅해서 "고객이 우리에 대해 뭐라 말했는지 보세요" 또는 '고객 추천서' 같은 라벨을 붙여 바인더에 보관하는 것이다. 이 바인더를 리셉션 장소의 테이블에 놓아두면 고객이 순서를 기다리는 동안 훑어볼 수 있다. 현재 고객과의 관계를 돈독히 하고 잠재 고객과도 연결할 수 있는 좋은 방법이다.

경쟁에서 우위에 설 수 있는 또 다른 방법은 사업계획서에 이 추천서를 포함시키는 것이다. 이 전략은 당신에게 다양한 선택이 있을 때 가장 효과적이다. 특정 계획과 가장 잘 맞는 추천서를 골라 첨부할 수 있다.

서면 추천서를 성공적으로 사용하는 데 키가 되는 다음 3가지를 명심하라.

1 기회 있을 때마다 추천서를 부탁하라.

2 추천서에 어떤 내용을 담아 주었으면 하는지 안내하라.

3 추천서를 업데이트하라.

고객(또는 지인)에게 추천서를 부탁하는 것을 비즈니스 습관으로 삼아라. 세일즈 과정의 어느 시점에서 부탁을 해야 할까? 대답하기 쉽지 않지만 일반적으로 적당한 때가 아니면 부탁하면 안 된다. 고객, 당신의 상품과 서비스, 그리고 당신 자신의 필요에 따라 이 타이밍은 세일즈나 프로젝트가 완성되기 전, 진행 중, 또는 후가 될 수 있다. 프로젝트가 끝나기 한 달 전이라고 하자. 고객에게 전화를 걸어 일의 진행 상황에 대해 어떻게 생각하는지 묻는다. 고객은 결과에 매우 만족하며 당신의 상품이나 서비스로 인해 자신의 인생 또는 비즈니스가 좋아졌다고 말한다. 바로 그때가 당신의 추천 탐지기가 요란하게 울려야 할 시점이다. 요청을 할 최적의 타이밍이다. "다른 사람들도 저희 회사에 대해 알면 정말 좋겠어요. 이번 주말까지 귀사의 추천서를 하나 써주실 수 있을까요?"

답이 예스이면 다음 단계는 당신의 필요에 맞게 고객을 코칭하는 것이다. 왜 당신 회사를 선택했으며, 당신의 상품이나 서비스로 무슨 이득을 봤는지, 당신이 어떻게 그의 문제를 해결해주었는지, 다른 사람들이 당신 회사에 대해 알아야 할 점을 얘기해달라고 부탁하라. 당신의 비즈니스를 이용할 때 사람들이 가장 신경 쓰는 것은 무엇인가? 고객에게 그런 문제들도 추천서에서 다뤄달라고 부탁하라. 이런저런 제안을 하는 것을 두려워하지 마라. 당신은 그가 적절한 추천서를 쉽게 쓸 수 있도록 도와주는 것이다. 그리고 결과는 당신에게 더욱 값진 것이 될 것이다.

마지막으로, 추천서 파일을 최소한 2년이나 3년마다 한 번씩 검토하여 더 이상 가치가 없거나 신뢰성이 없는 것을 가려내라. 특히 다음의 추천서는 버리거나 새 파일을 만드는 것이 좋다.

- 더 이상 존재하지 않는 회사에서 온 것
- 그 회사를 떠난 사람이 쓴 것
- 더 이상 팔지 않는 상품이나 서비스에 관한 것
- 오래되어 색이 바랜 것
- 고객으로부터 새 통계자료를 받아 업데이트해야 할 필요가 있는 것

추천서 파일을 최소한 2년이나 3년마다 한 번씩 검토하여 더 이상 가치가 없거나 신뢰성이 없는 것을 가려내라.

38주 액션

이미 추측했겠지만 이번 주 미션은 3통의 추천서를 부탁하는 것이다. 당신을 도와주고 싶은 사람들을 위해 이 과정을 쉽게 만들어라. 당신의 상품과 서비스를 사용한 후 그들의 만족이나 성취에 대해 당신이 아는 바를 바탕으로 추천서가 어떤 것을 다루기를 원하는지 구체적으로 얘기해주어라. 회사의 편지양식에다 쓰고 사인하고 정해진 날짜까지 보내달

라고 말하라. 한 가지 더 있다. 호혜의 법칙을 기억하는가? 여기서도 통한다. 진정으로 누군가에게 추천서를 부탁하고 싶으면 먼저 그 사람을 위해 추천서를 써주도록 하라.

Week 39

3가지가 들어 있는 **성공 스토리 2개를** 작성하라

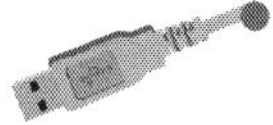

텔레비전이 나오기 전에 라디오가 있었다. 라디오가 있기 전에는 책이 있었다. 책이 있기 전에는 이야기꾼이 있었다. 이야기는 세대에서 세대로 전해지며, 캠프파이어 옆에서 다시 되풀이되고, 사람들을 불러 모으고, 심지어 오늘날까지도 살아남은 문화의 시작을 만든 힘이었다. 매개체가 무엇이든, 돌로 된 판이든 영화든 마트의 주간지든, 인터넷이든 그 중심에는 스토리가 있다.

좋은 스토리는 사람들 사이에 머물러 그들로 하여금 다른 사람들과 그것을 공유하게 한다. 2,000년 전이나 오늘이나 똑같다. 성공 스토리의 경우는 더욱 그렇다. 누구나 그것을 듣고 싶어 한다. 누구나 한 개쯤 갖고 싶어 한다. 그리고 이것은 수천 명의 개별적 성공 스토리를 바탕으로 서로 소개를 주고받는 입소문마케팅과 근사하게 어울린다. 한 사람의 네트워커가 다른 네트워커에게 소개할 때 그 사람이 어떻게 필요를 채우고 문제를 성공적으로 해결했는지에 관한 이야기를 하게 되는 것이다.

좋은 스토리는 사람들 사이에 머물러 그들로 하여금 다른 사람들과 그것을 공유하게 한다.

비즈니스의 성공 스토리가 진실이고, 알맹이가 있고, 가슴에 와닿을 때 그것은 당신의 네트워크 안의 사람들에게 당신에 대한 자신감을 불어넣을 수 있다. 그러나 그런 스토리가 다른 사람들에게 전달되기 위해서는 당신이 먼저 글로 써야 한다. 중요한 것은 진정으로 가슴에 와닿는, 정말로 공유되어질 만한 성질의, 당신의 네트워크에 있는 사람들이 혼자만 알고 있기 힘든 그런 스토리를 캡처하는 것이다.

가장 좋은 스토리는 당신의 선호 고객을 프로파일링해서 그의 예를 담은 것(3주 전략 참조)으로 그와 비슷한 사람들이 더 많이 당신에게 오도록 만드는 것이다.

눈을 감고 당신의 선호 고객을 상상해보라. 무엇이 그 사람을 이상적인 고객으로 만드는가? 그 사람의 필요는 무엇인가? 당신은 어떻게 그 사람을 도왔는가? 왜 그 사람은 당신의 경쟁자가 아닌 당신을 선택했는가? 이제 당신이 FBI의 프로파일러(31주 전략 참조)라고 상상하라. 당신이 할 일은 이 이상적인 고객을 스토리 형태로 프로파일링해서 당신을 위해 다른 사람들도 그와 똑같은 사람을 찾을 수 있게 만드는 것이다. 이 전략은 당신의 비즈니스를 네트워킹하는 데 너무나 중요하다.

당신의 비즈니스에 관한 성공적인 스토리의 내용은 간단하다. 관심을 확 끄는 도입부, 액션으로 가득 찬 중간 부분, 그리고 해피엔딩이 있으면 된다. 다른 사람들이 당신의 스토리를 행동으로 옮기거나 그것을 공유하기를 기대한다면 아주 가슴에 와닿는 스토리여야 한다. 그리고 절대적으로 긍정적인 결과가 있어야 한다. 그러니 좋은 스토리 하나를 골라서 테이블 위에 올려놓고 해부해보자. 당신 자신의 스토리를 엮기 위해 필요한 것이 무엇인지 보여줄 것이다.

사로잡는 도입부_인물(who)

우리는 이 전략을 당신의 이상적인 고객에 대한 몇 개의 질문으로부터 시작했다. 성공 스토리의 도입부에서 당신의 목표는 듣는 사람이 더 듣고 싶게 하는 장면을 만드는 것이다. 그를 유혹하여 앞으로 전개될 흥미진진한 이야기로 이끄는 것이다. 당신의 고객을 프로파일링하고 그것을 읽는 사람과 연결시킬 때 바로 이 장면을 연출할 수 있다. 완벽한 고객을 더 잘 파악하기 위해 통계를 사용하라. 회사를 상대로 한다면 회사의 크기, 위치, 직원 수, 조직 형태, 업종과 기타 요인들을 포함해야 한다. 소비자를 상대로 하는 경우에는 나이, 성별, 교육, 지위, 소득과 기타 요인을 포함해야 한다.

액션으로 가득한 중간 부분_무엇을(what), 왜(why)

스토리의 중간 부분에서 당신의 목표는 고객이 무슨 문제가 있어서 당신에게 왔는지 설명하는 것이다. 고객이 어떤 곤경에 처해 있었는가? 뭐가 잘 안 되고 있었는가? 왜 당신의 경쟁자가 아닌 당신을 선택했는가? 그 사람은 어떤 것이 필요했는가? 이 부분을 잘 잡아냄으로써 당신은 읽는 이로 하여금 자신이 아는 사람 중에 똑같은 문제를 겪고 있는 사람을 떠올리게 할 것이다.

해피엔딩_어떻게(how)와 언제(when)

마무리는 오레오 쿠키 가운데에 있는 크림과 같은 것이다. 가장 중요한 부분! 해피엔딩은 당신이 어떻게 고객의 문제를 해결해주었는지를 얘기해주는 것이다. 어떻게 그 사람을 도왔는가? 그 사람의 상황이 어떻게 좋아졌는가? 언제 그 사람의 문제를 해결해주었는가? 얼마나 오래 걸렸는가? 스토리의 이 부분, 즉 결과는 보통 가장 자주 반복되는 것이다. 사람들은 결과를 알고 싶어 한다. 그들은 팩트와 숫자를 알고 싶어 한다.

왜 이런 스토리를 써야 하는가? 우리들은 대개 적어두지 않으면 잊어버리기 때문이다. 또 다른 이점은 스토리를 씀으로써(그리고 당신의 네트워킹 파트너에게도 그렇게 하도록 권하면) 파트너와 서로의 성공 스토리를 교환할 수 있다는 것이다. 그러면 서로의 선호 고객이 누구인지 알 수 있고, 다른 사람들에게 파트너를 대신해서 긍정적 결과가 있는 스토리들을 얘기해줄 수 있게 된다. 또 이 스토리들을 파일에 담아두면 비즈니스 기회를 발견하고 소개하는 데 큰 도움을 준다. 자기소개를 할 때(40주 전략 참조) 그 스토리를 끼워넣어도 좋다. 새 고객에게 당신의 비즈니스를 소개하는 프레젠테이션에 포함시킬 수도 있다. 최고의 시나리오는 당신의 성공 스토리를 이상적인 고객의 서면 추천서로 마무리짓는 것이다!

이상적인 고객의 서면 추천서로 당신의 성공 스토리를 마무리지어라.

39주 액션

이번 주 미션은 좋은 스토리의 기본 얼개를 바탕으로 2개의 성공 스토리를 작성하고, 그 스토리를 입소문마케팅팀의 누군가와 공유하는 것이다. 그리고 파트너에게도 그의 스토리를 나누어달라고 요청하라. 파트너가 찾는 이상적인 고객은 어떤 사람인지 당신이 더 잘 이해하는 데 도움이 될 것이다.

당신의 스토리는 당신의 이상적인 고객에 초점을 맞춰야 한다는 사실을 잊지 마라. 그 스토리를 다른 사람들과 공유하면 할수록 당신의 비즈니스 네트워킹에서 더 많은 고품질의 소개를 받게 된다.

Week 40

모두를 위한 **자기 소개**는 없다. 청중에 맞게 조정하라

대부분 좋은 첫인상의 중요성을 알고 있다(24주 전략 참조). 그러나 놀랍게도 네트워커가 되고자 하는 사람들 중에서 자신을 소개하는 말이 첫인상에 어떤 영향을 미치는지 진지하게 생각해보는 사람은 별로 없다. 프레젠테이션을 시작할 준비가 되어 있는 당신을 누군가가 소개하는 순간은 바로 청중이 당신에게 집중하는 시간이다. 이때야말로 비즈니스 네트워킹의 완벽한 기회임에도 곧잘 낭비되곤 한다.

프레젠테이션을 시작할 준비가 되어 있는 당신을 누군가가 소개하는 순간은 청중이 당신에게 집중하는 시간이다.

특정 네트워킹그룹에 소개되거나 일반 청중에 소개되거나 간에 당신의 메시지가 전달되는 데 도움이 될 이 기회를 흘려보내서는 안 된다. 당신에 대해 얘기할 준비가 되어 있지 않은 누군가에게 당신을 소개하게 하는 것은 그의 의도가 아무리 선하더라도 처음부터 청중에게 잘못된 정보를 주거나 혼란스럽게 만들 위험이 있다. 당신에 대한 소개말은 당신이 컨트롤할 수 있어야 하고 당연히 그래야만 한다.

부실한 소개로 인한 첫인상은 회복하기 힘들다.

"화재보험 파는 사람 아닌가요?"

"아니요, 전에 보험을 판 적이 있지만 지금은 재해컨설턴트입니다. 작업장에서 사고로 생길 수 있는 화재로부터 비즈니스를 보호하는 일을 합니다."

"아, 그래요? 유감이네요. 당신의 프레젠테이션을 듣고 얼마 후 당신의 서비스를 필요로 하는 사람을 만났거든요. 제가 당신이 하는 일을 제대로 알지 못했군요."

당신이 누구인지 명확하지 않으면 사람들은 그들 스스로 만든 오해에 근거해서 해석하고, 결국 당신의 메시지를 놓치고 만다.

리퍼럴그룹들은 자주 전문가를 초청하여 짧은 프레젠테이션을 하도록 한다. 당신의 비즈니스를 네트워킹하기에 딱 맞는 상황인 셈이다. 그 네트워킹은 당신에 대한 소개로 시작한다. 그전에 그 모임의 청중, 그리고 당신을 소개할 사람에게 맞도록 특별히 만든, 당신 자신에 대한 정보를 제공하라.

보통 소개는 1~2분 정도 걸린다. 당신의 이력서가 4페이지에 달하고 당신이 노벨평화상 수상자가 아닌 한 청중에게 당신이 누구이고 당신이 하는 비즈니스는 무엇이며 당신이 어떻게 사람들을 돕는지 얘기한다. 여기에 간단한 성공 스토리나 일화를 포함시키면 청중의 관심을 촉발시키고 생기를 북돋울 수 있다.

공저자인 미셸 도노반이라면 어떻게 자기소개를 해달라고 했을까? 아마도 이렇게 해달라고 했을 것이다.

> 소개받는 능력을 키워주는 전문가 미셸 도너번을 소개하겠습니다. 미셸은 피너클트레이닝서비스의 창립자이자 피츠버그 북쪽에 있는 리퍼럴인스티튜트 오브 웨스턴 펜실베이니아의 오너입니다. 리퍼럴인스티튜트의 인증 네트워커프로그램의 공인 강사이기도 합니다. 뿐만 아니라 성인 교육자를 위한 트레이닝과 코칭도 하고, 리퍼럴마케팅에 관한 개인 코칭도 합니다. 펜실베이니아주립대의 객원교수이자 피츠버그의 임원교육 전문 카츠센터의 초빙교수이기도 합니다. 미셸의 미션은 비즈니스 전문가들에게 소개에 관한 트레이닝과 코칭을 해서 소개 가능성을 높여주고, 그 결과로 최고의 수익성을 달성하도록 돕는 것입니다. 최근 미셸은 한 커리어 코치가 소개마케팅을 통해 두 달 만에 주당 고객 수를 2배로 늘리도록 도와주었습니다. 미셸 도너번을 환영해주십시오.

이 소개의 말은 사람들에게 미셸이 어떤 비즈니스를 하는지 제대로 알게 해준다. 그녀가 특정 대학에서 가르치는 것을 강조함으로써 그녀의 신뢰도를 높인다. 성공 스토리도 하나 추가했다. 1~2분 안에 정말 많은 정보를 전달하고 있지 않은가! 더 좋은 것은 미셸이 자기소개의 구체적인 내용과 잠재적 결과를 궁극적으로 컨트롤했다는 것이다. 바로 소개라는 궁극적 결과 말이다.

40주 액션

이번 주 미션은 자신에 대한 소개의 말을 작성하는 것이다. 다음의 형식이 소개의 말을 만드는 데 도움이 될 것이다.

소개의 말 골격

이름과 비즈니스

무엇을 제공하는가?

당신의 자격 또는 주요 성취는 무엇인가?

당신은 어떤 사명선언서를 갖고 있는가?

최근 그는(그녀는) ____________를 ________________하는 데 도와주었고 그 결과 ______________________되었다.

모든 사람에게 다 들어맞는 자기 소개는 없다는 것을 명심하라. 청중에 맞게 소개말을 조정할 준비가 되어 있어야 한다. 게다가 당신을 대신해 누군가가 읽어줄 소개서를 준비한다면 행간을 띄우고, 불릿 포인트(bullet point, 역주: 중요 항목을 강조하기 위한 네모 또는 원 모양의 표시)를 이용하며, 글자 크기는 12포인트 이상 키워야 한다. 이렇게 함으로써 읽는 사람이 자신감을 갖도록 하고 당신에 관한 소개말이 부드럽고 명확하게 전달되게 해야 한다.

누군가에게 당신의 소개를 맡긴다는 것은 당신을 잘 알 수도 있고 모를 수도 있는 그에게 당신의 비즈니스를 네트워킹하도록 허락하는 것이다. 당신은 그것을 의미 있게 만들고 컨트롤할 수 있는 요소를 컨트롤할 책임이 있다. 당신 자신의 주된 성취가 정확하게 그리고 빠짐없이 기록되도록 해야 한다. 여기서 키워드는 '성취'다.

모든 사람에게 다 들어맞는 자기 소개는 없다는 것을 명심하라. 청중에 맞게 소개말을 조정해야 한다.

그런데 불행하게도 많은 사람들이 자기 자신에 관한 소개의 말을 쓰는 것을 망설인다. 왜 그럴까? 사람들이 망설이는 이유는 자기 자신에 대해 근사한 내용을 말하는 것을 어렵게 여기기 때문이다. '자기 자랑'을 하는 데 어려움을 느낀다면 반드시 이 책의 다음 전략에 특별히 더 주의를 기울여야 한다!

Week 41

나팔을 불어라. 비즈니스 기회가 온다

"안녕하세요? 어떻게 지내세요? 뭐 새로운 소식 없어요? 비즈니스는 어때요?" 이와 비슷한 질문을 일주일에 몇 번이나 듣는가? 아마도 수도 없이 들을 것이다.

그러면 잠깐 당신이 어떤 반응을 보일지 생각해보자. 대개 이렇게 말할 것이다. "먹고살 만해" 또는 "너무 바빠서 정신이 없어" 또는 "더 바랄 게 없지" 이 대답은 보통 다음의 2가지 중 하나를 의미한다. (1) 정말로 모든 일이 잘되어가거나, (2) 엉망이지만 사람들이 아주 잘되어가고 있다고 믿어주기를 바라는 것.

이런 식으로 대답하면 질문한 사람은 되돌아서서 무슨 생각을 할까? '와, 정말 바쁜 모양이네. 제니를 도와주기에는 너무 바쁜 것 같으니 다른 사람을 소개해야겠네.'

그의 마음을 읽을 수만 있다면 얼마나 좋을까! 그랬다면 아마도 쫓아가면서 소리를 지를 것이다. "기다려! 제니의 일은 내가 하고 싶다고!"

우리가 아는 한 재무컨설턴트는 자신의 선호 고객 한 명이 다음과 같이 말하는 것을 듣고서야 비로소 자신이 실수했다는 사실을 뼈저리게 깨닫게 되었다. "당신한테 새 고객 몇 명을 보내줄 수도 있었는데, 당신이 저한테 너무 비즈니스가 잘돼서 새 고객을 받을 여유가 없는 것 같은 인상을 주어서(소개를 안 해줬죠)." 그는 스스로 자기 발등을 찍었다는 사실을 알았다.

마스터 네트워커로서 우리는 진정 방금 헤어진 사람들에게 우리가 새로운 고객이 필요 없다고 생각하게 만들고 싶은가? 대답이 "노"인 건 너무나 당연하다. 그렇다면 우리는 왜 항상 이런 질문에 기회를 날려버리는 태도로 반응하는가? 이것이 비즈니스에 미치는 영향은 무엇인가? 이 책의 앞에서 말했듯이 이건 눈앞에 뻔히 보이는 돈을 날리는 것이나 마찬가지다.

마스터 네트워커로서 우리는 진정 방금 헤어진 사람들에게 우리가 새로운 고객이 필요 없다고 생각하게 만들고 싶은가?

사람들이 흔히 보이는 비생산적인 대화 습관에 대한 대안을 제시한다. 우리는 이것을 '나팔 불기'라고 부른다. 맞다, 나팔 불기다. 그런데 나팔 불기를 자랑과 혼동하지 마라. 자랑은 거만하거나 과장되게 자신에 대해 떠드는 것이다. 나팔 불기는 단지 새로운 고객을 위한 문을 열어놓은 채 당신의 성공을 강조하는 방식으로 당신의 비즈니스에 대해 긍정적이고 사실적인 발언을 하는 것이다. 목적은 당신을 다른 사람들에게 소개하거나 홍보할 수 있는 위치에 있는 사람들에게 당신의 비즈니스에 관한 긍정적인 정보를 나누는 것이다.

나팔 불기는 단지 새로운 고객을 위한 문을 열어놓은 채 당신의 성공을 강조하는 방식으로 당신의 비즈니스에 대해 긍정적이고 사실적인 발언을 하는 것이다.

누군가가 질문을 해올 때 사용할 수 있는 나팔 불기의 예 몇 가지를 소개한다.

Q: 어떻게 지내세요?

A: 요즘은 괜찮아요. 지금껏 가장 큰 고객을 한 명 확보했거든요.

A: 이제 슬슬 비수기로 들어갈 것 같아요. 그래서 새로운 기회를 찾고 있죠.

A: 괜찮아요. 제 사업을 프랜차이즈화할까 해요.

Q: 뭐 새로운 거 없어요?

A: 아주 기대가 커요, 방금 새 세일즈맨을 고용했거든요.

A: 지난주 비즈니스타임스와 인터뷰했어요. 기사가 2주 안에 나온다네요.

A: 요즘 세일즈 주기를 줄이는 방법을 가르치는 코스를 듣고 있어요.

Q: 사업은 어떠세요?

A: 올해 지금까지 새 고객 8명을 확보했는데 목표는 20명이에요.

A: 세일즈가 50% 늘었어요. 다음 달에는 새 직원을 한 명 뽑으려고 해요.

A: 3분기는 꽤 괜찮았어요. 4분기에는 고객층이 좀 더 넓어지기를 기대하고 있어요.

이러한 답변들이 당신과 당신의 비즈니스에 시사하는 점 몇 가지가 있다. (1) 상대방에게 당신의 성취를 긍정적인 방식으로 알려준다. (2) 당신을 대신해서 다른 사람들에게 반복해 들려줄 정보를 제공한다. (3) 사람들에게 어떻게 당신의 비즈니스를 도와줄 수 있는지 알게 해준다.

당신이 "사업은 어떠세요?"라는 질문에 지극히 낙천적으로 답하는 버릇이 있다면, 위에 제시한 답변들을 참고해서 비슷하게 시도해보라. 32주 전략(가슴으로 말하는 동기부여 연설가가 되라)에서 말했듯이 전적으로 전달하기 나름이다.

41주 액션

이번 주 미션은 다음의 질문에 각각 2가지의 답을 써보고 그것을 기억에 새기는 것이다. 그러면 다음에 누군가가 이런 종류의 질문을 했을 때 당신의 비즈니스에 대해 긍정적으로 답할 준비가 될 뿐 아니라 새 고객도 확보할 수 있다. 스스로 자기 나팔을 불지 않으면 누가 불어주겠는가?

Q: 어떻게 지내세요?

A:

A:

Q: 뭐 새로운 거 없어요?

A:

A:

Q: 사업은 어떠세요?

A:

A:

이상 7장을 통해 우리는 당신의 성공 스토리를 캡처하고 사용하는 데 유용한 몇 가지 제안을 했다. 그것에 익숙해지면 '다른 사람들보다 앞서는' 큰 발자국을 뗀 것이다. 그리고 다음 장을 위한 만반의 준비를 갖춘 것이다.

제 8 장

남들이 하지 않는 것을 제대로 하라

: 지속적인 성장의 플랜 :

대부분의 사람들에게 네트워킹은 비즈니스가 잘 안 될 때 시도해보는 것으로 인식된다. 하지만 네트워킹은 더 많은 소개로 이어지는 비즈니스 관계를 만들기 위한 최고의 전략이다. 제대로 하면 부진한 사업에 대한 반작용이 아니라 비즈니스 성장을 위한 적극적인 전략이 된다.

이 책의 주된 메시지는 비즈니스 네트워킹에 관한 한 남들과 달라야 한다는 것이다. 이 마지막 장, '남들이 하지 않는 것을 제대로 하라'가 이 책에서 가장 비중이 큰 장임을 주목하라. 가장 중요한 아이디어를 담고 있기 때문이다.

남들이 하지 않는 것을 하면 당신이 우위에 선다. 경쟁자들보다 머리 하나는 더 높이 서게 해준다. 긍정적인 방식으로 당신을 두드러지게 해주며, 사람들은 당신과 당신의 비즈니스에 끌리게 된다. 그러면서 당신의 성공이 더욱 강해지고, 깊어지며, 지속가능해진다.

남들이 하지 않는 것을 하면 당신이 우위에 선다.

이 장은 당신을 우위에 설 수 있게 하기 위해 설계된 11개의 특별한 전략에 집중한다(42~52주 전략). 대부분의 사람들이 이런 일들을 실행하지 않는다. 한다 해도 잘하지 못하는 것들이다.

42주 전략(왜 피드백을 요구하지 않는가)은 당신의 비즈니스를 개선하기 위해 어떻게 정보를 수집하는가를 이야기한다. 사람들로부터 솔직한 피드백을 받는 것이 비즈니스의 강점과 약점을 알고 그것을 개선하는 액션을 취할 수 있는 가장 빠른 방법이다.

43주 전략(사람들은 주인처럼 행동하는 사람에게 끌린다)은 네트워킹 친목회에서 주인의 태도를 취함으로써 어떻게 긍정적인 방식으로 두드러져 보일 것인가를 알려준다.

44주 전략(돈의 흐름을 추적하면 도와줄 사람이 보인다)은 다른 비즈니스에 제공하는 도움을 어떻게 활용하는지를 보여준다.

45주 전략(사람들로부터 지지를 이끌어내는 확실한 방법)은 네트워크의 멤버가 문제를 해결하는 데 도움을 주기 위해 당신의 영향력과 지위를 어떻게 이용할 수 있는지를 설명한다.

46주 전략(소개를 부탁하는 방법)은 어떻게 소개를 부탁하는지에 대해 가르쳐준다(정말 더 나은 방법이 있다).

8장 중간 부분에 나오는 전략들은 당신을 고정관념에서 끌어내준다. 47주 전략(신문을 '그냥' 보지 말고 '소개 의도'를 갖고 읽어라), 48주 전략(피할 수 없는 대중 연설의 공포 다스리기), 49주 전략(성공적인 허브회사의 조건), 그리고 50주 전략(기꺼이 돕고 싶게 만드는 멘토의 특성)이 여기에 포함된다. 이 전략들은 보편적인 활동을 네트워킹을 고양시키는 아주 특별한 방법으로 전환시킨다.

이 장은 마지막으로 비즈니스의 방향, 성장, 발전을 확실히 만들어주는 2개의 전략으로 마감한다. 51주 전략(당신의 자문위원회에 꼭 있어야 할 사람들)은 자문단으로부터 다양한 관점에서 당신의 비즈니스에 관한 얘기를 듣는 일의 이점에 집중한다. 52주 전략(평생학습이 더 많은 황금을 낳는다)은 사업가들이 어디에서 어떻게 네트워킹과 리퍼럴마케팅의 기술과 이론을 평생 배울 수 있는지에 대한 정보를 제공한다.

준비가 되었으면 이제 당신을 최고의 경쟁력을 갖춘 실력자로 자리매김해줄 방법들을 살펴보기로 하자. 실력자는 남들이 하지 않는 일들을 하는 사람이라는 것을 명심하고.

Week 42

왜 피드백을 요구하지 않는가

비즈니스를 하면서 당신은 고객에게 피드백을 요청하는가? 어떤 시스템을 사용하는가? 얼마나 자주 요청하는가? 누구에게 요청하는가? 언제 요청하는가? 어떻게 요청하는가?

피드백을 요청하는 것은 비즈니스 개선에 필요한 정보를 모으는 가장 간단한 방법이다. 그러나 사람들 대부분은 그것을 위해 시간을 내지 않는다. 매일매일 비즈니스를 운영하는 데만 정신이 팔린 나머지 잠시 짬을 내어 사람들에게 "저희가 잘하고 있습니까?"라고 묻지 않는다. 무슨 답이 돌아올지 겁이 나서 그 과정을 두려워하는 사람도 있다.

우리가 피드백을 요청하지 않는 데는 대략 다음의 5가지 이유가 작용한다. (1) 답이 부정적일까 봐 두렵다. (2) 누구한테 요청할지 모른다. (3) 언제 요청할지 모른다. (4) 어떻게 요청할지 모른다. (5) 다른 사람의 시간을 빼고 싶지 않다. 이런 걱정들 때문에 피드백을 요청할 생각만 해도 속이 메슥거릴 수 있다. 그러나 피드백은 그런 고통을 감수할 가치가 있는 것이다. 성장의 잠재력이 엄청나기 때문이다.

긍정적이든 부정적이든 피드백은 건설적인 것으로 간주되어야 한다. 신상품을 개발하고 현재의 서비스를 개선하고 때로는 완전히 새로운 어프로치를 시도하게 만들기도 하기 때문이다. 이 전략은 피드백의 기회를 당신의 비즈니스 운영 방식으로 통합할 수 있게 고안되었다.

긍정적이든 부정적이든 피드백은 건설적인 것으로 간주되어야 한다.

피드백을 포용하지 못하는 이유는 부정적인 응답에 대한 두려움 때문이다. 누구도 비판받기를 좋아하지 않는다. 자신감이 넘치거나 경쟁심이 강한 사업가들은 더욱 그렇다. 피드백을 요청하는 것은 우리를 상처받기 쉽게 만들고, 상처받을 수도 있다는 생각이 우리를 겁먹게 한다. 거절에 대한 선천적인 두려움 때문에 우리는 자기방어적으로 반응한다. "왜 그들은 나를 좋아하지 않지? 내 상품과 서비스가 뭐 어때서? 도대체 그들이 뭘 알아?" 이것은 피드백을 받아들일 준비가 안 되어 있는 사람의 반응이다.

받아들이기 어렵긴 하지만, 부정적인 피드백은 실제로는 선물이다.

받아들이기 어렵긴 하지만, 부정적인 피드백은 실제로는 선물이다. 현실이 어떤지 보여준다. 우리가 아무리 잘해도 항상 개선의 여지가 있다는 사실을 일깨워준다. 절대로 모든 사람을 행복하게 할 수는 없다는 점도 상기시켜준다. 기꺼이 피드백을 듣겠다는 것이 때로는 부정적인 피드백을 부르기도 한다. 부정적인 피드백을 긍정적인 기회로 바꾸는 것은 당신의 태도에 달려 있다. 들을 준비가 되어 있지 않으면, 그리고 건설적으로 그것에 대응할 자세가 되어 있지 않으면 피드백을 요구해서는 안 된다.

들을 준비가 되어 있지 않으면, 그리고 건설적으로 그것에 대응할 자세가 되어 있지 않으면 피드백을 요구해서는 안 된다.

누구에게 피드백을 요구해야 하는가? 한 가지 대답은 360도 평가의 예에서 보듯, '모든 사람에게' 요구하라는 것이다. 직원의 성과에 대한 피드백을 수집하기 위해 인사팀이 흔히 사용하는 방법이다. 이 평가 방식은 성과에 대한 당신의 관점을 확장시켜준다. 당신이 일상 업무 중 만나는 모든 부류의 사람들, 즉 상사와 동료, 부하직원, 파트너, 그리고 특히 고객을 샘플로 하기 때문이다. 이 방식이 어떻게 당신의 비즈니스 성과에 대한 피드백을 수집하는 데 적용될 수 있는지 생각해보라. 360도 평가에 누구를 포함시키겠는가? 아마도 외부 고객, 내부 고객(당신의 직원), 비즈니스 자문역, 그리고 공급처를 생각할 것이다.

당신의 비즈니스에 대한 다양한 관점을 확보하는 것은 궁극적으로 경쟁에서의 이점으로 돌아온다. 요점만 말하면, 360도 시야 확보는 모든 각도로부터 오는 것을 볼 수 있게 해준다. 이것이 없으면 당신의 비즈니스를 뒤통수칠 수 있는 그것을 보지 못하게 될 수도 있다!

피드백을 받아들이고 적용하기 위해서는 준비가 되어 있어야 한다. 피드백을 요구하기에 가장 좋은 시간은 언제인가? 그것은 당신이 과정의 어디쯤에 있는가, 어떤 종류의 피드백을 찾고 있는가에 달려 있다. 예를 들어, 전문적인 자기계발 트레이너는 세션 중간에, 세션 마지막에, 그리고 세션이 끝나고 서너 달이 지난 후 피드백을 요구할 수 있다. 그는 그때마다 다른 질문을 할 것이고, 그에 대한 응답도 각각 다를 것이다. 세션 중간에 받은 정보에 따라 트레이너는 세션을 위한 자료와 전달 방법을 바꿀 수 있다. 세션 마지막에 받은 피드백에 의해 다음 클래스를 위한 코스를 수정할 수도 있다. 세션이 끝나고 몇 달 후에 받은 피드백은 추천서에 사용하거나 다음 코스를 개선하는 데 사용할 정보를 줄 수 있다.

어떻게 피드백을 요구해야 할지 모를 때는 어떻게 해야 할까? 가장 쉽고 논리적인 방법은 그것을 세일즈 과정의 일부로 만드는 것이다. 우선, 언제 피드백을 요구하고 싶은지 생각해보라. 위의 트레이너와 마찬가지로 다단계 피드백 시스템을 원하는가, 아니면 간단히 한 번만 듣기를 원하는가? 많은 회사들은 설문지를 사용한다. 어떤 곳은 임무를 완성했을 때 설문지를 직접 나눠주고, 어떤 곳은 이후에 이메일로, 어떤 곳은 몇 주 후에 우편으로 설문지를 보내 팔로업하기도 한다. 어떻게 전달할지는 당신의 상품이나 고객층에 따라 달라진다. 당신의 고객은 우편보다 이메일로 보냈을 때 답할 확률이 높은가? 고객을 알면 피드백 기회를 어떻게 전달할지 선택하는 데 도움이 된다. 상품도 마찬가지다. 여하튼 이 전략을 심각하게 고려하고, 그것이 어떻게 비즈니스의 성장에 영향을 미칠지 생각해봐야 한다.

마지막 걱정은 피드백을 요구함으로써 누군가의 시간을 뺏을지 모른다는 것인데, 솔직히 말해서 이것은 책임 회피다. 성인이라면 누구나 '노'라고 말할 수 있다. 그러나 요청하는 것은 여전히 당신 책임이다. 유용한 피드백을 얻을 확률을 높이기 위해 간단하고 시의적절하게 요구하라. 너무 복잡하거나 지나치게 서둘러 데드라인을 설정하면 설문지는 서랍 속에서 잠들 확률이 높아진다. 데드라인을 너무 멀리 잡아도 안 된다. 사람들이 밀쳐놓았다가 잊어버릴 수 있다.

우리의 추천은 이것이다. 피드백 과정을 세일즈 시스템에 통합시키고, 연말의 인사 평가나 사업계획 세션에 포함시켜라. 그것을 시스템의 중요한 한 부분으로 만들면 당신의 요구가 부담스러운 강요로 인식될지도 모른다는 공포를 없애줄 것이다. 궁극적으로 당신의 비즈니스가 피드백으로부터 혜택을 볼 것이다.

피드백 과정을 세일즈 시스템에 통합시켜라.

42주 액션

이번 주 미션은 3가지다. (1) 언제 고객들에게 피드백을 요청할 수 있는지 결정하기 위해 세일즈 시스템을 검토하라. (2) 피드백에 필요한 간단한 도구를 만들라(예컨대 설문지나 이메일 질문). (3) 나중을 생각해서 360도 평가 방식의 예를 인터넷에서 찾아보라. 360도 평가 방식 안에 새로운 관점의 가치가 숨겨져 있다는 사실을 기억하라. 그것을 성공적으로 실천하기 위해서는 굳은 결심이 필요하다는 것도 기억하라.

Week 43

사람들은 **주인처럼 행동하는** 사람에게 끌린다

전형적인 네트워킹 이벤트에서는 사람들의 모습이나 대화가 대동소이하다. 모든 사람이 단 한 가지 이유로 거기에 와 있는 것처럼 보인다. 비즈니스 기회를 얻는 것 말이다. 그럼에도 불구하고 네트워킹 행사에서 거래를 성사시킬 확률은 높지 않다.

왜 그럴까? 거기 있는 대부분의 사람들이 당신을 모르거나 당신과 비즈니스를 할 정도로 잘 알지 못하기 때문이다. 그들이 당신을 신뢰해야 할 이유가 없는 것이다. 어쩌면 그들은 당신을 좋아하지 않을지도 모른다. 특히 당신의 명함을 이미 명함으로 가득 찬 그들의 호주머니에 찔러 넣으려 한다면 더욱 그럴 것이다. 그들이 아주 절박하거나 오랫동안 당신 같은 사람을 찾고 있었다면 모를까, 왜 누군가를 당신에게 소개하려 하겠는가?

당신을 소개하기 전에 사람들이 당신을 알아야 하고, 좋아해야 하고, 신뢰해야 한다. 비즈니스의 기회를 당신에게 주는 것도 마찬가지다. 다른 사람과 구별되는 뭔가를 해야 한다. 그러기 전에는 당신도 그저 뭔가를 팔려고 혈안이 된 또 하나의 네트워커일 뿐이다. 아니면 그냥 구운 새우나 먹으러 온 사람이거나.

네트워킹 행사에서 긍정적인 모습으로 남의 눈에 띄면 좋지 않겠는가? 어느 모임에서든 강하게 끌리는 그런 사람, 사람들을 사로잡고 너도나도 소개하고 싶은 그런 사람이 되면 말이다. 그렇게 될 수 있는 방법이 있다. 그걸 하는 데는 수술이 필요한 것도 아니고, 람보르기니의 키가 필요한 것도 아니다. 아주 간단하다. 주인처럼 행동하면 된다. 아주 쉽지만 효과적인 방법이다. 당신이 주인의식을 가지면 사람들은 자연스럽게 당신을 찾는다.

<u>당신이 주인의식을 가지면 사람들은 자연스럽게 당신을 찾는다.</u>

마지막으로 파티를 연 것이 언제인가 생각해보라. 당신이 좋은 호스트였다면 문 앞에서 사람들을 맞고, 서로 소개해주고, 그날 저녁의 플랜을 말해주고, 사람들이 편안하도록 온갖 노력을 다 기울였을 것이다.

네트워킹에서도 마찬가지다. 네트워킹 이벤트에서 만나는 대부분의 사람들은 손님 역할만 한다. 그들은 수동적이고, 뭔가가 일어나기를 기다린다. 누가 오는지도 모르고, 어젠다가 뭔지도 모른다. 누가 무엇을 할지 궁금해한다. 새로운 사람들을 만나는 게 불안한 사람도 있다.

그 속에서 당신은 남들이 하지 않는 것을 선택할 수 있다. 사고방식을 바꿔 네트워킹 이벤트의 주인으로 접근할 수 있다. 그럴 경우 당신의 행동은 시작부터 달라진다. 우선 일찍 도착해서 이벤트 스케줄을 알아본다. 참석자 명단을 훑어보고 누구를 만날 것인지도 알아둔다. 행사장 배치를 알아보고 사람들을 코트 거는 곳이나 화장실, 또는 음식이 있는 곳으로 안내할 수 있다. 사람들을 서로 소개해주고 편안하게 느끼도록 도울 수 있다. 바꿔 말하면 당신이 이니셔티브를 쥐는 것이다.

사람들은 이렇게 행동하는 당신에게 끌린다. 당신은 이벤트에 대해 모든 것을 알고 있는 것처럼 보인다. 다른 손님들이 "저 사람에게 가서 물어보세요"라고 사람들을 당신에게 보낸다. 주인이라고 마음먹은 순간 당신의 초점은 자기 자신이 아니라 다른 사람에게 맞춰진다. 마스터 네트워커의 가장 중요한 특징 중 하나인 도움 주기를 실천하는 것이다. 당신은 남을 돕는 것을 즐긴다(7주 전략 참조).

당신은 이벤트에서 비즈니스의 기회를 얻을 것을 기대하지 않는다. 대신 앞으로 돈독한 비즈니스 관계를 개발하기를 원하는 사람들을 만나기를 기대한다. 그런 관계를 개발함으로써 다른 사람들을 도울 수 있게 된다. 이 전략을 실천하면 사람들이 당신을 기억할 뿐만 아니라 그들을 도우려는 당신의 모습 때문에 당신을 좋아하게 된다. 이것이 진정한 의미의 네트워킹이다.

다음 네트워킹 모임에 참석할 때는 사고방식을 바꿔 주인의식을 가져라. 그리고 다른 사람들을 돕는 것을 목적으로 삼아라.

43주 액션

이번 주 미션은 다음 네트워킹 모임에 참석할 때 당신의 사고방식을 바꾸고 주인의식을 갖는 것이다. 일찍 도착해서 관계자들을 만나라. 행사장의 배치와 이벤트 순서, 그리고 누가 참석하는지도 알아보라. 다른 사람들을 돕는 것을 목적으로 삼아라. 서로 알지 못하는 사람 셋을 소개시키는 것을 목표로 하라. 길게 보면 호혜의 법칙이 작용해 당신에게 득이 된다.

Week 44

돈의 흐름을 추적하면 도와줄 사람이 보인다

충성스러운 고객으로서 지난 몇 해 동안 당신은 얼마나 많은 사업체를 후원했다고 말할 수 있는가? 작년에 수의사가 사무실을 넓힌 건 지난 10년 동안 애완견을 보살피는 데 많은 돈을 투자한 당신 덕일지 모른다. 어떤 사업체들에 대해서는 당신이 고객일 뿐 아니라 다른 사람들을 소개하기도 했을 것이다. 그 사업체들이 보답으로 당신의 비즈니스를 도운 것이 언제인가? 돈의 흐름을 따르는 이 전략은 당신이 재정적으로 후원한 사업체와 어떻게 호혜의 법칙을 활용할 수 있는지를 보여준다.

이 전략에 깊숙이 들어가기 전에 영수증, 신용카드 명세서, 재무제표 등 당신이 개인적으로, 사업적으로 돈을 쓴 자료를 준비하라. 자, 이제 그 자료를 앞에 두었으니 돈의 흐름을 따라가볼 차례다. 당신이 돈을 쓴 내역을 훑어보라. 미용실, 병원, 잔디관리 서비스, 청소업체, 세탁소, 탁

아소, 또는 식품점처럼 정기적으로 지불한 곳이 있을 것이다. 우선, 돈의 흐름을 살펴보자. 이 비즈니스들에 얼마나 투자했는지 분석하는 것부터 시작하라. 다음의 표가 도움이 될 것이다.

돈의 흐름을 추적하라

사용법: 지난해 정기적으로 돈을 투자한 모든 사업체를 기록하라. 다음 칸에는 얼마나 자주 투자를 했는지 기록하고 마지막 세 칸에는 1개월, 1년, 5년 동안 투자한 금액을 기록하라.

사업체 이름	투자 빈도	1개월 투자 총액	1년	5년
예 : 살롱 수프림	월 1회	$40	$480	$2400

이 표를 검토하면 당신이 좋아하는 몇몇 사업체의 성공을 위해 당신이 얼마나 많은 돈을 지불했는지 깨닫게 된다. 엄청난 금액 아닌가? 이제 이 정보를 갖고 무엇을 할 수 있을까?

호혜의 법칙은 내가 당신을 도우면 당신도 언젠가 나를 도울 것이라고 말한다. 우리는 이 사업체들 대부분이 고객들로부터 한 번도 호혜의 법칙을 요구받은 적이 없을 것이라고 감히 추측한다. 그들에게 뭐라고 말하겠는가? 그들은 어떻게 반응할까? 그런데 뭐하러 이런 일을 해야 하나

하는 생각이 들 수도 있다. 미용사가 머리를 만져주는 것 말고 재무설계사인 나한테 해줄 수 있는 게 뭐가 있겠어? 수의사가 카펫 클리너에게 뭘 해줄 수 있겠어?

호혜성의 추구는 당신이 이 질문을 할 의지가 있느냐로부터 시작한다. 당신의 요구는 구체적이어야 하고, 지난 한 해 동안 당신이 그 사업체에 투자한 돈에 비추어 적절해야 한다. 당신이 좋아하는 사업체에 접근해 어떤 식으로든 당신의 비즈니스도 후원해달라고 할 의사가 있는가? 만약 있다면, 2가지 예로부터 시작한 다음 당신의 비즈니스를 위해 무엇을 할 수 있는지 생각해보기로 하자.

미용사가 재무설계사에게 해줄 수 있는 일은 무엇을까? 미용실에는 대기실이나 미용의자에 앉아 뭔가를 읽는 것 말고는 할 일 없이 기다리는 손님들이 있다. 당신의 뉴스레터를 그곳에 비치해 그들이 시간을 죽이는 데 도움을 준다면 좋지 않을까? 미용실의 뉴스레터에 광고를 실을 수 있으면 그것도 근사하지 않을까?

먼저 재무설계사가 미용사(조앤이라고 부르자)를 점심식사나 커피타임에 초대해 대화를 나눌 필요가 있다.

재무설계사: 점심 초대에 응해주셔서 감사합니다. 잠시 숍이 아닌 곳에서 만나 당신의 비즈니스에 대해 얘기를 나누고 싶었습니다. 제 비즈니스에 약간의 도움도 청하고요. 지난 5년간 당신의 고객으로서 좋은 서비스를 받아 즐거웠습니다. 그리고 네 분을 당신 숍에 추천해서 그분들 모두 고객이 되어 기뻤습니다. 더불어 저의 비즈니스도 도

와주실 의향이 있으신지 여쭤보고 싶었습니다.

조앤: 당신을 고객으로 만나 정말 즐거웠습니다. 소개해주신 것도 고맙고요. 생각하고 계신 게 뭔가요?

재무설계사: 고객으로서 당신의 뉴스레터를 받고 있어요. 가끔 지역 비즈니스의 광고가 실리더군요. 그 뉴스레터에 1년 동안 광고할 기회를 좀 주실 수 있을까요?

조앤: 문제없어요. 하지만 연간 $500를 내셔야 하는데요.

재무설계사: 제가 과거에 몇 번이나 고객을 소개해드리고 20마일이나 떨어진 곳으로 이사를 간 후에도 단골로 남아 있었던 대가로 무료로 해주실 수 있으면 했는데….

조앤: 알겠어요. 아무도 이런 걸 물어본 사람이 없었어요. 그런데 당신은 아주 적극적으로 제 사업을 후원하는 분이니 말이 된다고 생각해요. 광고 자리를 드리는 것 정도야 제가 얼마든지 할 수 있지요. 물론 기꺼이 도와드리고 싶어요. 뭐 제가 더 해드릴 것이 있나요?

재무설계사: 사실, 있어요. 손님들이 기다리는 동안 읽을 수 있게 대기실에 제 뉴스레터를 비치해주실 수 있을까요?

조앤: 그거라면 전혀 문제없어요.

이를 통해 조앤은 재무설계사가 얼굴을 알리는 일을 기꺼이 도울 수 있었다. 구체적으로 설명해주면 대부분의 사람들은 호혜의 법칙이 양쪽 모두에 해당한다는 것을 이해한다. 그들이 돕기를 주저한다면 당신의 충성심을 재고해봐야 한다. 그동안 도와준 대가로 비즈니스를 도와달라는 데 단호히 거절한다면 그런 사람의 비즈니스를 계속 후원할 필요가 있을까?

구체적으로 설명하면 대부분의 사람들은 호혜의 법칙이 양쪽 모두에 해당한다는 것을 이해한다.

또 다른 예가 있다. 수의사가 카펫 클리너에게 해줄 수 있는 일은 무엇일까? 카펫 클리너는 애완동물을 키우는 고객을 찾고 있다. 가끔 애완동물이 카펫에 사고를 치기 때문이다. 동물병원에 오는 사람들이 카펫 클리너의 팸플릿을 읽어보거나 집에 가져갈 수 있다면 좋지 않을까? 또는 그들이 동물병원의 월간 뉴스레터에서 강아지와 카펫 청소에 관한 기사를 읽는 건 어떨까? 실제로 수의사는 카펫 클리너의 비즈니스 정보를 공유함으로써 자신의 고객들에게 가치를 제공할 수 있다. 이 대화는 어떻게 진행하는 것이 좋을지 보자.

카펫 클리너: 시간을 내주셔서 감사합니다. 저는 3년간 당신의 고객이었는데, 저의 강아지를 잘 보살펴주신 것에 감동했습니다. 작년에 저의 친척 중 세 사람을 여기에 보내기도 했지요. 대신 이번에는 제 비즈니스를 좀 후원해주실 수 있겠습니까?

수의사: 글쎄요, 어떤 것을 생각하고 계신지에 달렸겠지요. 무슨 일을 하세요?

카펫 클리너: 제 비즈니스는 카펫 청소인데, 동네 사람들 중에서

애완동물 키우는 사람을 찾고 있어요. 선생님의 뉴스레터에 강아지를 키울 때 어떻게 카펫을 관리해야 하는지에 대해 제가 기사를 쓸 수 있게 해주시겠어요? 제 얼굴을 알릴 좋은 기회도 되고, 선생님도 시간을 아낄 수 있을 거예요.

수의사: 괜찮은 아이디어네요. 그리고 사실 뉴스레터를 혼자서 다 쓰는 것보다 한두 기사를 대신 써줄 사람이 있었으면 했어요. 자꾸 바빠지는데, 뉴스레터는 시간을 많이 잡아먹거든요. 이달 말까지 뭐 좀 써주실 수 있어요?

이 2가지 예에서 부탁을 받은 사람은 전에 고객으로부터 이런 요청을 받은 적이 없었을 것이다. 하지만 고객으로서 당신은 이미 그의 비즈니스에 많은 것을 주어왔다. 그 대가로 당신의 비즈니스를 후원할 뭔가를 요청하는 것은 부당한 일이 아니다. 단골 고객과 전화 판매원이 똑같은 요청을 한다면 누구에게 고개를 끄덕이겠는가?

고객으로서 당신이 누군가의 비즈니스에 많은 것을 준 대가로 당신의 비즈니스를 후원할 뭔가를 요청하는 것은 부당한 일이 아니다.

이제 당신의 비즈니스를 생각해보라. 그리고 당신이 후원하는 비즈니스도 생각해보라. 그들에게 무엇을 부탁할 수 있을까? 그들의 뉴스레터에 기사를 쓸 수 있을까? 그들이 당신의 뉴스레터를 전시해줄 수 있을까? 그들의 사무실 테이블 위에 당신의 명함 한 통을 올려놓게 해줄 수 있을까? 계산대에서 당신의 비즈니스 쿠폰을 그들의 고객에게 나눠줄 수 있을까? 당신의 다음 이벤트에 스폰서를 해줄 수 있을까?

44주 액션

이번 주 미션은 우선 이 전략의 앞부분에 나오는 표를 완성하는 것이다. 그다음에는 위의 예에서 제안한 것들을 따르면서 당신의 비즈니스 판촉을 위해 한 사업체에 접근하라. 당신이 그 사업체에 지불한 돈을 추적하다 보면 이제 그중의 일부가 당신에게 돌아와야 할 차례라는 생각이 들 것이다.

그 사업체에 지불한 돈을 추적하다 보면 이제 그중의 일부가 당신에게 돌아와야 할 차례라는 생각이 들 것이다.

WEEK 44

Week 45

사람들로부터 **지지를 이끌어내는** 확실한 방법

이 책 전체에서 우리는 입소문마케팅의 성공은 관계의 질에 달려 있다고 말해왔다. 사람들은 당신을 모르고, 좋아하지 않고, 신뢰하지 않으면 당신을 추천하지 않는다. 신뢰는 성실성과 진정성 위에 만들어진다. 사람들은 누가 자신들에게 무언가를 팔려고 할 때, 그리고 의도가 진심이 아닐 때 금방 알아챈다(7주 전략에서 말했듯이 진지함과 신뢰는 마스터 네트워커의 10대 특징 중 2가지임을 기억하라).

관계를 형성하기 위해 사용할 수 있는 전략 중 하나는 어떤 방법으로든 당신의 입소문마케팅팀을 도울 수 있는 지지서를 작성하는 것이다. 추천서가 아니고 누군가를 대신해 영향력과 협력을 제공하는 편지임에 주목하라. 예컨대 팀 멤버가 문제를 해결하거나 업계 이슈에서 상대적 우위를 점하는 것, 또는 그의 비즈니스 성공에 엄청난 영향을 미칠 명분을 지지하기 위해 당신의 영향력과 지위를 사용한다면, 그 노력은 결코 헛되지 않을 것이다. 순전히 당신이 사업적으로 지지해준 덕분에 당신과 그의 관계는 더욱 돈독해진다. 하지만 언제나 그렇듯이 그를 돕는 당신의 의도는 성실성과 진정성에 기반해야 한다.

이 전략을 어떻게 적용할지에 관한 몇 가지 예를 살펴보자.

당신이 공인회계사라고 가정하고, 당신의 많은 고객이 소규모 자영업자라고 치자. 지역 신문에 다리 재건축 공사가 11월에 시작해 1월까지 갈 거라는 기사가 실렸다. 당신의 고객들이 이용하는 다리다. 당신은 고객들에게 11월과 12월의 비즈니스 비중이 얼마나 큰지, 그리고 다리 이용이 통제되면 그들의 연간 매출이 얼마나 심각하게 줄어들지 잘 알고 있다. 공인회계사로서 당신은 신문사에 지역 경제에 영향이 얼마나 클지 경고하는 편지와 함께 시청에도 공사를 봄까지 연기할 것을 요청하는 편지를 보낸다. 당신 고객들 중 몇 명이 편지를 보고 감사 전화를 한다. 당신이 현명하다면 이렇게 말할 것이다. "제가 해야 할 일이라고 생각했어요. 당신의 재무컨설턴트도 같은 일을 했을 겁니다." 이 말은 재무컨설턴트를 어디서 찾을 수 있는지에 대한 얘기로 이어지고, 당신에게 동료를 소개할 기회를 제공할 것이다. 그것만이 아니라 현재 당신의 고객이 아닌 지역의 사업자들도 당신의 이름을 자신의 전화번호부에 넣어두기로 작정할지 모른다. 당신은 훌륭한 일을 했고, 여러 가지 방식으로 감사를 받을 수 있다.

이제 당신이 몇몇 부동산중개업자와 돈독한 관계를 맺고 있는 은행대출 담당이라고 상상해보자. 그런데 부동산 잡지에 앞으로 두 달 안에 주의회에서 중개업자들의 부동산 매매준비 서비스에 세금을 물리는 방안에 관한 청문회가 열린다는 기사가 났다. 만약 이것이 조례로 채택되면 중개업자의 수익은 대폭 감소하고, 집을 사는 것도 더 어려워질 것이다. 당신은 우려를 표명하고, 중개업자들이 나서서 조례에 반대하는 증언을 해야 한다고 촉구하는 편지를 잡지에 보낸다. 그리고 편지를 복사해서 당신의 고객인 중개업자와 다른 중개업자들에게도 보낸다. 당신을 알거나 모르는 많은 중개업자들이 전화를 해서 자신들을 지지해주는 당신에게 감사의 말을 전한다. 당신은 현재의 관계에 가치를 더했을 뿐 아니라 업계에 영향력을 행사하며 중개업자들도 걱정해주는 은행대출 담당자로서 그 지역에서 명성을 더 높이게 된다.

여기에 몇 가지 교훈이 있다. 첫 번째는 대부분의 사람들이 자기 업종에 관한 잡지만 읽는다는 것이다. 당신의 업종에 관한 최신 정보를 꿰고 있는 것은 좋은 일이다. 고객들도 당신으로부터 그 정도는 기대할 것이다. 그러나 당신이 고객들의 전문 분야에 밝다는 사실을 알고 난 후 고객들이 보일 반응을 한번 상상해보라. 당신은 목표 시장에서 전문가로서 굳건히 자리 잡게 된다.

두 번째 교훈은 재빨리 반응하고 이니셔티브를 쥐는 일이다. 촉매가 될 수 있는 완벽한 기회다(16주 전략 참조). 당신의 고객들에게 영향을 미칠 수 있는 이슈에 대해 알게 되면, 그들 편에 서서 참여함으로써 당신이 그들을 지지함을 알게 하라. 그리고 업계의 다른 사람들, 특히 당신의 네트워킹팀에 가담시키고 싶은 사람이나 고객 명단에 올리고 싶은 사람은 반드시 알게 하라.

당신의 고객들에게 영향을 미칠 수 있는 이슈에 대해 알게 되면 그들 편에서서 참여함으로써 당신이 그들을 지지함을 알게 하라. 그리고 업계의 다른 사람들도 알게 하라.

45주 액션

이번 주 첫 번째 미션은 당신의 현재 고객들이나 잠재 고객들이 읽고 구독 신청하는 잡지가 무엇인지 알아내는 것이다. 어떻게 알아낼까? 쉽다. 그들에게 물어보면 된다. 아니면 고객의 사무실에 들렀을 때 한번 둘러보라. 지난호 잡지 한 권을 달라고 하라. 업계의 사정에 대해 좀 더 알고 싶어서 그런다고 말하라.

두 번째 미션은 당신의 고객들에게 현재 또는 가까운 장래에 닥칠 변화나 문제점에 대해 물어보는 것이다. 그들에게 도와줄 의사가 있음을 밝히라. 그들의 업계를 지지하기 위해 그들을 대신해서 편지를 쓰는 게 도움이 되겠는지 물어보라. 그리고 실행하라.

Week 46

소개를 부탁하는 방법

우리는 비즈니스 전문가들과 상담할 때 그들 중 다수가 동료, 네트워킹 파트너, 또는 고객에게 소개를 부탁한 적이 한 번도 없다는 사실을 알고 놀라곤 한다. 소개를 부탁한 적이 있다고 말하는 이들도 자세히 조사해보면 아주 적은 수의 지인들에게만 물어봤으며, 그나마 반응이 시원찮으면 바로 시도를 멈췄다.

왜 그들은 단념하게 되었을까? 많은 경우 그들이 두루뭉술한 언어로 요청했기 때문이다. 선호 고객을 자세히 설명하지 않고(31주 전략 참조), 구체적이지 않게 요청하기 때문에 듣는 사람이 누구와 연결시켜주면 될지 잘 떠올리지 못했기 때문이다. 소개를 부탁할 때는 언어가 구체적일수록 적절한 인물이 떠오를 확률이 높아진다.

네트워킹 고수들이 인정하는, 소개를 부탁하는 방법이 있다. 《리퍼럴

(Referrals)》이라는 책의 저자 마크 쉬어는 대단히 효과적인 접근법을 제안한다. 그는 질문을 어떻게 전달하는가가 매우 중요한 요소임을 알아냈다. 그가 제안하는 것은 대략 이런 것이다. "비즈니스를 좀 확장하려고 하는데, 당신의 도움이 필요합니다. 아는 분 중에 ~ 사람이 있으신가요?" 마크의 말은 계속된다. "이 문장을 바꾸면 안 된다. 이것은 여러 번 시도해서 성공이 증명된 것이다. 다른 문장들도 시도해봤지만 원하는 결과를 얻지 못했다. 그러니 시간을 낭비하지 마라. 이 문장에 익숙해지면 소개를 부탁하기가 매우 쉽다. 그냥 이렇게 말하면 된다. '아는 분 중에 ~ 사람이 있으신가요?'"

이 문장은 사람들로 하여금 당신에게 소개해줄 수 있는 구체적인 대상을 떠올리게 해준다. 부탁에 별로 긍정적인 반응을 얻지 못한 사람들은 대부분 너무 광범하고 막힌 질문을 했기 때문이다. "제 서비스가 필요한 분을 아시나요?" 너무 일반적이다. 아마도 상대방은 자기가 아는 모든 사람을 머릿속에서 분류해 당신의 서비스를 이용할 수 있는 사람을 찾아내줄 능력이 없을 것이다. 선택의 폭을 좁혀 좀 더 쉽게 만들어주라.

이 방법을 어떻게 사용할지 보여주는 좋은 예가 있다. 아이번은 교육용 장난감회사를 위해 소개를 부탁하는 편지 한 통을 받았다. 편지에는 회사에 대한 몇 가지 기본 정보와 함께 이런 질문이 있었다.

- 아는 분 중에 아기가 있는 사람
- 아는 분 중에 새로 부모, 조부모, 삼촌, 이모, 고모가 된 사람
- 아는 분 중에 자녀들을 위해 지능개발용 장난감을 필요로 하는 사람

- 아는 분 중에 유소년그룹에 기부하는 기관에 소속된 사람
- 아는 분 중에 선생님인 사람

이런 식으로 타깃 마켓의 구체적인 예를 열거하면 잠재적인 추천인은 일반적인 질문인 "제 서비스를 이용할 사람을 아세요?"보다 훨씬 더 쉽게 머릿속 분류를 할 수 있다.

많은 사업가들에게 이것은 직관에 반하는 것처럼 느껴질 수 있다. 권투선수에게 펀치 쪽으로 몸을 숙이라고 말하는 것처럼 말이다. 분야를 좁히는 게 좋은 아이디어같이 들리지 않는다. 그러나 뛰어난 네트워커는 상대방이 더 쉽게 당신이 하는 일을 이해하고, 아는 사람들을 떠올리고, 당신을 위한 소개를 생각해내도록 도와줄수록 더 많은 소개를 받게 된다는 사실을 잘 알고 있다.

상대방이 더 쉽게 당신이 하는 일을 이해하고, 아는 사람들을 떠올리고, 당신을 위한 소개를 생각해내도록 도와줄수록 더 많은 소개를 받게 된다.

46주 액션

이번 주 미션은 이메일이나 편지로 당신의 비즈니스와 연관이 있는 질문 '아는 분 중에 누구'를 3개 내지 5개 써서 고객에게 보내는 것이다. 더 나아가 당신이 리퍼럴 네트워크에 속해 있다면 다음 모임에 이 편지를

들고 가서 프레젠테이션에 사용하라. 당신의 요청이 구체적일수록 더 많은 소개를 받게 된다는 사실을 확인하라.

Week 47

신문을 '그냥' 보지 말고 **'소개 의도'를 갖고 읽어라**

이 전략의 제목만 흘깃 보고 이렇게 말할지도 모르겠다. "아니, 신문 읽는 게 어떻게 남들이 하지 않는 일을 하는 게 된담? 신문 읽는 사람이 얼마나 많은데." 물론이다. 당신도 그들 중 하나일 거다. 문제는 신문을 어떻게 읽느냐, 그리고 어떤 목적으로 읽느냐다.

대부분의 사람들은 지역과 세계에서 일어나는 이벤트와 뉴스를 알기 위해 신문을 읽는다. 그게 전부다. 우리는 당신이 신문을 다르게, 소개의 기회를 찾기 위해 읽을 것을 제안한다.

이 책의 앞에서 지적했듯이 29% 안에 드는 마스터 네트워커들은 문지기다(5주 전략 참조). 문지기는 해결해야 할 문제가 있을 때, 또는 자신에게 영향을 미칠 사안에 대한 정보가 필요할 때 사람들이 찾는 사람이다. 당신의 네트워크 안의 사람들과 관계를 구축하고 그들을 소개함으로써,

기꺼이 그들의 성장을 도움으로써 당신은 자신을 문지기로 자리매김할 수 있다. 문제 해결사, 그리고 영향력의 중심 인물이 되는 것이다.

신문을 펼쳐 들고 첫 페이지를 훑어보라. 그다음 지역 뉴스, 그다음엔 비즈니스 뉴스, 그리고 라이프스타일 섹션까지 다 살펴보라. 신문은 당신의 네트워크에 있는 사람들을 위해 당신이 문지기 역할을 할 수 있는 기회로 가득 차 있다. 매 페이지가 한두 종류의 문제나 심각한 이슈들을 제기한다. 7주 전략에서 마스터 네트워커의 10대 특징 중 하나가 '네트워크를 적극 활용하라'라고 말한 것을 기억하는가? 이것은 일반 독자들은 단지 단어만 보는 곳에서 마스터 네트워커의 눈은 문제점과 기회를 보도록 훈련되어 있다는 의미다.

신문은 당신의 네트워크에 있는 사람들을 위해 당신이 문지기 역할을 할 수 있는 기회로 가득 차 있다.

다시 한 번 보라. 사람들은 뭐라고 말하는가? 그들의 소리를 들어라. 누가 자기 회사나 업계의 문제점과 변화에 대해 얘기하는가? 당신이나 당신의 네트워크에 있는 누군가에게 직접적인 영향을 미칠 무슨 일이 일어나고 있는가? 당신이 아는 누군가의 서비스를 필요로 할 사람은 누구인가? 당신과 당신의 마케팅팀에 네트워킹 기회가 될 곳은 어디인가?

신문은 리드(lead), 즉 당신과 당신의 네트워크의 누군가에게 득이 될 정보와 자원의 보고다. 리드를 소개와 혼동해서는 안 된다. 그러나 제대로 접근하면 리드가 소개로 바뀔 수도 있다. 어떻게 이런 일이 일어날 수 있는지 한번 보자.

리드를 소개와 혼동해서는 안 된다. 그러나 제대로 접근하면 리드가 소개로 바뀔 수도 있다.

어느 날, 당신은 신문에서 보스워스, 바주카 & 블런더스버스(BBB) 사가 엘리시안 필즈 인더스트리얼파크의 임대계약에 실패했다는 기사를 본다. 민첩한 문제 해결사인 당신은 이렇게 말한다. "와, 굉장한 건인데. 누가 그 이사를 맡게 될까?" 순간 이름이 떠오른다. 린다! 린다는 프로젝트 매니저의 고수로 회사 이사를 전문으로 한다. 이 일에 대해 린다에게 전화해줘야겠다고 생각한다(이것은 린다를 위한 리드이지 소개는 아니다. 린다를 소개하기에는 지금 당장 BBB 사에 아는 사람이 없기 때문이다). 린다에게 그 얘기를 함과 동시에 신문 웹사이트의 기사를 이메일로 그녀에게 보낸다. 그러는 동안 린다는 네트워크에 소문을 내며 자신을 BBB 사의 고위층에 소개해줄 사람이 없는지 알아본다. 금세 린다는 그 회사 CEO와 마주 앉게 된다. 그 CEO의 친구인 네트워크에 있는 어떤 사람이 그녀를 데리고 가준 것이다(이것은 소개다). 린다는 그 일을 맡게 된다. 린다가 당신이 자신을 기억해준 데 대해 감사했을 것이라 생각하는가? 그녀도 당신한테 똑같은 일을 해줄까? 물론이다!

린다를 위한 이 기회는 당신이 소개 의도를 갖고 신문을 읽었기 때문에 가능했다. 당신과 당신의 비즈니스에도 똑같은 일이 일어날 수 있다. 굉장한 비즈니스 기회가 될 것 같은 기사를 신문에서 읽게 되면 기억하라, 그것은 리드이지 소개는 아니다. 그 회사에 전화 판매하는 따위의 함정에 빠지지 말라. 그게 어떤 결과를 낳을지는 잘 알지 않는가?(2주 전략 참조) 대신 린다가 그랬던 것처럼 당신의 네트워크에 소문을 내도록 하라. 이 전략은 적절한 시간에, 제대로 소개해줄 사람을 당신의 네트워크에서 발견할 확률을 높여준다.

47주 액션

이번 주 미션은 2가지다. (1) 당신의 네트워크에 있는 두 사람에게 소개할 의도를 갖고 신문을 읽어라. 그리고 그들에게 그들의 네트워크를 통해 이용할 수 있는 기회나 리드를 찾아주어라. (2) 당신의 비즈니스에 이용할 수 있는 리드 한두 개를 찾아라. 그리고 당신의 네트워크에서 당신을 위해 그 기회에 연결해줄 사람을 찾기 시작하라.

Week 48

피할 수 없는 **대중 연설의 공포 다스리기**

여러 해에 걸친 많은 조사에서 사람들은 대중 앞에서 말하는 것의 공포가 죽음의 공포보다 더하다고 했다. 청중을 상대로 앞에 나가 말하는 것은, 특히 그것이 몇 분이 넘어가는 연설인 경우에는 겁나는 일이다.

하지만 비즈니스 네트워킹을 하려면 아무리 피하려고 해도 대중 연설을 피할 수 없다. 60초 동안의 짧은 연설이 될 수도 있고, 상공회의소 행사에서의 10분짜리 프레젠테이션이 될 수도 있고, 잠재 고객을 위한 40분짜리 교육용 프레젠테이션이 될 수도 있다.

32주 전략(가슴으로 말하는 동기부여 연설가가 되라)에서 말했듯이 대중 연설은 편안해야 함은 물론이고, 동기부여도 할 수 있어야 한다. 입소문 마케팅에서는 언제나 당신으로부터 메시지가 시작되기 때문이다. 또한 우리의 공포심에도 불구하고 대중은 진정으로 우리가 성공하기를 바란다는 것을 알고 있어야 한다.

비즈니스 네트워킹을 하려면 아무리 피하려고 해도 대중 연설을 피할 수 없다.

연설의 공포에서 벗어날 수 없다면 전문가의 도움이나 지도를 받아 공포를 다스려보기를 권한다. 손바닥에 땀이 나고 가슴이 벌렁거리더라도 어떻게든 해보려고 용기를 내는 사람에게 우리가 경험에서 터득한 긴장을 줄여주는 몇 가지 팁을 소개한다.

1 준비하고, 준비하고, 준비하라! 서두르지 마라. 얘기하고 싶은 것의 아웃라인을 만들고 연습하라. 노트 카드를 준비하거나 종이에 얘기할 내용을 써라(큰 글자로 프린트하거나 타이핑하라. 중간에서 어딘지 헤매는 일이 없게 하기 위해 글자를 어처구니없을 정도로 크게 만들라). 단, 걱정이 더 많아질 수도 있으니까 너무 지나치게 준비하지는 마라.

2 내용은 구체적이어야 하고 당신이 가장 잘 아는 것이어야 한다. 당신이 하는 모든 것을 사람들에게 단번에 가르치려 하지 마라. 청중에게 의미 있는 뭔가를 가르친다는 식으로 생각하라. 당신이 가장 잘 이해하는 주제 한두 분야에만 집중하라. 그러면 좀 더 편안해지고 스트레스도 줄어들 것이다.

3 프레젠테이션에 도움이 될 인쇄물, 영상물, 또는 파워포인트 슬라

이드를 사용하라. 이와 같은 소도구들을 쓰면 당신이 주제에서 벗어나지 않도록 도와주고, 프레젠테이션에 재미를 더하고, 청중에게 당신 말고도 집중할 수 있는 뭔가를 제공한다. 파워포인트는 훌륭한 도구이지만 슬라이드를 보고 읽으면 거기에 너무 의존하는 게 드러난다. 파워포인트는 프레젠테이션을 돕는 도구이지 프레젠테이션이 아니다. 파워포인트 사용에 관한 책이나 기사를 읽어보는 것도 좋다.

4 기억하라. 당신은 전문가다. 청중은 당신이 전문가라고 생각하고 당신이 무슨 말을 하는지 듣고 싶어 한다. 당신으로부터 정말 뭔가를 배우고 싶어 한다. 당신이 가장 잘 아는 것에 집중한다면 자신감도 생기고 신뢰도 깊어진다. 당신 자신과 당신의 메시지를 믿어라.

기억하라. 당신은 전문가다.

5 창의력을 발휘하라. 당신을 편안하게 해줄 커뮤니케이션 방법을 찾아라. 청중을 상대로 얘기하는 대신, 그들을 대화에 끌어들여라. 아니면 먼저 Q&A로 시작한 다음 시간을 충분히 갖고 대답하라. 연단 위를 걸어 다니거나 객석으로 내려가도 된다. 사람들은 늘 똑같은 것에 싫증을 내고 뭔가 기대하지 않았던 것에서 활기를 되찾는다. 당신의 메시지를 즐겨라. 그것이 당신의 불안 에너지를 긍정 에너지로 바꿔준다. 청중이 그 에너지를 받아 당신에게 되돌

려줄 것이다. 그러면 당신도 모르는 사이에 불안이 사라진다.

BNI 주간 미팅에서는 각 멤버가 정기적으로 자신의 비즈니스에 대한 10분짜리 프레젠테이션을 하게 되어 있다. 공인회계사인 한 멤버가 그걸 안 하면 안 되냐고 물었다. 모든 멤버가 해야 하고, 그것으로 다른 사람들을 어떻게 효과적으로 소개하는지 배우게 된다는 말에 그녀는 그럼 BNI를 그만두겠다고 협박했다. 왜 그러냐고 묻자, 그녀는 자기는 사람들 앞에서 60초짜리 짧은 프레젠테이션을 하는 데도 죽을힘을 다해야 한다고 말했다. "10분 동안이나 연설을 해야 한다면 난 그냥 그만둘래요. 너무 스트레스 받아요."

우리는 원하지 않으면 누구도 강요하지 않을 거라고 그녀를 안심시켰다. 그러자 그녀의 불안이 누그러드는 것 같았다. 그런데 대화가 이어지다가 그 주제가 다시 거론되었다. 그녀가 하는 일과 그녀가 필요로 하는 소개에 대해 멤버들을 교육시킬 기회를 스스로 박탈하는 것이라며 사람들이 그녀를 이해시키려 했다. 그녀는 알지만 불안을 어떻게 할 수가 없다고 말했다.

누군가가 물었다. "정 그렇다면, 세법과 중소기업에 관한 10개의 '예, 아니오' 질문을 해보는 건 어떻겠어요? 우리들한테 질문을 하고 답을 말해줄래요? 그것도 다른 멤버들에게 도움이 될 거예요."

잠시 생각하더니 그녀가 말했다. "네, 그건 할 수 있을 것 같아요. 연설을 해야 하는 것만 아니라면요." 다들 연설은 필요 없다고 그녀를 안심시켰다.

'연설 아닌' 발표 날이 되자 그녀는 머뭇거리며 말을 시작했다. 세 번째 질문에 들어가자 그녀는 점점 더 생기를 띄었다. 그러더니 얼마 지나지 않아서는 미리 준비한 질문을 아예 무시하고 청중과 열띤 대화를 하게 되었다. 내용은 전문적이었고, 정보도 많고, 재미있고, 무엇보다 그녀 스스로 그것을 즐겼다.

15분이 지나자 의장이 그녀에게 이제 마무리하라고 눈짓을 보냈다. 그녀가 할당된 시간을 넘기고 있었기 때문이다. 그녀는 정말 놀랐다. 시간이 어떻게 갔는지 몰랐다. 공포심이 사라졌기 때문이다. 결국 그녀가 한 것은 연설이 아니었다.

당신의 프레젠테이션을 편안하게 느낄 수 있는 방식으로 하라는 건 이런 의미다. 당신이 무엇을 알고 있고 그것을 어떻게 전달할지 창의적으로 생각하라. 당신의 네트워킹을 강화할 수 있는 연설 기회를 포기할 필요가 없다는 것을 알게 될 것이다.

대중 연설의 공포에서 벗어나게 해주는 '방식'을 찾아라.

48주 액션

연습을 하지 않으면 발전할 수 없다. 이번 주 미션은 위의 팁을 연습할 기회를 찾아보는 것이다. 불안하면 1분짜리의 짧은 것부터 시작하라. 중요한 것은 반드시 1분을 채우는 것이다. 자신감이 생기면 5분에서 10분으로 늘려가라. 준비가 되었다고 느끼면 점심시간을 이용한 교육용 프레젠테이션을 할 기회를 찾아보라.

많은 협회나 회원제 기관은 항상 연사를 필요로 한다. 스스로를 전문가로 만들고 다른 사람들을 교육하는 것의 만족감을 즐겨라. 이 전략의 팁을 잊지 않고 적용한다면 당신의 연설 공포는 상당 부분 사라질 것이다. 마지막 한 가지 유의사항. 약간의 불안은 좋은 것이다. 그것을 긍정적인 에너지로 바꾸기만 하면 청중을 당신의 손안에 넣을 수 있다.

Week 49

성공적인 **허브회사의 조건**

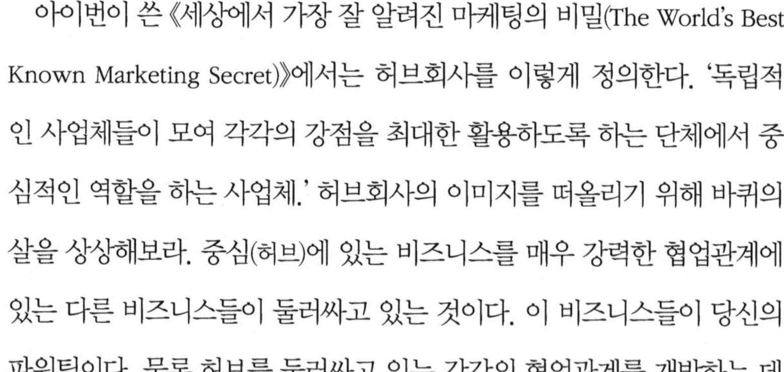

아이번이 쓴 《세상에서 가장 잘 알려진 마케팅의 비밀(The World's Best Known Marketing Secret)》에서는 허브회사를 이렇게 정의한다. '독립적인 사업체들이 모여 각각의 강점을 최대한 활용하도록 하는 단체에서 중심적인 역할을 하는 사업체.' 허브회사의 이미지를 떠올리기 위해 바퀴의 살을 상상해보라. 중심(허브)에 있는 비즈니스를 매우 강력한 협업관계에 있는 다른 비즈니스들이 둘러싸고 있는 것이다. 이 비즈니스들이 당신의 파워팀이다. 물론 허브를 둘러싸고 있는 각각의 협업관계를 개발하는 데는 상당한 시간이 걸린다.

허브회사 시나리오에서 중심에 있는 비즈니스는 서로 연관된 파워팀을 조직하는 주체다. 허브회사는 필요에 따라, 프로젝트별로 고객에게 이익을 주기 위해 바퀴를 움직이며, 이를 통한 비즈니스들 간의 협업관계는 상당한 영향력을 발휘한다. 이것이 전략적 파트너십의 진정한 요체다.

성공적인 허브회사가 되기 위해서는 파워팀을 선택할 때 관계의 질을 기준으로 해야 한다. 각각의 비즈니스와 높은 단계의 신뢰와 시너지를 갖고 있어야 한다. 고객을 돕기 위해 그들의 서비스를 쓸 것이기 때문이다. 경우에 따라서는 이 비즈니스들이 당신의 입소문마케팅팀으로부터 나올 수도 있다. 하지만 그들 역시도 당신의 고객이 특별히 필요로 하는 것을 충족시킬 수 있는 능력을 기준으로 선택해야 한다.

당신이 허브회사가 될 경우 그 관계에 얼마나 많은 가치를 더할지 상상해보라. 여기 각각 다른 2개의 허브회사를 통해 어떻게 허브회사를 구성하고 어떤 프로젝트로 바퀴를 움직이게 할 것인지에 관해 자세히 알아보자.

허브회사 #1

재정자문인 허브회사의 사장은 다른 3명의 비즈니스 전문가와 긴밀한 관계를 맺고 있다. 공인회계사 1명, 변호사 1명, 은행가 1명이다. 재정자문은 새로 비즈니스를 시작하려는 고객과 일할 기회가 많다. 그녀는 재정적 투자, 연금 플랜 등 고객의 문제들을 다루는데, 그 고객에게 직접 회계사, 변호사, 은행가를 찾으라고 할 수도 있다. 하지만 허브회사로서 자신의 위치를 이용해 고객의 재정 상황을 총체적으로 분석하고 고객에게 다가가는 방법을 취하는 것이 여러모로 나을 수 있다. 그러자면 공인회계사, 변호사, 은행가, 그리고 재정자문이 함께 패키지로 일해야 한다. 그 경우 재정자문은 단순한 재정자문이 아니라 고객을 위해 풍부한 자원을 제공하는 사람이 된다. 필요로 하는 자원이 모두 자기 손안에 있기 때문에 이 전략은 그를 경쟁자보다 우위에 서게 할 뿐 아니라 고객을 위해 엄청난 시간과 돈을 절약해준다.

허브회사 #2

부동산중개업자는 경쟁자와 차별화하기 위해 주위의 사진가, 인테리어 디자이너, 카펫 클리너, 정원설계사로 상호 보완적인 연합체를 결성한다. 그리고 매물이 나올 때마다 이 파워팀을 가동한다. 카펫 클리너는 집 안의 모든 카펫을 청소하고, 인테리어 디자이너는 집의 인테리어를 매력적으로 만들 제안을 내고, 정원설계사는 집 앞의 갓돌을 근사하게 바꾼다. 마지막으로 마케팅용으로 사진가가 집의 내부와 외부를 고화질 사진으로 찍는다. 파워팀이 하나가 되어 잠재적 매수자를 위해 고객의 집을 최상의 상태로 만든다. 부동산중개업자가 고객에게 이 모든 일을 개별적으로 해결하도록 추천만 할 수도 있을 것이다. 그러나 그렇게 하는 대신 허브회사로서 일괄 서비스 패키지를 제공함으로써 고객의 시간과 돈을 절약해주는 등의 특별한 가치를 더할 수 있을 뿐 아니라 경쟁자보다 훨씬 우위에 설 수 있게 되는 것이다.

49주 액션

이번 주 미션은 당신이 허브회사가 되어 파워팀을 설계하는 것이다. 파워팀 전략을 이용해 더 잘 서비스할 수 있는 프로젝트나 고객을 찾아내라. 어떤 비즈니스를 참여시킬 것인가? 그 비즈니스를 하는 사람들을 알고 있는가? 얼마나 그들을 잘 아는가? 충분히 잘 안다면 그들과 함께 협업에 대해 얘기해보라.

허브회사가 되면 당신과 당신의 비즈니스는 다른 비즈니스들과의 특별한 네트워크에서 핵심적인 연결고리가 된다. 서로의 협업관계가 강화되면서 더 좋은 소개를 더 많이 받게 된다.

Week 50

기꺼이 돕고 싶게 만드는 **멘토의 특성**

당신의 성공을 위해 아무런 조건 없이 지식과 경험을 나눠준 사람이 있는가? 멘토는 부모, 코치, 선생님, 동료, 상사, 친구의 모습으로 우리에게 다가온다. 자신들이 저지른 실수를 우리가 되풀이하지 않도록 교훈을 나누고, 우리가 힘들게 싸우는 동안에도 지도와 끊임없는 보살핌으로 우리를 후원한다. 그리고 우리의 성취를 마치 자기 일인 양 축하해준다. 그들은 '주는 자가 얻는다'는 철학의 화신이다.

비즈니스의 성공에서 멘토는 가치를 따질 수 없는 자원이다. 그들은 성장과 변화와 위기에서 우리를 안내하고, 우리가 진정 되고자 하는 것이 되도록 돕는다. 멘토는 스스로 모범을 보임으로써 리드한다. 멘토의 리더십이 우리를 앞으로 나아가게 한다. 피터 드러커는 말한다. "리더십은 한 개인의 비전을 더 높은 곳으로 밀어 올리고, 그의 성취를 더 높은 수준으로 끌어올리고, 일반적인 제약을 뛰어넘는 개성을 구축하도록 한다."

잠시 당신의 멘토에 대한 느낌을 떠올려보라. 깊은 감사, 존경, 그리고 찬양의 느낌이 들 것이다. 그의 도움에 감사하는 것은 물론이고 할 수만 있다면 그를 우상화하고 싶을 것이다. 그러한 관계는 시간과 거리를 문제 삼지 않는다. 멘토가 무언가 부탁을 하면 당신은 하던 일도 멈추고 그의 부탁을 들어주기 위해 전력을 기울일 것이다. 그를 위해서라면 세부적인 것까지 최고의 신경을 써서 무슨 일이든 할 것이다.

당신이 누군가의 멘토라고 상상해보라. 그리고 그 사람이 당신에 대해서도 똑같은 느낌을 가졌다고 상상해보라. 그 관계의 깊이와 밀도를 상상해보라. 충성심을 상상해보라. 당신이 느낄 성취감을 상상해보라. 아마 어딘가에 이미 당신을 멘토로 생각하는 사람이 있을 것이다. 당신이 멘토가 되어주고 싶은 사람, 막 비즈니스를 시작할 때의 당신을 생각나게 하는 사람도 있을 것이다.

자신을 향상시키고 싶으면 다른 누군가를 가르쳐야 한다는 것은 상식이다. 아이번은 이것을 오래전 무술에서 직접 경험했다. 다른 학생들에게 기본기 몇 개를 가르치면서 그의 무술 실력이 늘었다. 이 교훈은 나중에 체스에서도 반복되었다. 아이번은 체스를 잘하는 편이었지만 학교 체스클럽에서 가르치기 시작한 이후로 실력이 더욱 향상되었다. 젊은이들에게 체스의 기초를 가르치면서 실력을 향상시킬 수 있었다.

이 책에서 제시한 전략과 개념을 50주에 걸쳐 배우고 적용한 지금, 이제는 당신이 다른 사람들을 도와주기 시작할 때가 되었다. 71%에 머물며 사람들과 연결이 끊어진 누군가를 찾아 당신의 네트워크에 연결시켜라. 이런 행동이 세상과 긴밀하게 연결되어 있는 29%의 자질을 구현하는 것이다. 또 이미 배운 것을 되새겨보고, 잊어버렸을지도 모르는 분야에 다시 노력을 집중하라. 당신의 네트워킹 능력이 확실히 향상될 것이다.

50주 액션

이번 주 미션은 최고의 멘토가 되기 위한 잠재력을 평가하는 것이다. 우선 아래의 리스트에 있는 훌륭한 멘토의 특성을 하나씩 상기해보기 바란다.

훌륭한 멘토의 특성

- 도우려는 욕구

  다른 사람을 돕는 데 관심과 의지가 있는 사람

- 긍정적인 경험이 있다

  멘토와 공식적, 비공식적으로 긍정적인 경험을 한 사람

- 시간과 에너지

  관계에 쏟아부을 시간과 정신적 에너지를 가진 사람

- 최신 지식

  첨단 테크놀로지에 대한 지식과 기술을 가지고 있는 사람

- 배우려는 태도

  배울 의지와 능력이 있고 멘토링 관계의 장점을 알고 있는 사람

- 효과적인 경영(멘토링) 능력을 가진 사람

  효과적인 코칭, 카운슬링, 소통, 네트워킹 능력을 발휘해본 사람

멘토가 될 관심과 능력이 있는지 스스로 판단해본 후 당신의 네트워크 안에서 당신의 도움이나 혜택을 볼 수 있는 사람을 찾아보라. 고등학교나 대학에서 자원봉사할 수 있는 기회도 많다. 당신과 멘토링 관계를 갖는 것에서 인생의 혜택을 볼 학생들이 많이 있다.

한편 많은 잠재적인 '멘티'들이 부끄러워 당신에게 접근하지 못할 수도 있다는 것도 염두에 두어라. 그들은 당신이 자신을 돕기에는 너무 바쁠 거라고 생각한다. 당신이 멘토가 될 수 있다는 것을 알려라. 당신의 인생에서도 직업적으로나 개인적으로나 가장 충만한 관계를 경험하게 될 것이다.

Week 51

당신의 자문위원회에 꼭 있어야 할 사람들

비즈니스를 유지하고 키우는 데 필요한 모든 정보를 혼자 파악하는 것은 거의 불가능에 가깝다. 정보가 너무 많은 데다 당신 자신의 취향, 기술, 그리고 시간 제약 때문에 어떤 특별한 분야의 지식만 추구하게 되기 때문이다. 예를 들어, 당신은 마케팅과 비즈니스 플래닝에 강하지만 인사와 법적 문제에는 약할 수 있다. 다른 것들을 관리하느라 바쁜 와중에도 중요한 분야를 소홀히 하지 않을 방법은 없을까?

사회활동에서 성공하기 위해서는 끊임없는 정보의 공급이 필요하다. 업계에서 경쟁력을 갖추려면 최근의 트렌드와 이슈를 잘 알고 있어야 하며, 급속히 변화하는 경제와 테크놀로지도 따라잡아야 한다. 자신의 비즈니스에 파묻혀서 더 큰 그림을 보지 못하는 우를 범하지 말아야 한다. 그러면 일상적인 운영과 큰 그림 사이에 균형을 유지하는 방법은 뭘까?

해답은 바로 자문위원회다. 성공한 많은 사업가들은 문제를 재빨리 해결하고 비즈니스를 순탄하게 운영하는 동시에 통상, 경제, 무역 등 더 큰 세계에서 일어나는 일들도 확실히 알고 있기 위해 자문위원회를 만든다. 자문위원회를 만들고 컨설팅하는 것만으로도 당신은 자신의 네트워크를 가동시키는 진짜 마스터 네트워커의 특징 중 하나를 갖출 수 있다(7주 전략 참조).

비즈니스 밖에 있는 사람들로 구성된 자문위원회는 비즈니스의 성공적인 운영에 필요한 지식과 기술을 제공해준다. 당신에게 부족한 부분은 당연히 그것이 전공인 다른 사람의 도움을 받아야 한다. 자문위원회를 구성하는 것은 비즈니스에서 성공하기 위해 해야 할 일을 잘 알고 이해하며 목표 달성을 도와줄 경험을 갖고 있는 인맥을 만드는 것이다. 자문위원회는 비즈니스를 위한 강력한 자산으로, 비즈니스 운영의 부담을 제거하여 당신이 비즈니스에 집중할 수 있게 해준다.

만약 자문위원회 구성원이 어렵다면 마스터 마인드그룹을 생각해볼 수 있다. 이것은 비즈니스 네트워킹그룹과 비슷하지만, 소개를 위한 네트워킹 대신 다양한 분야의 사업가들이 모여 아이디어와 정보, 지식을 나눈다는 점이 다르다. 당신이 활동하는 지역에서 이런 모임을 찾아 가입하면 도움을 주고받을 수 있다.

마스터 마인드그룹에 들어갈 수 없거나 비즈니스에 좀 더 집중하고 싶다면 당신만을 위한 자문위원회를 구성하는 것이 최선의 방법이다.

자문위원회의 역할은 객관적인 조언을 하고, 새로운 전략 수립에 도움을 주고, 비즈니스에 영향을 미칠 미래의 트렌드를 판단하며, 큰 그림을 볼 수 있게 해주는 것이다. 당신의 비즈니스를 다른 각도에서 보면서 다른 시각으로 당신을 몰아붙일 수도 있어야 한다.

자문위원회는 보통 수탁 책임은 지지 않는데, 직접적으로 운영에 관여하는 경우나 오로지 큰 그림만 다루는 경우도 있다. 모임은 한 달에 한 번 또는 분기별로 갖는다. 자문위원회의 운영 방법과 관여의 정도는 당신의 필요나 위원회 멤버들의 역할에 따라 다르게 정할 수 있다.

비즈니스 전략가인 게리 스텐젤은 자문위원회와 관련하여 10개의 팁을 제시했다.

1. 자문위원회의 목적을 정하라

자문위원회의 범위는 일반적일 수도 있고 특정 시장이나 산업, 또는 첨단기술의 도입이나 글로벌 시장 진출 같은 문제를 포함할 수도 있다. 트렌드와 경쟁자에 관한 시의적절한 지식을 제공하고, 앞으로 예상되는 정치적, 법적 문제나 조례 개정 같은 사항들도 알려준다. 새로운 비즈니스를 시작하는 데, 그리고 비즈니스를 열린 마음으로 운영하는 데 도움을 준다.

자문위원회는 상품 개발과 마케팅 이슈에 통찰력을 제공해주는 현재 고객이나 잠재 고객으로도 가능하다.

2. 적절한 사람들을 선택하라

자문위원회를 구성할 때는 목적 외에 기술을 추구해야 할지도 알고 있어야 한다. 그에 따라 관련 기술과 지식, 경험을 가진 사람을 찾아야 한다. 당신에게 필요한 멤버는 높은 학습 능력, 강력한 소통 기술, 열린 마음을 가진 문제 해결사다.

이름이 알려진 사람을 영입하면 좋겠다고 생각할지 모르지만, 항상 그렇지는 않다. 위원회에 거물이 들어오면 신뢰도는 올라가겠지만 적절한 인물을 선택하는 것이 더 중요하다. 사려 깊은 조언을 해줄 사람이나 인맥이 넓어 소개를 잘해줄 사람을 멤버로 삼는 것도 중요하다.

3. 기대치를 정하라

잠재적 멤버를 만날 때에는 미리 시간, 책임, 임기 등에 관한 기본적인 규칙을 알려주어야 한다. 위원회에서 개인적인 정보 등의 문제를 논의할 경우 기밀유지 동의서에 사인해야 한다는 점도 미리 알려야 한다.

4. 자문위원회에 보상을 하라

보상은 누구에게 부탁하는가, 그리고 멤버가 얼마나 깊이 참여하기를 원하는가에 따라 달라질 수 있다. 단지 식사만 제공하거나 경비를 대는 것에서부터 스톡옵션이나 현금 지불, 이 모두를 포함하는 것에 이르기까지 다양하다.

멤버들이 다른 식으로 혜택을 받을 가능성이 있다는 점도 염두에 두라. 위원회 멤버가 됨으로써 그들은 다른 곳에서는 얻기 힘든 아이디어와 정보, 통찰을 만날 수 있을 뿐만 아니라 그들 자신의 네트워크도 확장시킬 수 있고 사회에 되돌려줄 수 있는 기회도 얻게 된다.

5. 자문위원회 회의로부터 최선을 끌어내라

충분히 회의를 준비하라. 회의 장소는 편안하고 방해받지 않는 곳을 선택하라. 어젠다 수립과 회의 진행도 세심하게 생각해야 한다. 어젠다와 관련한 아이디어를 요청하고, 중요한 정보는 미리 알려주라. 여느 전문가 회의와 마찬가지로 회의를 진행하라. 그리고 액션 플랜을 추가하라.

진행자는 어떻게 대화를 자극하고 누구의 도움을 끌어내야 할지 알아야 한다. 실행이 어려운 아이디어는 지양하고 최선의 결과를 이끌어낼 수 있어야 한다. 회의록은 주요 이슈에 대한 건의를 담아 작성한 후 고위 경영진에 돌린다.

6. 정직성을 요구하라

자문위원회는 열려 있고 솔직해야 한다. 설령 마음에 들지 않는 말을 들어도 기분 상하지 않아야 한다. 멤버들에게 그들이 저지른 실수에 대해서도 얘기해달라고 부탁할 수 있어야 한다. 그래야 당신이 똑같은 실수를 되풀이하지 않을 수 있다. 또 그들이 찾아낸 문제 해결 방법도 알려달라고 하라.

7. 대안적인 피드백 방법을 고려하라

위원회 멤버 전원이 정기적으로 모이는 것은 불가능할 수도 있다. 그렇다면 필요에 따라 특정 멤버들과 전문적인 주제를 놓고 회의하거나 전화회의를 할 수 있다. 또는 이메일을 통해 모든 사람들에게 알리고, 그들이 편한 시간에 답하게 하는 것도 방법이다.

8. 위원회의 공헌을 존중하라

그들의 시간을 헛되게 하거나 낭비하지 마라. 위원회가 하는 말에 귀를 기울여라. 때로 비즈니스맨들은 너무 문제에 밀착해 있어서 나무만 보고 숲을 못 보는 경우가 있다. 그러나 기억하라. 위원회는 기업의 이사회가 아니다. 그들이 제안하는 것을 다 해야 할 필요는 없다. 스스로에게 물어라. "이게 우리 회사에 맞을까? 나는 이것에 동의하는가?" 그런 다음 결정하라.

9. 위원회 멤버들에게 늘 알려라

일단 그들이 위원회에 들어오면 그들의 조언이 필요하지 않을 때라도 항상 무슨 일이 일어나고 있는지 알려줌으로써 그들이 당신의 비즈니스에 관심을 갖게 해야 한다. 위원회에 들어오는 데 동의했다는 사실은 그들이 당신의 회사에 관심이 있다는 의미이고, 그들이 돌아가는 사정을 잘 알고 있어야 당신에게 더 큰 가치를 제공할 수 있다. 그들은 당신 회사의 전도사임을 기억하라.

10. 좋지 않은 위원회 멤버는 해고하라

나쁜 선택을 했다는 것을 깨달았다면 당장 해고하라. 이사회와 달리 위원회 멤버들은 큰 법적 문제 없이 교체할 수 있다.

비즈니스나 직업에서 부딪히는 특정 이슈나 문제를 해결하는 데 도움을 줄 사람들을 효과적으로 관리해야 한다. 그들의 역할이 비즈니스 성공에 기여할 수 있게 이끌어야 한다.

여기 자문위원회에 포함시키기에 적절한 사람들에 대한 몇 가지 제안이 있다.

같은 직업을 가진 사람

당신이 하고 싶은 일(다른 지역에서 다른 고객을 상대로)을 성공적으로 하고 있는 사람은 언제나 가장 좋은 정보원이다. 그들은 해당 분야의 현재 트렌드와 이슈를 알고 있고, 당신이 지금 겪고 있는 문제를 이미 겪었을지도 모르는 사람들이다. 이 카테고리에 있는 사람을 3명 내지 5명을 찾아 얘기해보라. 당신의 관련된 이벤트의 디렉터리, 매뉴얼, 정보뿐만 아니라 당신이 필요로 할 공급처와의 관계도 이미 갖고 있을 것이다.

같은 직업에 종사했던 사람

그들이 왜 더 이상 그 직업에 종사하지 않는지 알아보라. 비즈니스에 무슨 일이 생겼는가? 지금은 무엇을 하고 있는가? 그 직업을 그만둔 건 잘한 결정인가? 성공한 사람과 그렇지 못한 사람 모두와 얘기해보라. 업종에서 떠나 있었던 시간에 따라 다르지만, 이 정보는 당신이 계획을 세우는 데 가치가 있을 수 있다.

콘텐츠를 생산하는 사람

당신의 비즈니스에 관한 책, 기사, 오디오테이프, 비디오를 쓰고 제작하는 사람들은 전문가들이다. 그들은 당신 분야에 관한 프로세스, 시스템, 테크놀로지, 전술과 개발에 대해 광범하고도 심오한 지식을 갖고 있다. 이런 사람들에게서 듣는 몇 개의 팁이 당신의 시간과 돈을 절약해줄 수 있다.

규제 담당자

당신이 관련된 분야의 제반 사항들을 규제하고, 감시하고, 모니터하는 사람들은 법적 문제와 프로세스, 관리상의 위험에 관한 얘기를 해줄 수 있다. 그리고 어떻게 그것을 극복하는지도 알고 있다. 당신의 비즈니스를 더 쉽게 만들어줄 묘수를 발견하게 해줄지도 모른다.

비즈니스컨설턴트

전문가들은 혼자 해결하기 어려운 문제나 임박한 변화에 대처하는 데 도움을 받기 위해 자문이나 컨설턴트를 이용한다. 일반적인 컨설턴트도 있고 전문적인 컨설턴트도 있다. 대부분 비즈니스 문제를 파악하는 기술이 있고, 해결책을 제시해준다.

기관의 사람들

무역, 비즈니스와 연관된 주요 기관에서 활발히 활동하는 사람들은 풍부한 정보의 보고다. 그들은 기관의 구성원 리스트, 뉴스레터, 세미나, 프레젠테이션, 이벤트 캘린더 등에 쉽게 접근할 수 있다. 네트워킹을 통해 업계의 이슈와 트렌드에 대해서도 잘 알고 있다. 그들과 시간을 보내면 새로운 길을 찾을 수도 있다.

51주 액션

당신의 주간 목표가 정보, 조언, 지식을 추구하는 것이라는 사실을 기억하라. 이번 주 미션은 자문위원회 구성을 시작하는 것이다. 게리 스텐젤의 제안을 이용해 자문위원회의 목적과 방침에 대한 아웃라인을 만들어라. 무슨 주제를 논의할 것인가? 어떤 조언을 원하는가? 어떤 사람을 찾을 것인가? 얼마나 자주 만날 것인가? 어디서 어떻게 말날 것인가? 자문위원회 멤버들에게서 무엇을 기대하는가? 이 질문들에 답하고 세심하게 준비한 다음 자문위원회에서 일해줄 특정 인물들에게 얘기하기 시작하라. 이렇게 하는 것 자체가 당신의 비즈니스에 새로운 단계를 추가하는 것이다. 그 순간 당신은 성장과 기회에 스스로를 드러낸다. 당신의 네트워크와 비즈니스를 운영하는 데 필요한 정보도 따라서 확장되고 증가할 것이다.

Week 52

평생학습이 더 많은 황금을 낳는다

이 책을 읽기 시작해서 여기까지 온 당신에게 축하를 보낸다(설마 미스터리 소설을 마지막 페이지부터 읽는 그런 사람은 아니리라 믿는다). 우리는 당신이 이 책에서 얻은 배움을 앞으로도 지속하기를 바란다. 네트워킹 주제에 관해 평생학습을 해나가기 바란다.

거창한 숙제같이 들릴지 모르지만, 그렇게 겁나는 일은 아니다. 진실을 말하자면, 네트워킹은 당신이 일을 하면서 연습할 수 있는 그런 것이다. 사실 그것이 가장 좋은 방법이다. 연습하는 동안 어떻게 적용하고 발전시켜나갈지 배우면서 동시에 비즈니스도 키워간다.

네트워킹은 비즈니스 성장을 위한 전통적인 접근법보다 여러 면에서 일은 훨씬 적고 재미는 더 있는 것이다. 나아가 마스터 네트워커가 되는 것은 여정이지 목적지가 아니다. 마스커 네트워커가 됨으로써 29%에 도달할 수 있지만 그것이 노력의 끝은 아니다. 마스터 네트워커는 지속적으로 기술을 개선하고 새로운 것을 배우는 사람이기 때문이다.

이제 문제는 어떻게 29% 안에서 입지를 확고하게 할지 배우는 것이다. 그것은 항상 다음 단계를 생각하는 것과 같다. 무지개가 끝난 자리에 황금 항아리가 있는 것이 아니다. 가는 길에, 그리고 그 앞에 더 많은 황금이 있다.

완벽함을 향한 끝없는 여정에서 이 책을 통해 세운 네트워킹 플랜을 어떻게 개선해나갈 것인가? 3가지 방향에서 몇 개의 제안을 하겠다. 사업가로서 당신의 활동에도 맞고 네트워크를 강화시켜줄 제안들이다.

첫째, 계속해서 책을 읽겠다는 계획이 당신이 직접 짠 커리큘럼에 들어 있어야 한다. 네트워킹, 입소문마케팅, 리퍼럴마케팅에 관한 기사나 책은 수없이 많다. 밥 버그의 《끝없는 리퍼럴(Endless Feferrals)》, 수잔 로앤의 《어떻게 행사장을 누비는가?(How to Work a Room)》와 《능숙한 네트워킹의 비밀(The Secrets of Savvy Networking)》, 로빈 헨더슨의 《성공을 위한 네트워킹(Networking for Success)》, 빌 케이트의 《무한한 리퍼럴(Unlimited Referrals)》, 그리고 얀 베르메이렌의 《연결합시다(Let's Connect)》 등을 강력하게 추천한다.

그밖에도 《진실 혹은 망상: 네트워킹 최대의 신화 깨기(Truth or Delusion: Busting Networking's Biggest Myths)》, 《세상에서 가장 잘 알려진 네트워킹 비밀(The World's Best Known Marketing Secret)》, 《거장에게 배운다(Masters of Networking)》, 《리퍼럴에 의한 비즈니스(Business by Referral)》 등도 있다. 이 모든 책들이 비즈니스 개발 과정에서 당신만의

기술을 개발하는 데 도움을 줄 것이다.

둘째, 연습! 연습! 연습! 이 책에서 소개한 기술들을 적용해보라. 책만 읽어서 자전거 타기를 배울 수는 없다. 자전거에 올라타고 달려야 한다. BNI나 상공회의소 같은 기관에서 이 기술들을 연습하면 할수록 더 많이 배우고 더 익숙해질 것이다. 교육을 정기 모임의 일부로 생각하는 그룹을 찾아라. 그들의 인도를 받아 이 기술들을 연습할 수 있다.

셋째, 네트워킹에 관한 믿을 수 있는 트레이닝 프로그램을 찾아라. 대학에서 외면한 교육과정을 채우기 위해 전 세계적으로 많은 프로그램들이 개발되고 있다. 우리가 추천하는 2개의 훌륭한 프로그램은 브레인 버피니의 부동산업계를 위한 리퍼럴 트레이닝과 리퍼럴 인스티튜트가 있다. 비즈니스 개발 노력의 일환으로 조직적인 리퍼럴 프로그램을 만드는 데 관심이 있다면 어떤 분야라도 리퍼럴 트레이닝 프로그램을 만들어주는 회사다. 최근 〈기업가(Entrepreneur)〉라는 잡지의 500대 프랜차이즈에 오른 리퍼럴 인스티튜트의 집중화된 프로그램은 사람들을 숙련된 네트워커로 만드는 매우 효과적인 트레이닝을 제공한다. 지역사회의 비즈니스 개발과 기업센터의 워크숍, 경험적 학습, 네트워킹, 입소문마케팅을 위한 심층 트레이닝도 찾아보라.

평생학습은 당신의 기술을 지속적으로 연마시킨다. 비즈니스 성장의 가장 효과적인 방법을 효과적으로 사용하게 한다. 평생학습을 기억하고 실천하라.

52주 액션

이번 주 미션은 2가지다. 첫째, 이 책의 매주 전략을 다시 검토하고 개선이 필요한지 결정하라. 당신이 아직 시도해보지 않은 아이디어를 실천할 간단한 스케줄을 만들어라.

둘째, 코스에 등록하거나, 워크숍에 참석하거나, 책을 읽음으로써 네트워킹 주제에 관한 배움을 계속하라. 거기서 끌어낸 지식과 기술이 어떻게 효과적인 네트워킹에 의한 비즈니스 성장을 지속시킬지 생각해보라.

그리고 여기 매주의 과제로 삼아야 할 것이 있다. 네트싯(net-SIT)도 아니고 네트이트(net-EAT)도 아니고 네트워크(net-WORK)라는 것을 기억하라!

네트워킹을 어떻게 하고, 그것을 어떻게 활용하는지 진정으로 아는 사람이 되라.

맺음말

이제는 **무엇을 할까?**

자, 이 책의 끝까지 왔다. 이제 뭘 해야 하나?

우리는 당신이 비즈니스 네트워킹을 적극적으로 시작했기를, 동굴에서 나와 모험을 시작했기를 바란다. 비즈니스를 위해 네트워킹 목표를 세우는 것의 중요성을 알고, 당신의 메시지를 어떻게 전달할지에 집중하기 시작했기를 바란다(특히 최근에 충분히 관심을 갖고 있지 않던 네트워크 안의 사람들에게). 또 당신의 네트워크에서 주는 자가 되어 투자를 많이 했기를, 그리고 효과적인 네트워킹을 함으로써 궁극적으로 더 많은 이익을 거두기 시작했기를 바란다.

이 책은 책꽂이에서 먼지를 뒤집어쓰고 있을 책이 아니다. 당신의 비즈니스 성장을 위해 입소문마케팅의 플랜이 되고, 매주 각각의 전략이 실행되기를 바라는 의도에서 쓴 책이다. 매일매일 비즈니스를 운영하는 데 이 전략들을 마음에 새겨라. 몇몇 전략은 여러 해에 걸쳐 당신의 비즈니스 플랜에 포함될 것이다. 대부분은 평생 실천할 것들로서, 정기적으로 실천하면 당신과 당신의 비즈니스의 자연스러운 일부가 될 것이다.

네트워킹은 시원찮은 비즈니스에 대한 반작용으로 하는 것이 아니라는 사실을 기억하라. '29% 안에 들어가는 해결책'은 간단하다. 당신의 비즈니스에 이 전략들을 충분히 융합시키는 것, 그래서 당신을 네트워킹과 존경의 대상으로, 그리고 새로운 비즈니스가 끊임없이 들어오는 사람으로 만드는 것이다.

BNI 소개

BNI는 2013년 11월 현재 전 세계 56개국에 16만여 명 이상의 멤버를 보유하고 있는 세계 최대의 '비즈니스' 인맥 조직입니다. 멤버 상호 간에 인맥을 공유하고 리퍼럴(Referral)이라고 불리는 적극적인 소개를 주고받음으로써 서로의 비즈니스를 돕는 것을 목적으로 하고 있습니다.

1985년 미국 캘리포니아에서 아이번 마이즈너 박사가 설립한 이래 지난 30여 년간 전 세계의 비즈니스 현장에서 무수한 시행착오를 겪으며 리퍼럴이 많이 나오는 인맥 구축과 운영의 시스템과 노하우를 발전시켜 왔습니다.

BNI에 참여하기를 원하는 사람은 이메일(admin@bni-korea.com)로 연락하거나 BNI코리아 홈페이지(http://bni-korea.com)를 방문하면 됩니다.

연결하라

초판 1쇄 발행 | 2014년 5월 30일
초판 4쇄 발행 | 2020년 11월 5일

지은이 | 아이번 마이즈너 외
옮긴이 | 존윤
펴낸이 | 이성수

펴낸곳 | 올림
주소 | 07983 서울시 양천구 목동서로 77 현대월드타워 1719호
등록 | 2000년 3월 30일 제2021-000037호(구:제20-183호)
전화 | 02-720-3131 | 팩스 | 02-6499-0898
이메일 | pom4u@naver.com
홈페이지 | http://cafe.naver.com/ollimbooks

ISBN 978-89-93027-59-4 03320